藏学大家小书

༄༅། །འབྲོག་གི་ལམ་ཡིག །

川康牧区行

[意]南卡诺布 著
陈践 译
格桑居冕 校

中国藏学出版社

责任编辑　季垣垣

封面设计　翟跃飞

ISBN 978-7-5211-0249-9

9 787521 102499 >

定价：42.00 元

再版前言：牧区略记

南卡诺布教授所著的《བྱང་འབྲོག་གི་ལམ་ཡིག》，1988年汉译出版，书名《川康牧区行》。本人曾以此书为教材，授课两次，无论国内学生还是国外学生，学习后都说收获很大，因为这些鲜活的牧区情景，在浩如烟海的藏文典籍中是见不到的，而且很多情景正在逐渐消失中。而《川康牧区行》，如同一卷清晰的胶片，给我们留住了20世纪50年代川康牧区之全貌，保住了那个年代这一页“史书”，十分珍贵。

中国藏学出版社多年前就编辑出版丛书——《大家小书》，向广大读者展现藏学研究的多侧面。38年前出版之《川康牧区行》被纳入其中得以再版，能让更多的年轻读者了解藏族牧区之生产、生活的方方面面，诸如衣、食、住、行、盟誓、狩猎、婚姻、赔偿律例等等，是对藏族文化很好的补充。本人不揣浅陋，将自己去牧区调查藏语方言和教育之见闻，讲述给读者听听。

1956年7月至1957年6月，我参加了藏语方言调查，先后去过青海省兴海县之纯牧区旱塔拉、刚察县、海宴县、化隆县、同仁县、乐都县。我们一组共四人，由老师龙智博带队。牧区的诸多场景，与南卡诺布教授所写的《川康牧区行》非常相似，至今还常浮现在我脑海中。如：ཁང་ 天，是指帐篷之天窗，大约有一尺（33厘米）见方，无论白天黑夜，刮风下雪都不会覆盖。我第一夜住在帐篷左侧的阳帐时，从天窗遥望月亮行走，繁星闪烁，觉得自己是躺在空旷的露天场，久久难眠。

一、牧区的燃料——牛粪

牧区的燃料是干牛粪、羊粪，很多人不理解，认为会“有异味、肮脏”。其实，藏族牧区的牛、羊，只食青草，不喂饲料，其放牧顺序是：一片青草地，先放牧羊群；再放牧马群；最后放牧牛群。因为羊只吃草尖，马食草茎；牛食草根部。因此，牛羊粪便中含有诸多青草纤维，晒干后，尤其是羊粪，火力很旺，赛过牛粪。无论牛粪、羊粪，其火焰均为蓝色，我们开会烧干牛粪取暖时，也不会有中炭毒之类顾虑，十分安全。所以凡到过牧区烧牛粪喝上了开水，吃上了饭食饱肚之人，对牛粪绝无嫌弃之情。记得1954年在甘肃夏河县勒周村一户农家实习时，常在牛粪火烬中烤玉米饼充饥。

我们从兴海县政府去旱塔拉途中，搭帆布帐篷住过一夜，就是捡三块石头为灶，拾牛粪作燃料煮挂面吃。牧民的灶都是席地而砌。我见过一户牧民特殊的灶，其左侧砌有一条一米多长，70厘米高的斜牛粪糟，他把牛粪倒在上端，牛粪会自动缓慢流入灶塘，不必总取总放，真是聪明。

帐篷内左侧名为“阳帐”，是来客之住地；帐篷内右侧为“阴帐”，是家庭妇女做奶制品和住宿之地。男主人住在羊圈门边，守护羊群，其卧具为干羊粪上铺一床毡子，以所穿老羊皮袄为被而眠。

二、牧区记事

一件有趣的事，我见男主人把剥下的羊羔皮披在另一只羊羔身上，我问他："为什么?"他答道：这只羊羔产下后不久身亡，其母羊有奶；另一只羊羔产下后母羊无奶，所以将死羊羔之皮披在缺奶的羊羔身上，母羊嗅味后误以为是自己之崽，就让其吮乳。

他家的牛，晚间拴在ཀདང། 上，即绳子两端固定的"牛脚索"。

我品尝过牛初乳（ཟླ།）。牛初乳煮开后，不像一般牛奶"水乳相融"，而是"水乳分离"，淡黄色的乳胶，嚼起来咯吱、咯吱响，味道鲜美，难以忘怀。

我们也见过有许多无尾地鼠（ཨ་ཟ།）洞的草场，真是千孔百疮，牛羊无草可食，牧民只得搬迁另寻他处。有一次，我骑的老马，不小心踩入地鼠洞，马失前蹄，把我从马鞍上一下子颠至马颈上，老师立即把我扶下马。

据说地鼠洞里有许多储备越冬的人参果（གྲོ་མ།），有时，牧民也会去刨地鼠洞获取人参果。

三、牧民饮酒

牧民很喜欢饮白干酒，有时，能见到骑在马背还举瓶痛饮之醉汉，以致伤了肠胃，不思进食而患病。

有一天，老师带我们去他好友之盟友家作客，主人宰了一头肥羊，煮手抓羊肉款待我们，每块羊肉大如小孩之手腕。主客六人围作一圈，席地而坐，在一个蓝边碗里，倒上白干，从头每人轮流喝一口，我是最后一个，庆幸碗内所剩不多，否则，“干杯”的任务会落在我头上。然后，又续白干，一边吃肉，一边畅饮。就在这一家，我见到帐篷外有五十多头绵羊，羊角用绳索交叉绕住，排成一行，听话地让女主人挤奶，从头至尾。我很好奇，问男主人：“这是怎么回事?”他解释道：“女主人常用酸奶拌盐喂羊群，所以，羊群听她招呼、指挥。”这一情景与《川康牧区行》所载相同。

四、牧区的半边天——妇女

牧区的妇女非常勤劳，她们挤奶，制作奶制品：酥油、奶酪、奶渣；拾湿牛粪晒干作燃料；炒青稞，用小石磨，磨成糌粑；熬茶做饭。略有空闲，还织རེ་ཐེ། 粗牦牛毛织物。她们在一块有斜坡的草地上，上端用木桩固定，用几根缠绕有粗毛线之小木棍，在经线间来回穿梭，就能织成宽约40厘米的缝制帐篷之牛毛织物；或制作防雨衣；或制作装粮口袋等等。每年，到一定的季节，还要剪羊毛。难怪牧民们常说：“家有一位能干的主妇，家业就兴旺。”

五、《土匪歌》

藏族民歌中有一首《土匪歌》，前不久，某电视台播放藏族歌手演唱此歌，主持人问其歌词大意，对方答道：“歌唱土匪”，主持人一脸愕然。这是不同民族文化差异所致，无法用“法律”标准来解释。

《川康牧区行》中之“偷窃赔偿法”很严，偷窃“庙财九倍还，公物五倍还，胞财（亲属）三倍还”①。但对“能到敌对地方夺得马牛等，众乡亲则非常器重，视为英雄”②。此处的英雄，就是ཇག་པ།（土匪）。牧民为什么会对“偷窃”和“抢夺”两种有别的罪行作差别极大的处理，一罚一奖，让人匪夷所思。我们还是要从历史的角度来找答案。因为早期，部落之间，由于草场纠纷、偷猎纠纷、牦牛撞死马匹等等矛盾，日积月累，逐渐演变成“打冤家”的死对头。甲方若杀死乙方一人，乙方全部落人必须要“报血仇”杀死甲方一人。有时候，延续几代人成为仇敌。这就是部落间的“血亲复仇”，也称“血族复仇”。因此，乙方某人在夏季去甲方抢夺一匹马或一头牛而归，就是当了“土匪”，众乡亲将其视作英雄。可见藏语民歌中“土匪”之内涵，有点像我们通常说的那种“侠盗”的涵义，与汉语中之“土匪”是有区别的，前者是褒义词，后者是贬义词。

---

① 见本书第72页。
② 见本书第67页。

此类民俗，随着社会的进步、开放，逐步退出了历史舞台。

1986年，承蒙南卡诺布教授厚意，亲自找我翻译他的《བྱང་འབྲོག་གི་ལམ་ཡིག》，于1988年7月，由四川民族出版社出版，书名为《川康牧区行》①。这是一本全面阐述川康牧区民俗的佳作，感谢他让我们了解了牧区珍贵的、方方面面的智慧和习俗，我们将永远永远怀念他。也感谢中国藏学出版社，再版《川康牧区行》，给我提供了重温牧区生活的机会，添上几笔，聊作“狗尾续貂”，让读者多了解一些牧区故事。

南卡诺布活佛是国际上知名的藏学家，更是谙熟苯教文献的专家。为了表达对他的崇敬思念之情，谨以再版之《川康牧区行》献给已往生净土之南卡诺布活佛。

① 由四川民族出版社出版的《川康牧区行》译者署名索朗希，系译者陈践践藏文名。此次再版署名改为陈践，特此说明。

目　录

སྒྲིག་པ་ཕོའི་དྲན་ཚོར།(སྙིང་གཞིའི་ཚབ་ཏུ་བཀོད་པ།) …… (81)

我与南卡诺布教授和古老意大利的缘分

——再版译序

陈践

我和南卡诺布教授相识的缘分始于数十年前。1951年，于道泉教授带领第一个班学生（即胡坦、王尧他们班）去贡嘎山实习时，他是老师之一。当年，他只有17岁，性格随和，主动教学生藏语会话，学生们都很喜欢他。他是康巴人，与我的丈夫格桑居冕十分熟悉，这样论起来，我和他还是半个老乡。1987年，格桑去法国巴黎第三大学讲学一年。该年下半年，南卡诺布教授来中央民族学院民语系讲课，格桑让我好好接待他。我就准备了满满一桌菜，把在校的51级入学的老师们都请到我家聚餐合影，离别了36年后相聚的心情无以言表，大家都有说不完的话。南卡诺布教授讲课不但不收讲课费，与百余名学生集体合影的照片费用也全由他出。

南卡诺布教授是宁玛派活佛，信仰大圆满法（རྫོགས་པ་ཆེན་པོ།），与苯教关系密切。他有一个宏愿，即带领70名洋弟子去西藏阿里朝拜古格王朝遗址，而当时去西藏阿里手续十分繁琐。说来事情也巧，西藏自治区政府主席江村罗布来北京开会，顺便来我家看望，于是我就将南卡诺布的愿望告诉了他。后承蒙江村罗布主席关照，教授阿里之行得以实现。于是，南卡诺布教授便带着他的洋弟子开汽车去了阿里。在去阿里的途中，突然天降大雨，山洪暴发冲毁了桥梁，又转道青海。他们在泥泞中推车，个个都变成了“泥猴”，吃了不少苦头。当他们到达目的地古格王朝遗址时，远处广漠风化的断墙残壁，似乎在向远方的客人们诉说300年前曾经拥有的灿烂辉煌的文化、历史。有的人激动得泪流满面……这一艰难的行程，大家都瘦了十多斤。

1989年年初，南卡诺布教授邀请格桑和我去意大利那不勒斯大学等处讲学，为期两个月。这是我与古老的意大利结缘之始。

我们先在他罗马的弟子保罗家住了数日。保罗是参与中外合拍影片《末代皇帝》的工作人员，我们带去了一盘“班禅大师西藏行”的录相带，保罗看后在他工作的电视台播放了，我国大使得知后很高兴。住保罗家后开始感受到中西文化的不同。保罗的太太是法国人，一天中午，她给我们做了一份很好吃的汤菜，盛给我们一人一盘，而她自己中午只吃手指饼干。我吃完后，觉得味道很好，见锅里还有不少，很想再添一点，格桑说：“人家是留到晚饭吃的，别拿了！”我只好作罢。过了会儿，夫人问我们：“Finish？（吃完了？）”我回答：“Finished.（吃完了）”她端起锅将剩余汤菜倒入垃圾桶，我见状可惜不已。看来，外国人不讲客套而是实事求是，尊重客人意见，要吃就吃，不吃就不吃，不兴劝食。又有一次，在法会期间，一位名叫玛利亚的女弟子请我们吃午饭，她会说藏语，也知道汉族、藏族礼节。她叫了好几个菜，一个劲儿用藏语说：“མཆོད་དང་། མཆོད་དང་།（请吃！请吃！）”，旁边一位丹麦男弟子不理解地问玛利亚：“吃饭用得着这样吗？”中西文化的差异随时可见。

罗马的梵蒂冈是“国中之国”，面积只有0.44平方公里，人口大约400人，梵蒂冈的罗马大圆顶教堂是全世界天主教的中心，世界上有六分之一的人口是其信徒。其中一侧的拉斐尔展所极其辉煌，诸多壁画、名画，美不胜收。梵蒂冈的禁卫军必须由瑞士人，同时又是天主教徒来担任，我们去参观时，只看见两名驻守在教廷大门口的瑞士禁卫军。

罗马斗兽场是圆形阶梯状的建筑物，可容纳9万名观众，是古罗马帝国专供奴隶主贵族和自由民观看奴隶与兽斗、奴隶与奴隶角斗的地方。斗兽场中心铺着木板，据说，当年上场格斗的奴隶和猛兽均关在这木板下面，是一个悲惨的世界。

我们在罗马大学讲学和参观完名胜古迹后，便去意大利第二大城市米兰。米兰教堂堪称一件精美无以伦比的艺术品，教堂正面有许多尖顶，全部由白色大理石砌成。据说，这座建筑前后修建时间长达5个世纪。拿破仑曾于1805年在米兰教堂举行加冕仪式。我记得我们去的时候，允许游客从教堂后侧爬上屋顶，俯瞰整个米兰城。我等肤浅之人，觉得它比巴黎圣母院、罗马大教堂、威尼斯大教堂更令人难以忘怀。

我们去了那不勒斯大学讲学。讲学结束后，活佛让他徒弟带我们参观了著名的庞贝遗址。

庞贝曾经是罗马最繁华的城市之一。据导游介绍，公元 79 年 10 月 24 日，维苏威火山爆发，火山灰瞬间将整个庞贝淹没，历史学家们也一直在寻找这个古城的去向。直到 1747 年，一个农民翻挖土地时，触及一个金属柜子，打开后发现许多烧熔的钱币、首饰、金银等物品，消息立即传开了，盗墓者、考古学者等蜂拥而至。公元 1876 年，政府开始有组织地挖掘了百余年，当年辉煌的庞贝概貌，展现在世人面前。看得出，这座被火山岩浆淹没的海滨城市曾经是多么的辉煌！

导游让我们看路上铺的青石板，有深深的马车轮子沟槽，还有几座豪华小别墅；一面墙上画有一条蛇，导游告诉我们这是药店的标记；毗邻的一间间小屋，即为当时的妓院，古代的药店总是开在妓院旁边，还有用白色泥裹着的遗骸，有孕妇、儿童、老人、狂吠之犬等等，可以看出，庞贝古城是在突然间被火山岩浆吞没的，真实地保留了当时人们生活的一幕幕。

临走时，我们买了两件仿制品，一件是生铁铸造的牛头灯盏，两个牛鼻孔可各插入一根灯芯，也可以只插一根灯芯，来调节所需的明亮度，真是智慧之作。另一件是一只生铁铸成的独立仙鹤，颈部上拴有一个铃铛，摇动时发出清脆的铃响，可能是在宗教活动时所用物品。

后来，我们又去了威尼斯大学讲学。据说，威尼斯原来是一个小岛，后来，靠填海逐渐扩展起来。威尼斯是座水城，出门必须乘船。凡靠河边的人家，在一楼都有船坞，即船只停泊之处。威尼斯可能是世界上唯一没有汽车的城市，城市里都是石板路，花草、树木罕见。两幢楼房之间仅一米左右的间隔，如此小弄堂（或称胡同）因为只见蓝天、灰墙，连猫都会迷路。那儿小河小桥很多，运货的独轮手推车会爬台阶。威尼斯气候宜人，可能因为海风湿润、空气中富含负氧离子之故，连我这样爱失眠的人，也能很快进入梦乡。那儿酒吧的咖啡是用很小的杯子喝的，色如酱油，令人望而生畏，我不敢品尝。威尼斯最大的教堂前有一个广场，可能有半个足球场大小，许多鸽子抢食游客抛撒喂食的玉米。广场一侧的高楼上，有一个机器人，每晚敲钟一次，可能连续十下，住在其他小岛的游客，总要听完平安钟声后才离开广场。

威尼斯大学各系是分散的，当地图书馆馆长带一名中文翻译接待了我们。有一天，他带我们外出，一只鸽子飞过时，鸽粪落在他的大衣肩上，他指着鸽粪笑着说："今天我有好运气！"原来，这是意大利人古老的习俗。威尼斯人很热情，请客吃饭，总喜欢带你去较远的古老饭店，又坐船又走路，哪怕是吃披萨，以显示他们的好客与诚意。

在意大利讲学期间，我们也曾去参加南卡诺布活佛主持的讲经会。那是在一个叫阿基多索的小镇，其大圆满法会就建筑在僻静的山坡上。据说大圆满法会在此买下了一大块土地，盖起了大经堂和其他活动场所，设施齐全，大约每年举办两次法会。大圆满法会有不少洋弟子，多为高级知识分子，工程师、医生、律师、企业家等。那个圆顶的大经堂就是一位工程师弟子设计的。大圆满法会的经济来源都由弟子们供养，内部分工很明确，与藏区的寺院有诸多不同之处。

我们去的那一年，时间是在藏历年，有 14 个国家的弟子参加。南卡诺布讲经时，左边有一个德语翻译，右边有一个意大利语翻译，人人都坐在蒲团之上，潜心听经，记笔记。我看见一位年轻的妈妈，她是西班牙人，能听懂意大利语，她将婴儿放在双膝上，由于太专注了，一手写字，一手将奶瓶塞入小孩的鼻子里，我连连向她示意奶瓶往下。

阿基多索这个小镇有许多栗子树，但不允许砍伐。传说，许多年前，大雪封山，镇上人靠栗子度过了荒年。我吃过他们的栗子蛋糕。意大利人的习惯，大人小孩均直呼其名。有一天，我见一个 6 岁的儿童，向南卡诺布活佛打招呼时说："诺布!"我感到有些不习惯。负责宣传的洋弟子征求我的意见时，我直言不讳地说："大家应称南卡诺布活佛为仁波切（རིན་པོ་ཆེ།）才合适。"

南卡诺布教授的夫人是意大利人，曾经是位中学老师，他们有一双儿女。我们参加那年藏历年讲经会时，他太太和子女早早来到厨房炸藏式油炸食品，非常娴熟快捷。据说，他夫人是位贤内助，在二十余国一千多名洋弟子口中常对其赞叹不绝。我们还在南卡诺布教授的海边家中住了多日，那是他弟子供养他的两居室，与他的住所相隔几间房。我们还品尝了南卡诺布教授亲手做的藏式包子。随后，我们带着他的盛情返回了北京。

因《川康牧区行》译著再版，忆及我与南卡诺布教授和古老意大利的缘分，是为译序。

2019 年 9 月 10 日

译序一

一位读者的心声*

——是以代序

土登尼玛文　罗科译

近日，在语法学界泰斗格桑居冕先生和翻译大师索朗希女士处，偶然得到这本淡黄封面的《川康牧区行》一书。

翻阅目录部分，便知这是一部题材新颖的著作。从第一节杂曲卡地区部落开始细细品读至最后一页后，不得不赞叹其独具特色的语言和厚重深邃的内涵。爱不释手，难以掩卷，心随所动，竟然忘记时间。

书中涉及的牧区衣食住行、行为规范、讲法修习、风土习俗、饰品、缘起、文化、娱乐、寺院等方方面面的知识，犹如浩瀚的海洋。内容广博又不失条理，要点突出而表述清晰，用词悦耳且不失语义，看似形散而神不散的文字表达形式，给人以耳目一新的感受。

假如牧人们有幸能够读到《川康牧区行》，里面描述的内容不仅会有亲切感，而且通过一篇篇文章的展现，再次意识到牧人是如此的英勇机智、性情爽朗、不失自我，自豪之情定会油然而生。不仅如此，还更利于牧人们系统、全面地了解牧区知识。对于生长在农区或是城

---

* 土登尼玛所作藏文序言原文载本书 81—84 页。

市的人们，此书犹如黑暗中的明灯，定会闪耀智慧的光芒。不仅能够启发人们意识到美味佳肴和华丽服饰无不来源于牧人，而且能够激发人们的感恩之情。有鉴于此，衷心希望海内外有识之士，促成此书正式出版发行！

另外，大师的及门弟子，精通意、英、汉、藏四种语言，研究遍及藏学尤其是苯教研究与修持的意大利瑜伽师洛希女士赠予本人《论西藏与苯教》《羊脂瑜伽》等书，有缘阅读了这位素昧平生的善知识法王仁波切的多部著作。仁波切的著作，所立之法浩如烟海，能立之道源正锐利。论式精辟易懂，长幼尊卑无论何人阅读，都会有各自不同的领悟。

几年前有缘拜读先生的著作《玛瑙链》，行文语调偏于卫藏方言，恍惚间，给人以作者是一位地地道道卫藏人的错觉。而《宝石瓔珞》一书又是完全依照书面语的表达方式，风格迥异。从因法立量等结构，就能看出作者精于佛苯理论的讲解、辩论和著述，学识位居百家之巅。先生辨析要义的智慧，行云流水的文风，堪与大班智达根敦群培媲美。

尤其是《羊脂瑜伽》本注教义，以图文并茂的形式，光明大圆满精髓，金刚体的本性，脉风幻轮之要点，连同得道者的传承秘诀与践行，逐一呈现。深邃加持力有增无减，指引身处浊世的良缘弟子入成熟解脱之道，诲人不倦！

尊者是法性邃晓、有法缘起、脉风通达、密意证悟、经脉通络的大圆满成就之瑜伽师。敬仰之情由心而生！

虽因相距甚远，此前未能有机遇与这位贤哲相见，但是，先生的金玉良言，犹如甘露，沁人心脾。心中莲花，静静绽放。

想到此书不能仅仅为少数人独享，而让喜阅者错失良缘。在此，呈请作者对此书出版给予许可，并呼吁能够使之早日付梓！

牧人土登尼玛

藏历第十六饶迥火虎年吉日

（1986 丙寅年吉日）

于北京

译序二

苏晋仁

藏族的牧区，在西藏、青海、四川等省区中，都占有广袤的面积。这一带既多岗峦起伏、冰雪覆盖之区，又有连绵沮洳沼泽之地。勤劳勇敢的藏族先民聚居于斯、生息于斯，世世代代进行艰苦卓绝的劳动，此地乃得以开发，逐渐改变面貌。但由于地域高寒，交通阻塞，加以语言隔阂，内地人很少到那里去，能深入了解当地牧民情况的就更不多了。所以，关于这些地区介绍的专著，寥寥无几，纵有，也多为一般性的简介，或猎奇式的描述，缺乏真实性。

本书作者南卡诺布先生，是一位佛学造诣极深的学者。他于1953年夏，到四川德格的杂曲卡和果洛的色达等地，进行了三个月的巡礼，益以过去积累的调查素材，从社会学的角度，将两地牧区的社会结构、民族部落、生活方式、宗教信仰、婚姻习俗以及喜好禁忌等方面，以委婉轻松的笔调，生动地作了介绍，使读者如临其境，如见其人。从这具有代表性的描述中，反映出广大藏族牧区的真切面貌。

本书的篇章，有些很值得重视。如牧民之间的结盟，踏在湿牦牛皮的血迹上，勾指发誓，以示忠诚弗谖。过去吐蕃重盟约，看来这当是古代习俗的遗留。再如为

"血仇"械斗而打冤家，在敦煌藏文卷子中就有记载。这一反复交替冤冤相报的行为，也是由来已久的事实。在婚姻上，同部族不通婚；在狩猎上，保护野生动物，封山禁猎。虽然都蒙上神秘的面纱，其实，也是古人生活经验的积累。鸟鼠同穴，古籍《尔雅·释鸟》篇说："其鸟为鵌，其鼠为鼵"，这一生态在本书中记载得尤为生动。作者所阐述的格萨尔王故事，谓牧民的举止习俗，以至地名，多与原故事所载一致。则考察藏族民间传说，亦可互相参证。

陈践践同志专门研究安多藏语，又曾多次到牧区调查，有丰富的生活体验，故于此书所记倍感亲切。她在尊重原著的基础上，翻译为汉文。此书内容丰富，为藏学研究者提供了一部很有意义的资料，而研究民族学、历史学、文学者都可从中受到启发。

1987 年 2 月

于中央民族学院

自序一

一般说来，在普通藏民与外界人士心目中，总认为北方牧区是千百年来被雪和冰川覆盖，人类不能居住，或者，仅有一些原始土著牧民，别无其他行人的荒野之区。我幼年时期也以为牧民们居于雪和冰川之上，举止行为与常人迥异。他们的行为、见解等不仅与农区人不同，连长相也不一样。因此，我为了弄清北部牧民的真实现状，多次去那里，也曾多次向谙熟牧区情况的父亲及其友人打听。父亲以疼爱的心情详细向我介绍北部牧区情况，这与我往昔心里所想相距甚远。特别是，父亲对名扬全藏的英雄史诗《格萨尔王传》非常精通，他多次对我说："格萨尔王故事中叙述的风土人情、地名等，大多可以在多康北部牧区得到印证。"这些话，时常记在我心头。我自幼常听父亲讲格萨尔王故事，因此，非常喜欢看英雄格萨尔王方面的书，并将各种故事书彼此对照，愿意下很大功夫去印证书中地名等问题。

藏族中流传的格萨尔王故事，号称有"十八大宗"之战。但是没有编辑在一起的本子，流传的也只有行书手抄本，很少有正楷印刷本，传世版本也很稀罕。由于上述原因，我未能如愿以偿通读这十八大宗之战的故事书。

我看过的格萨尔王故事有：

1. 天界遣使——格萨尔王自天国降临；

2. 诞生——格萨尔王诞生于玛地；

3. 赛马——格萨尔王赛马称王；

4. 大食宝宗——岭与大食之战；

5. 卡切玉宗——岭与卡切之战；

6. 门岭——岭门大战；

7. 姜岭——岭姜大战；

8. 汉岭——岭汉大战；

9. 粟岭——岭与粟特大战；

10. 魔岭——岭降伏妖魔；

11. 霍岭——岭霍大战；

12. 突厥兵宗——岭与突厥大战；

13. 地狱——格萨尔王地狱救母等长短约 13 部故事书。

父亲曾看过的故事书还有：

米努绸宗：岭与米努之战；

象岭：岭与象雄之战；

歇日珊瑚国：岭与歇之战，

阿扎：岭与阿扎之战。

听说还有父亲也未曾读过的热切——岭与热切之战。这后面几本书，我从未见过，我读过诸书所述的大小事件，很难说全部都是真正发生过的史实。但可以确信，在某个时期，在岭地，确实有位名为格萨尔的传奇英雄，那时部落的一切举止习俗，从故事里能反映出。现在牧民的举止习俗，与故事中所载一致，可为佐证。

这样，从我父亲及我北部牧区朋友的述说中，可以推断：多康北部牧区是藏族有史以来出现许多英勇善战英雄，具有历史意义的好地方。出于这种见解，我想亲自见闻一下北部牧区的外在结构、内在举止习俗的强烈愿望，促使我于 1953 年夏，与几个朋友到位于康区中部的德格北面杂曲卡各部落及与此毗连的牧区亚顶（ཡ་དིང）、阿曲（ཨ་ཕྱུག）、达贡（སྟག་དགོན），即所谓的“北方三部”，以及果洛色达等地进行考察。在三个月的考察中，一般以喇嘛念经化缘方式进行，有些地方，应熟人与施主特邀，骑骡马前去。那期间，我想见到、想了解的一切，不仅绝大部分兑现；往昔，未曾想过的许多稀奇事也见到了。当我亲眼见到那些牧区和生活在那里的人们的自然举止习俗时，我认为我以前所想象的北部牧区及牧民的举止习俗与此次亲见的相距甚远。当见到牧民的举止行为时，格萨尔王故事里叙述的部落习俗、举止，顿时显现在眼前，这一良好佐证，使人更加相信往昔的历史。

倘若有人要详细了解牧区，我认为格萨尔王故事里的《诞生》《赛马称王》等可以当做这些牧区很好的地方志来使用。我去过的那些牧区大部分住人很少，有的地方居住点分散得很远，使得各种野兽悠然自得；高耸雄伟的群山，春夏秋冬，一年四季被冰雪覆盖；有的地方有不少岩山，山顶积雪，山谷里却布满鹿群、岩羊等栖居岩山的野兽。牧区中部大多为沼泽地，在遍布高原草甸和各种高山野花的地方，有为数几千匹以上的野马群，或几百头的野牛群，另外，羚羊、鹿、盘羊、沙狐等高山栖息的各种野兽也很普遍。沼泽地有成千上万的长颈鹤，“嘀热、嘀热”地叫个不停。令人神往的草原上，以10户至30户组成的牧民“帐篷居住圈”总是聚集在一处。这些帐篷聚集在一处的原因是为了不受外来敌人、盗贼、匪徒的侵害，即便“帐篷居住圈”受到侵犯也易于防守。

当我们需要经过牧区任何沼泽地时，总要找熟悉那个地方的当地人做向导。为何这样做呢？因为有些沼泽地段，有好些深度不等的危险泥淖。假如我们没有向导，就会陷入泥潭，难以脱身。我们与向导同行时，曾多次遇到，仅相隔3闻距之地（1闻距相当于250市尺——译者注），却要从远处绕半天的泥潭地段。一天，我们没有向导，要经过名为杂杰彭曲（རྫ་རྒྱལ་འཕན་ཕྱུག）山山脚下沼泽地带时，我们中的一位同伴，骑马走错了路便陷入泥淖，逐渐沉下去，他大声呼喊。我们立即前往，抛绳子给他及其坐骑，用力往上拉，将他拉了上来。但他骑的马由于多次挣扎越陷越深，最后沉没，只好连马带鞍白白地遗弃在那里。当我们把同伴从泥淖中拉出来时，他和搭救他的人全都像黑猿人一样，全身黑乎乎的，其样子既可怕又可笑。为何这么说呢，因为牧区的泥淖与其他地方不同，土质本身黑中带蓝，牧民就用它做染毪子等衣料的颜料。牧区本地人及其牛马，由于长期形成的习惯，对泥淖不仅毫不感到困难和恐惧，也从没有听说过牧区的人、畜陷入沼泽。上述情况，只在特定的夏季才发生，其他时间，由于牧区非常寒冷，所有沼泽被冰雪覆盖，冻得很坚硬，所以，行人有时不敢从上面走过，有时却可以经过雪路直穿沼泽，情况各别。

牧民生活的地貌不只是上述那一种，还有许多其他的类型：有的牧民居住点坐落于美丽的草山或草坝旁边；有的又坐落在丘陵起伏连绵，高山柳、杜鹃花、阳雀花、白柽柳、黑柽柳、“亚尼”等细而矮的灌木遍布的凹地。在这类牧区，沼泽很少，也无陷入泥淖之苦。但有的地方无尾地鼠很多，数以十万计的地鼠洞，显得黑洞洞的，如同市镇一样。部落各地有许多大大小小的鼠洞，洞与洞之间有通道，像街道一样，又细又长，遍布草场；无数洞口上有薄薄的覆盖物，我们骑的骡马从上面经过时，由于坐骑没有走过有地鼠洞的草山草坝的经验，四蹄经常陷入地鼠洞，吃了不少苦头；但当地骡马，由于熟悉地形，牧民们相互往来，如同我们平时在辽阔的草原上行走那样，毫不困难，面无惧色，可以随意驰骋。

有件奇怪的事，无尾地鼠在哪里，哪里就有一种名叫“阿达呷尤”的地麻雀，其羽毛灰色，黑喙，爪子灰黑，体积较“卡纳热亚”鸟略大，成千成千地分散与无尾地鼠共居，它们与地鼠一样栖息于地洞里，鸟蛋也下在地洞深处。平时，地麻雀出洞时，立即跳到地鼠背上出行，当地鼠要回各自地洞时，地麻雀也只得跳下来入地洞，非常有趣。牧民们说：“阿达呷尤地麻雀能运送地鼠过河越山”，而我们未曾亲见。牧民们如此说法的原因是：有的原无地鼠的地方，突然跑来数以百万的“地鼠军”挖成几十万个地鼠洞，将整个山谷变成黑洞洞，牲畜无草可食，牧民们不得不迁徙。这样的遭遇历史上屡见不鲜。由于地鼠从一处往他处迁徙时，能够越过它们体力无法通过的山河，于是归结为地麻雀相助。有的牧民说他们亲眼见过地麻雀背着地鼠飞翔于山岭之间，此话我们多次听说。总之，牧民们认为地鼠军是当地最大的危害，它们到哪里，哪里的人立即请当地念经喇嘛进行“退地鼠军”的各种禳解和诵经活动。我们见过这种情形：牧区有的草山、草坝从来没有出现过地鼠，有的却被地鼠占领；有的地方遍布几百万只地鼠，山岗平坝变得千孔百疮，有的山、坝变得一片漆黑，地鼠却不多；有的则是多年前曾被地鼠占领过的黑色山、坝上长着嫩草……如此等等，各种情况都有。冬季，地鼠不出洞，待在地洞深处，享用夏秋储存的草料，特别是味道鲜美、营养丰富的人参果和白芒布。所以到了秋季，放牧人便来掏地鼠洞，获取地鼠的储存。有时从地鼠藏人参果的大库里，甚至能找到一驮左右的人参果和白芒布，这是我从牧民小朋友口中听说的。

自序二

谁若联系藏族的历史关注藏民的举止行为、思维方式，以及他们的服饰等民族形态究竟如何，那他们必须特别关注与这些民族特点息息相关的、藏族历史上的英雄史诗《格萨尔王传》，而不能看做是“鸟雀故事”或马路传奇。由于从《格萨尔王传》能了解广大藏族的基本状况以及他们的风俗习惯、心理素质等，如同从物质实体找到其形状，从明镜中看到其身影一样。所以，一定要认清研究《格萨尔王传》就是从实际情况出发寻找奇特认识的重要手段。基于对这种情况的切实理解，国外某些专家在研究藏族古代英雄史诗《岭格萨尔王传》方面，已经写了或在写不少的文章，如《格萨尔王传》中的《赛马称王》等零星几部已译成外文。这清楚表明，一般说来，藏族古代史及与之相关的藏族文化正受到极大的关注。居住在印度、尼泊尔、不丹、锡金诸地之藏胞们十分珍爱藏族古代英雄岭格萨尔王的故事。近来，他们出版发行了二十来部《格萨尔王传》，可以说，这对藏族文化作出了极有益的贡献。

尤其必须指出：1979 年，西藏人民出版社出版《格萨尔王传——征服大食》，该书全名为《征服大食财用如多闻王子宝库随欲增进》，全书 386 页；1980 年出版《格萨尔王传——门岭大战》，全书470页，内附英雄格萨尔王彩图12张；同年又出版《格萨尔王传——霍岭大战》上集，441页；《格萨尔王传——霍岭大战》下集，594页。以上，西藏人民出版社共出版4部。1980年，四川民族出版社出版《格萨尔王传——仙界占卜九环》，该书全名为《战神格萨尔王制敌珍宝传记，仙界占卜九环》，全书152页，内附5张关于格萨尔王的插图；同年，又出版《格萨尔王传——英雄诞生》，全名为《世界雄狮王宝传记之诞生花园及占领玛地白绸结》，全书186页，内附格萨尔王插图6张。以上，四川民族出版社出版《格萨尔王传》两部。1980年，甘肃民族出版社出版《格萨尔王传——世界公桑》，全名为《岭呷王臣英雄略传妙音吉祥云乐》，全一册，197页；1981年又出版《格萨尔王传——赛马称王》，全名为《世界雄狮大王赛马传记七宝明鉴》，全一册，252页，内附格萨尔王彩色插图3张。以上，甘肃民族出版社出版《格萨尔王传》两部。总之，各方面对藏族古代英雄史诗《岭格萨尔王传》给予了极大的关注。谁若愿意研究英雄《格萨尔王传》，或想看这些书，与往昔不同，可以很容易得到这些书，获得阅读的机会，有关这方面的情况均逐步有了发展。这充分证明藏族文化源远流长。但是，如果把《格萨尔王传》仅仅作为消遣的故事，好奇地阅读，那就只能对其动听的语言、曲折的情节感到有趣，作为轶事趣闻对待，而要想使它成为深刻认识古代藏族思想行为的重要依据就很困难了。

虽说认真考察《格萨尔王传》，对古代藏民的思想行为、服饰、习俗等方面的真实情况可以获得一定的信息，但要对《格萨尔王传》明确而详尽地体现古代藏民的思想行为、服饰、习俗等作出真实而深刻的理解，尚有赖于对实际情况的直接感受。例如，如果有人讲史前时代曾有“恐龙”这种庞大动物，并给想知道“恐龙”这种动物的人出示恐龙之图像，想方设法在其心中出现恐龙之形状，但假如不能通过真实的“恐龙”或其种属去直接印证，那听讲的人对恐龙就不可能有正确、深刻的理解。同样，古代藏民的思想行为等任何方面，凭英雄史诗《格萨尔王传》，虽能找到清晰印证的机会，那只是反映古代的一般情况，如果不结合现实牧民部落的情况去印证，便不能彻底深刻地理解历史的真实内涵。因此，藏族各地牧区部落的生活、人们的思想行为、地方习俗等，正如藏族古代历史上闻名的英雄史诗《格萨尔王传》所讲的一样，古代社会的结构，那时的风俗习惯，人们的思想方法等等，凡历史上发生过的一切，都能活生生地在那里（牧区）再现。

我通过对东部藏族牧区实际情况的调查，了解到古代社会人们思想举止方面的一些情况。我亲眼见到牧区部落生活，人们的思想、举止、服饰、习俗，由于与这些有直接接触的缘故，在反映藏族古代历史英雄《岭格萨尔王传》中所昭示的藏民思想举止等都清晰地显现在我心头，并通过感性认识，证实它们的来龙去脉，从而获得深刻的理性认识。

一般说来，藏民不分老幼，必不可少的是要对藏族文化有深刻了解。所谓藏族文化不能仅仅认为只是藏语文、工巧明、苯教与佛教经典、医方明、历算等平时普遍学习的那些学科。要在这些学科的基础上，通过与这些学科息息相关的牧区各部落的思想举止，直接印证具有悠久历史的广大藏民真实情况及其来龙去脉，从而阐明往昔史实。同时，结合这种认识，能够推断藏族文化历史的意义，对历史上那些有名的事件不停留在枯燥的传说上，而要通过亲身感受，产生一定的能使历史重放光彩的、深刻的理性认识。毫无疑问，这是藏族文化赖以存在的必要条件，可理解为文化生命力的一种认识。

我坚信不疑，藏族牧区各部落的思想举止，他们的服饰装束、风俗习惯等等，对研究藏族古代历史起着指南作用，也是对历史意义产生坚定信念的、非常重要的佐证。1953 年夏天，我去金沙江东部许多牧区部落旅行时，根据在那里的所见所闻，作了不少笔记。到欧洲后，过了几年，以往在牧区的亲身感受日趋淡薄，唯恐遗忘，便以回忆录形式写成文字。但是，无人过问，也无人特意珍视，我自己也不予重视，搁置一边。因此，原稿在抽屉一角睡了多年，谁也没有机会阅读。一年多以前，几个对藏族文化非常重视的藏族青年来到我的住处，小住数日。一天，我拉开抽屉时，看见了这部书的原稿，他们说要读一读。当他们从头至尾读完后说："长期以来，许多藏族青年希望根据藏族的实际情况，直接了解藏族的文化。您这本充分诠释藏族牧区习俗和他们的思想举止的书稿，读起来通俗易懂，我们确信此书对藏族年青的一代了解本民族文化好处极大。然而，至今没有得到'雪中送炭'的机会，若此书能逐步出版发行的话，必将成为对藏族文化获得深刻理解的至高无上的一部书。”他们这样多次鼓励我，我也认为，当今的许多藏族青年，对了解藏族古代习俗以及与之息息相关的牧区部落情况的机会，很难找到，为了对他们有直接或间接的助益；也为了对学习世界人类历史、他们的生活方式、风俗习惯等方面的藏族和非藏族的人们便于研究自古至今生存在大地上的藏族的历史，尤其对藏族的文化非常重视的学者便于维护藏族的文化并卓有成效地进行研究，从而对这种文化的价值予以肯定，还为了对藏族文化有深刻而广阔的理解，这次，将此书公之于世。

本书主要是以多康北部杂曲卡、果洛色达的牧区部落生活为基础而写成的，但牧区部落风俗的许多细节则取材于广大牧区尚流行的习俗，而后加以诠释。寺庙的常规，有的是以竹庆寺等牧区最大寺庙为基础而写成的。由于广大牧区牧民的思想举止大都相同，所以通过这些材料能够认识一般牧区部落的面貌及其性质，同时通过现代藏族牧区部落的实际情况，可知道藏族古代先民的面貌及其本质。

杂曲卡地区部落

杂曲卡全是牧业部落，素有牧区十八大部落之称，它们是：石渠（སེ་ཁྲུལ）、上昌木杂（ཁམ་རྫ་གོར་མ）、阿日杂（ཨ་རིག་རྫ）、瓦渠（ཕ་ཁྲུལ）、巴穷（འབའ་ཆུང）、觉瓦（འཇུ་བ）、绰贡（ཁྲོ་གོང）、绰告（ཁྲོ་འགབ）、搭渠（ཐར་ཁྲུལ）、格孜（དགེ་རྗེ）、绷尼（འབུམ་སྙིང）、绷萨（འབུམ་གསར）、瓦吐（བ་ཐུར）、切窝（ཆེ་སོ）、恰擦（ཕྱག་ཚ）及素负盛名的北方“三大部落”。各个牧区部落，虽有个把拥有官名的大户，但整个牧区部落或游牧居住点却没有一个在政治上有一定权限的统治者，或有权向部落征派差役的长官。那些徒有官名大户的来历是：杂曲卡绝大部分部落为多康德格土司管辖的属民部落；北方三大部落是多康林葱土司管辖的属民部落。由于各个历史时期有不同需要，这两个土司政权原来封赐的官名就长期保存下来。具有官名者之职责是：两个土司政权的大官或有权势的活佛定期来各地时，当地有官名的首领要负责接待；各部落遭到敌人和匪徒突然袭击时，有迎战抗敌或召集部众追击的决定权；部落间突然发生纠纷时，对参与纠纷、接受调解、动员部众方面有自主权。上述德格和林葱的土司政权，于每年孟秋派一名收畜产租的代表和数名办事人员去牧区。这时，各部落要给他们献上酥油、肉、奶酪糕、人参果和两只未剥皮、肢体齐全，叫做“毛体”的整羊，这叫做“王爷年差”，犹如农区的农民在各自耕种的田地上承担向领主们交许多公差和私差一样，这是牧区部落承担的“常年差”。但是，牧民不把常年差看做是官方的赋税。他们为了交好常年差，把要交的酥油、奶酪糕等收拾得干干净净，质量很好。为何要这样？因为从牧区交来的常年差实物主要用于佛事活动。如德格更庆寺聚集萨迦、噶举、宁玛等教派20余座寺庙的活佛和僧众，为辖区做佛事，多次进行以“大六十食子”为主的禳灾仪轨，大年初一至十五午夜，为世尊佛祖大神变节而多次举行以喜金刚本尊为主的供养大法会。这些佛事每年都要举行。同样，在林葱也于年终举行抛送“念九食子”、供奉世尊等佛事活动。其开支主要来自农牧民所献的实物常年差。牧民们虔诚奉献常年差实物就用在这些方面。

杂曲卡多为沼泽地带，山上长满沮洳草，中为丘陵和平坝，长满青草、草莓和各种高原野花，景色十分秀丽，一见心头不由自主地产生静感。住在这儿的牧民们向往真谛，未染狡诈、虚伪之习，禀性善良，情谊深厚，笃信和尊奉佛法，崇尚世俗大丈夫气概，善于制服来犯之敌。

杂曲卡地区有许多格萨尔王故事中记载的地名和山名，有据说是岭国英雄们战场遗迹的大型石砌墙垣；有传为与霍尔打仗时的岭国扎营遗址——大块草皮围墙，特别是岭格萨尔王《赛马称王》中有“神氏山头燃起柏枝香，龙氏岭上妇女齐观赏”之说，不仅真有神氏山、龙氏山，牧民们还能讲出山名的由来。

色达地区部落

色达位于杂曲卡之东边，阿尼玛卿山之西南。阿尼玛卿周围地区，统称“果洛”，色达是果洛地区最险峻的牧区。几百年来，部落外的统治者谁也未能深入到色达，该地被许多雪山峻岭隔绝，地势险要。牧民们过着自给自足、幽静闲逸的生活。

据说色达百姓内分大小 18 个部落，那里有个“紫金野牛山”，传说是福德具足主之“魂山”。山小但很秀丽，大小部落均坐落于此山附近的草原和山谷地带。靠近这座神山的地方，有位色达头人名叫“瓦秀”，据传是贡布措达活佛的传人，他可算是色达的供奉对象或长老，色达所有部落都在他的统辖之下，对他非常尊敬。他虽身居官位，却没有像其他地方官员对庶民那样，能发号施令、摊派赋税，对罪犯绳之以法等权限。这不是色达人对长官不敬，致使官无官权，而是由于色达人根本不知何为赋税制度，每个牧民长期习惯于过一种纯真的自在生活。因此，基本情况与其他地方相差甚远。

瓦秀世系当初怎样产生的？其过程我虽不确知，但色达部落长官的名号及主要权限，当是“本拉”时期产生的。“本拉”是位修旧密宗大圆满证得神通者，而且，也是护法化身的掘藏师，这方面的传说颇多。他从本尊的魂魄山发掘的贡布措达神奇黑披风，至今仍为瓦秀家族供奉之物。正如当地牧民所说："外敌绝不能袭击色达，色达万一遭敌侵犯，我们祈求本尊贡布措达保佑，并用他的黑披风向敌方扇一扇，便能使敌人溃不成军。往昔，两次西宁兵，一次四川兵先后来犯时，我们祈祷本尊，并用黑披风扇退了犯敌"。他们不仅这么说，而且对此深信不疑。"本拉"之嫡子名"成玛多吉"，其子名"格桑贡"，在一般人眼里，他只是一位普通牧民，在宗教与世俗方面并无特殊才能。但色达人平时请他摩顶，无论发生什么事情都请他占卜。另外，他保佑生者，为死者做回向。所以，大家像对待有加持力的至圣上师那样敬重他。

那儿的百姓很苦，吃穿都艰难。既见不到化缘者，也见不到贪得无厌的大财主。若以不贫不富的中等牧户来说，有羊500—1000只，牦牛300—700头，骡马30—70匹。这是大多数牧户的情况，比上述数字多或少的户数也不少。

那些地方，官吏的政令行不通。但牧民对其护法喇嘛所下与佛法相符的命令，从不违背。而且，牧民们平时对一切僧侣，都很尊敬。比如，几个骑马的牧民路遇着僧服者，不管其人好坏，也不论年老年幼，都恭敬地行脱帽礼；若遇到牧民们认识的年长僧人，则下马行脱帽礼；若遇身着黄袈裟的大喇嘛、活佛或堪布及坐骑系有马缨者，牧民们立即下马，将右袖甩在肩上，脱帽，将背着的明火枪从背后移至胸前，帽子套在枪口，取下腰间之长刀，左手握住刀、枪，接受摩顶。

北部牧民，乍看像是非常笨拙、倔强，因为他们从未受过人为的纪律及法制约束，也未受过与法制相关的教育，因此，只能看做纯朴土著人的憨直表现。但是，我们可以这样说，牧民的实际禀性与看上去的笨拙迥异，他们心地善良，为人正直，一切大小事情均依理而行。牧民一旦成为朋友，都是信实可靠的。他们在朋友之间，部落内部成员之间绝不狡诈、欺骗、诱惑。一句话，一切不正当的坏行为，明里暗里都不做。牧民的性格是：开始相识难，一经熟悉，便可信赖且友情持久。必要时，他们为朋友献出自己的生命、财产也在所不惜。他们有互相帮助的传统。自古至今，牧民们就用这种纯朴憨直的传统，维系着部落的生存，不依靠他部落的帮助，过着安乐生活。上述情况，康区北部牧区大致相同，后面所讲章节也与康区北部牧区情况相仿。这是牧区的一般情形。

牧民之盟友

一般来说，牧民们一经熟悉，即成为可信赖的朋友，这是牧民突出的一个特点。但要做牧民的朋友，仅彼此相识或长期相处还不够，还要进行盟誓，结成特殊关系。部落与部落间，举行重要盟誓时，要行名为“踩牛皮血”的结盟仪式。做法是：双方村落或部落之长者聚集一处，将带鲜血的湿牦牛皮铺在地上，所有长者赤脚上去同踩，并以右手食指像铁钩一样相互勾住，在讲清盟誓内容后，每位长者发誓：“直至天灭、地毁，永不违背”，并以部落地祇为证人，把盟誓看得极为严肃。结盟后，会盟的任何人不得违背，假如有人违背，违盟的一家及其部落要遭到地祇凶恶的惩处。而且，违盟者将成为部落双方之公敌。

牧民个人彼此结盟时，以“勾指”结盟，朋友双方以右手食指弯成铁钩状相互勾住，依次道出结盟誓言就行了。结盟的意义有大有小，具体情况也可能不一样。但就其实质，结盟后，盟誓双方无论发生什么情况，都要做到常说的“有乐同享，有苦同当”，真诚地互相帮助。像这样的结盟，看似简单，但要违盟也是很难的。为何这么说，牧民们把结盟视为世上最重要的事情，谁若违背誓言，谁就是寡廉鲜耻，就要被从高尚人行列中赶出去；而且，相信天神与地祇亦耻于他们的恶行，令他们今生、来世都堕入痛苦深渊。因此，即便舍弃生命也不肯违背盟约。牧民个人在各地可以有许多称作“盟友”的知心朋友，不仅结盟双方，连他们的亲属和其他盟友也算作盟友，彼此相助。比如，某一牧民遭他乡人侵害，此人之“盟友”们要为之报复；假如此人有打官司、赔偿命价等等难处，他的所有盟友便站出来共同承担。又如，某一牧民因遭畜瘟，生活发生困难，他所有的盟友，根据自己的财力，捐助牛羊，汇集一处让他重整生计。可见，牧区之结盟友非常有益，任何人要在牧区过一辈子，不可没有盟友；任何人前往牧区旅行，也是非常需要盟友的。

牧区打冤家

牧民本性善良，待人真诚，有许多长处。但是，牧民一旦成为某个人的仇敌，也是非常危险的。任何一个人或任何一个地区，同某个牧民或某个牧区部落发生或大或小的争端，应立即从己方设法公平、合理地调解。这一点，极其重要。如果轻视争端，就有酿成“打冤家”这种牧区最严重纠纷的危险。

比如，本地或别的地方的某个人或部落的某一团体同任何一位牧民，因架设牧帐之地盘、财产或退婚等事而发生大小不等的纠纷，双方积怨成仇，又不正视自身的过错，受损人之家属、亲戚及受损人本人、亲戚的盟友，全部结成一帮，为在根本问题上取得胜利，世世代代斗争下去。由于一般冤家斗争长期存在并且发展下去，就会酿成非常危险之“血仇”纠纷。比如，冤家械斗时任何一方杀死对方的人，被杀一方在未打死凶手前无法和解，如此轮番，便产生许多代也不能了结之“报血仇”这种严重争端。部落里一个不约而同的看法是，倘若一仇人杀死一牧民家之父，除掉凶手便成为其子最重要的任务。如杀死无后裔之牧民，死者之盟友有责任杀掉凶手抵命。假如儿子或盟友不能报血仇，便成为地方上大家所有人指斥、蔑视的对象。在牧区，百年来结下的冤仇，不断扩大，以至今天，还有许多没有了结。

个别部落由于不堪遭受打冤家之苦难，无法住在家乡，便投靠其他部落的朋友和盟友，搬至路途遥远、来往不便之地。发生这类冤仇，更加危险。背井离乡的人们在外地定居后，每年夏季跑到原来有冤仇的部落去打冤家，他们不仅掠夺财物，还制造许多新的血仇争端。

牧区冤家械斗，大大小小，种类很多。牧民们对冤家结仇既害怕，又警惕，绝不轻易打冤家。当不得不挑起冤家争端时，预料到其后果残酷、可怕，明白打冤家是很危险的，他们担心酿成冤家械斗，彼此对小的争端，自我认错，因而容易调解。

牧民的耻辱观

廉耻是世间人类都有的一种观念，一般藏族特别是牧区人异常地看重它。在我看来，世上人类世界顾忌廉耻与羞愧，是相同的，但各地各民族的举止、习惯有许多不同之处，因此，什么是廉耻和羞愧，什么是不放逸的上流行为，基本认识上看来是不一样的。比如，以夫妻为例，他们不能在父母等长辈能听见之处，彼此或对别人进行夫妇之间的玩笑与嬉戏。与此相同，在兄妹跟前，任何人不得谈论夫妻间的私房话等这种使人羞愧的言语。倘若有人不顾羞耻，讲话轻浮，近旁的兄妹就会发怒或者离开聊天地方到别处去。这种行为，算是“无耻之尤”。以后，这家人之子女就不跟这个“无廉耻的人”说话了。

牧民在有亲戚关系的人中进行婚配时，要经双方父母商议。倘若，男女不遵父母之命自由结合，则视为丢脸不顾羞耻之“私通”行为。牧民认为6代以内仍属亲戚，要成亲必须在6代以外，如果有人与6代以内的亲戚成亲，则视为“不祥”及极丢人之事。他们一致认为，这种行为会使本地不吉利，人、畜遭瘟疫而受损，这种无耻之辈之后裔，名为“同族通婚者”，被看做极坏与不洁之人。牧民们祭神时，上述同族通婚者，不准献祭祀火及食子；如果献上，神祇将因受亵渎而衰败。妇女分娩时，上述人不能接近，也不能用手抚摸孩子。倘若摸了，孩子会中“同族通婚灾之邪气”而难以抚养；或者，孩子会变成哑巴、傻子。总之，“同族通婚者”是很难听的名称，遭到众牧民的摒弃。因此，在牧区，同族通婚是绝无仅有、非常罕见的事。

牧民的智慧

牧区部落内通过直接受教育获得知识的很少，能教书有学问的也罕见，学知识的风气也不那么盛行。但牧民们为了克服生活上的困难，有许多自然获得的本领。他们自己所需的全部用具，皆依靠自己的智慧和手艺来制造，依靠自制的用具，使人们安居乐业，能办根据时令应办的一切大小事情。

牧民们虽无如何放牧、饲养、医疗等方面的书本资料，但是无论老年人还是青年人都善于把前人自古以来积累的经验代代口耳相传。他们依靠这些经验、做法，不仅能大力发展畜牧业，也能预防畜病。

牧民最佳的手工艺莫过于制作各种毡子，制作的“骑士毡衣”系牧民骑马旅行时用的雨具，圆形带帽的“放牧毡衣”是牧人的雨具；方形厚实的“被毡”是防雨雪、御寒的卧具；厚实柔软的“厚被毡”为冬季御寒的卧具。另外，还制作夏季男女老少都戴的名叫“冒尖”的毡帽，其帽顶用红丝线穗儿饰之。看来，格萨尔王所戴叫“果木修”毡帽的制作，也是牧民这种技艺的成果。格萨尔王多杰才吉画像上“果木修”毡帽的式样也与牧民的毡帽极为相似。此外，还制作冬季穿的高腰毡靴。在大小不等的羊毛垫上，黑羊毛绘制表永固的万字纹及右旋吉祥圈等。羊毛毡的制法是：于风和日丽时，在柔软的草坝上铺上一床很大的牛毛毯子，将撕得很松柔的羊毛一块一块往上絮，并于其上洒点开水，与牛毛毯子一起卷成一团。按照毡子大小，许多男女牧民排成一行，用手揉卷一小时许。然后，取掉外层牛毛毯子，再揉卷羊毛毡子数小时。制毡时，招呼近邻来帮忙。制毡主人宰一头羊，准备很好的饮食款待。男女牧民卷毡子时，唱着悦耳的歌：

啊拉玛尼拉贝美
男方：佳毡呀神奇仙子毯，
女方：吉祥呀吉祥长毛卷，
男方：一来呀制作骑士之雨衣，
女方：二来呀制作姑娘之牧衣，
男方：三来呀制作望哨人之哨衣，
女方：四来呀制作供台之毡垫，
男方：五来呀制作风神之毡帽，
女方：六来呀制作挤奶妇之毡衣。

如上唱出许多数字，具体数目我记不清了。

牧民们非常珍惜牦牛的绒毛。细软的绒毛织成黑白相间的各种毛布是制作马垫、盖驮毯、大小牛毛口袋之原料，很有用处。牦牛尾等粗硬牛毛做驮绳和牛毛帐篷之支撑绳。粗硬牛毛最大用处是织名叫“孜日”的一种黑色厚实织物，那是牧民制居住帐篷不可缺少的原料。牧民们的编织工具只是几根长短木棍，没有其他特殊的工具。但是，依靠这些极简陋的工具，编织出名叫“日瓦”的黑色织物、黑白相间的“日叉”织物、粗毛织物“孜日”等，不仅满足自身需要，还能销往农区。

牧区有不少善于绘佛像的画匠，尤其杂曲卡的几个部落，有好些著名的画匠。他们画佛十二宏化、上师八相、格萨尔王故事各种唐卡，米拉日巴五种唐卡，还可按照施主的要求画各种欲界天等，这些绘画在寺庙或富裕牧民帐篷里都能见到。牧民的多数绘画，着墨简练，在零散的草坪、花、雪山等的衬托下，画上高大雄伟的佛像。

牧区铁匠不少，他们能制造刀、锄等日常用具；但金匠、银匠很缺，仅有的个把人也只是制作妇女的装饰品。他们做全套装饰品要花一年时间，而且，手工费也非常贵。

牧区医生很缺乏。为数有限的几个也都是住在寺院里的出家人或诵咒师。他们夏季行医，到各个牧区部落转上一圈，对病人细心地治疗，从岩山、雪山、山凹及草坝，采集各种草药。各地牧民热情款待他们。其他季节，各地有严重病人时，就要去请医生；个别地方，山多路远，不容易请到医生，困难很多。

牧民们平时为病人举行仪轨，比治病还要看重。家里有人患病时，先到自己供养的喇嘛处卜问对病人需要禳灾还是医治？卜卦表示要医治就找医生，要禳灾就请自己供养的喇嘛举行相应的禳解赎命仪轨。禳解的主要目的是，消除某一害人魔鬼伤害病人的魔力；或者，解除病人前世所造的罪孽，或厄运所系恶报。这方面主要是施禳解术，药物治疗没有什么效果。而属于突然使身体和合失调，或饮食不宜而引起的疾病，治疗比禳解术有效。

牧区寺庙有许多擅长天文、历算的僧人。他们按照年、月、日、时辰、星曜相符等天文五行算法来计算。另外，出丧、嫁娶等部落所行诸事皆按五行占算决定。部落对需要按五行指点的吉凶，进行取舍一事非常注意，切实遵行。

令人惊奇的是：一般牧民目不识丁，从未学习过天文，但他们大多都能在晚间，看月亮知日期，看伴月的行星知星宿，从而根据不同星宿推断出与天文书相符的事物的吉凶。

牧民计算的十二月令普遍如下：

鸡月 = 正月

狗月 = 二月

猪月 = 三月

鼠月 = 四月

牛月 = 五月

虎月 = 六月

兔月 = 七月

龙月 = 八月

蛇月 = 九月

马月 = 十月

羊月 = 十一月

猴月 = 十二月

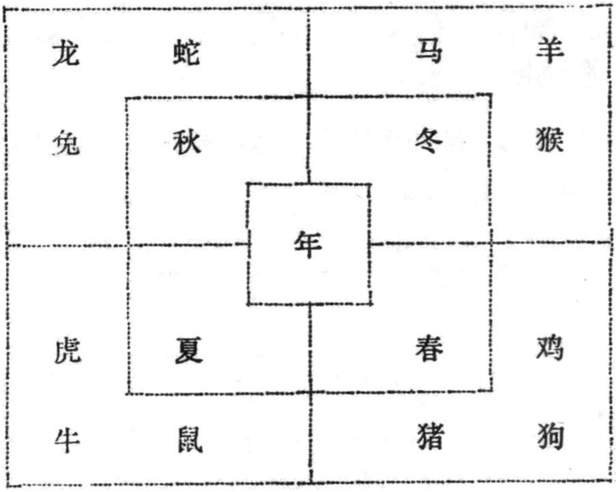

在日、月、星、曜当中，牧民推算事物吉凶的主要依据是星宿，即从它们晚间在天空与月相伴出现时辨认：

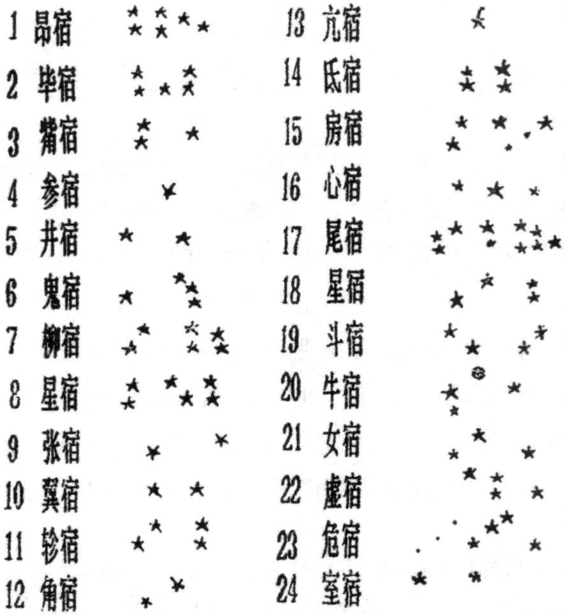

①

牧民识别星曜与天文书上基本相符，这是他们从天文取得知识长期养成的习惯。

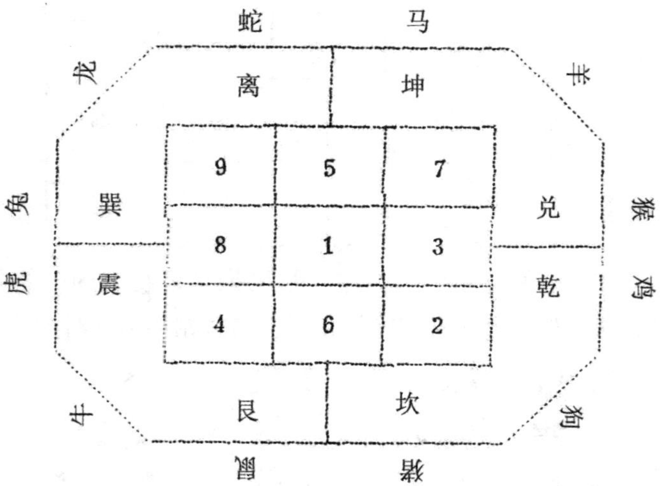

牧区老少一般都戴用响铜或黄铜铸成的小铜镜，镜面刻有表示12属相的12种动物，自左朝右排列；中间的九宫格内有九宫数字；外围8格内有八卦的8个符号，自左朝右排列，图样如上。也有在表12属相图案中间，仅刻以永固万字纹的。无论哪种均挂在腰间作装饰品。据说它能避免年、月、日、时辰宿命中注定的灾厄；消除家人彼此间因八卦和九宫不相符而带来的不幸；靠小铜镜外围各种图案使害人鬼怪看不见，从而避开灾难。

① 星宿图为原书影印。依藏族的习俗，是二十七星宿。中国古代天文学分为二十八星宿。除上图星宿外，尚多一个“奎宿”。

牧民的宗教

牧民不论老少，都笃信佛教且非常虔诚。他们不论会不会读藏文，都能念诵《皈依》《度母》《六字明咒》《成就》《自成》《七品》等许多经典。不仅如此，他们还会念诵连我们也未曾见过的许多祷文和愿文。其中，有我从几个牧民那里口诵记录下来的圣者噶玛巴的祈文如下：

大人呀汉大人，
向大人转法轮。
上进汉地弘法者，
噶玛巴希瑜伽师，
向噶玛巴祈祷。
若不知父亲大名，
父名为圣者智慧。
若不知母亲大名，
母名为白度母天。
幼一岁学念藏文，
幼二岁念《十万颂》，
幼三岁驰骋骏马，
骏马上行到拉萨，

敬献供物如雪花，
骏马下行到汉地，
贡品多如风雪刮，
向噶玛巴祈祷！
白崖山间掷下去，
大鹰鸟王自然成，
向噶玛巴祈祷！
碧波水中抛进去，
水禽黄鸭自然成，
向噶玛巴祈祷！
荆棘丛里扔进去，
顿时变成软垫褥，
向噶玛巴祈祷！
烈火焰中投进去，
红丹火神自然成，
向噶玛巴祈祷！
小小屋里投进去，
吉祥庙门自然成，
向噶玛巴祈祷！
黑暗之地投进去，
天神太阳放光芒，
向噶玛巴祈祷！
毒虫洞里投进去，
大虫围起圆圈圈，
小虫频频勤致礼，
向噶玛巴祈祷！

每日不忘念一遍，
不入地狱定担保，
也不成为三恶趣，
向噶玛巴祈祷！

如此等等，确有许多不同的祷词。

所有牧民宗教偏见小，仅笃信佛教，并很虔诚，但明了教义概况者却很少。牧区主要教派都在各地寺庙里，有正规的讲经院、禅院。在那些牧区，有许多闻名的学者，如：大成就者切悟仁增钦莫，治学与修行全能的杂巴珠活佛，学者之最香根米旁等许多有名人物，他们在继承、维护、发展佛学方面成绩显著，因此，有许多内明和其他学科知识俱全的圣哲，他们在各个时期向牧民们指点宗教上的取舍。

牧民经常性的主要宗教活动是：每人早晨起身后，一面呜噜呜噜地口诵《皈依》及祷词，一面各自做应做的事情。男女老少上山时把要念的“玛尼”“悉地”配上各种不同的“曲牌”来唱，其中有叫“霞杂玛尼”的“曲牌”，非常悦耳，在各牧区很流行，我们所到之处都清晰可闻。晚间，吃完饭后，有“夜诵”之规，家人聚在一起约念三遍“卓玛”和“所思自成”，领诵者一般都是父亲或长子。然后，为让已故亲人享用，拿点奶渣、酥油，在帐篷外烧祭，家人念满一念珠玛尼，尽所能回向。为了敬奉三宝，每夜点一盏“长明”酥油灯置于灶台上方，此酥油灯必须从天黑燃至天明。

青年牧民对双亲异常孝敬，父母年老后不干家里的活儿，他们去到寺庙或讲经场所向喇嘛上师求法并念诵“五十万颂般若”积德。五十万颂为：

宗教入门三皈依十万颂

除障入门金刚萨埵之心咒百字明十万颂

除孽入门顶礼十万颂

积资粮入门曼陀罗十万颂

加持入门上师瑜伽十万颂

以上完成后，教习开顶法和正行决断验证等。那些老人有的常住讲经场所，多数住在离家人近的小帐篷内，勤于念经，乐于善行。

牧区有许多不同教派的大小寺庙，特别是旧密学院很多，大多与农区的寺院相似，用石头和木料建成的经堂、“拉章”（大活佛居室）、禅院、僧舍等都很庄严雄伟；夏、冬两季能迁徙的“靛寺”，即黑色牛毛帐篷寺庙，也有不少。

杂曲卡方面的寺庙有：

寺名	教派
杂杰寺	宁玛派
石渠寺	格鲁派
格莫寺	宁玛派
谷龙寺	宁玛派
坝卓寺	格鲁派
噶锡寺	噶举派
江麻庙	无

坝推寺	宁玛派
巴穹寺	萨迦派
本儒寺	宁玛派
久牛寺	宁玛派
觉吾寺	格鲁派
各擦寺	宁玛派
绰嘎寺	宁玛派
绰贡寺	宁玛派
弯布寺	格鲁派
哲噶寺	宁玛派
卜空寺	宁玛派
朗那寺	萨迦派
诺林寺	宁玛派
恰擦寺	噶举派
塔须寺	噶举派
阿次寺	宁玛派
莫格寺	噶举派
俄若寺	噶举派
久瓦寺	宁玛派
绷萨寺	格鲁派
绷宁寺	宁玛派

另外，还有切悟仁增的帐篷讲经堂等，许多大大小小的帐篷经堂和帐篷寺庙。

色达方面的寺庙有：

东噶寺	宁玛派
达孜寺	宁玛派
雅隆寺	宁玛派
霍尔须寺	宁玛派
日阿然寺	宁玛派
巴苏寺	宁玛派
达隆寺	噶举派
日阿昌寺	宁玛派
基隆寺	宁玛派

另外，还有不少种类的帐篷讲经堂和帐篷寺庙。

牧区寺庙生活的主要来源是“僧众公财”，还有寺庙集团公财、活佛居室公财、特殊公财等多种类型。

僧众公财是公财中最大者，有好几百头牦牛的牧场及发放给牧民的“租赁牛”，粮贷、经商的雄厚资金。“总管”由各寺庙内的大小活佛居室和各个富有的施主担任，每届任期3—5年。掌管公共财产的头领可委派几个普通僧人当助手，想方设法增加财富，根据每年收入多少来安排每年的大修行和节日。

僧人各自的生活来源是：

寺庙修供期间，由僧众公财供给；其余时间，靠乡人请寺庙念经所出的布施及各僧人在寺庙里担任某种职务的收入来维持生活。此外，别无其他来源。但是，新来的小僧人，常由家人送口粮度日。

有些牧区寺庙，有讲习院和修行院两院，大都有一个功力好的修行院，在那里必须常住5—7年的时间。因此，寺庙的寺主——活佛或堪布，必须从活佛居室公财中给他们足够的膳费。为了增加活佛居室的收入，寺主本人每年夏季去牧区，冬季去农区广收供养。假如寺主为一大活佛，则从活佛居室委派叫做“吉拉”（总管喇嘛）的堪布，或从修行院出身的两三名“珠拉”（修行喇嘛），作为寺主活佛居室的代理人，从活佛居室公财配给他们全部行装，夏季去牧区，冬季去农区收供养。不仅有僧众公财，活佛居室公财，某些大修供也有许多特殊公财。这类公财的掌管人多是牧民部落内部的富有者，他们如同掌管僧众公财、活佛居室公财者那样有畜群和广阔的冬夏放牧地；在牧户中放有许多“牛租”；于农牧区间进行买卖的资金也不少。因此，这些掌管公财者，靠经营公共畜群、收纳畜租、农牧区间经商等的收入来举行各种修供，再从剩余部分中，给僧众放布施。这类“吉巴”，也邀请一位“吉拉”，在三年的修供会中为首座，也于冬夏季去农牧地区收纳供养；“吉拉”所收供养实物全部点交吉巴，而后，吉巴每年给吉拉送一套僧服及足够的膳用。

不论哪种公共财团，均可把数量不少的公共资金和酥油分配给各个吉巴，作为贸易的本金以盈利，或在部落内部以“借四还五”的利率放债以增长财富，谁若无能增长财富，则要自己交付年利。

全寺各部门的大小法纪，由寺督和铁棒喇嘛共同管理，寺庙日常的内外大小规章也由寺督和铁棒喇嘛掌握。但是，寺庙有重要宗教事务时，由活佛居室总管、僧人总管、领诵师、寺督和铁棒喇嘛共同商议解决；若有比这更重要的事，则请寺主主持会议来解决。一般来讲，“寺主”是寺庙的首脑；活佛居室总管和僧人总管是寺庙财物管理者；“寺督”是寺庙内外规章管理者；两三位“铁棒喇嘛”是寺督的办事员，他们的特别任务是检查各大修行会为主的僧众规章和僧众事务。“堪布”指的就是僧众坐夏时的堪布，其中有的平时还任讲习院堪布，给僧众讲授经典。“轨范师”指的就是各定期法会之金刚上师。“禅师”指于禅院指导修习风脉、神通之道及生圆二次第的教练。“领诵师”指的就是大法会的领诵人，各小法会的金刚上师。小领诵师指的是平时念经法会之领诵师及代理轨范师。

普通僧人的升迁有三种不同的途径。第一种途径是：任何僧人学完寺庙之仪轨并实习后要去修行院，七年期满后，从修行院结业。这时，寺庙寺主和新旧金刚上师共同赐给一顶帽子和一对铃杵，以明确其地位。之后，担任大法会的乐师三年、小领诵师三年、领诵师三年，然后成为“速拉”，他可以担任轨范师，“吉拉”总管也从“速拉”委任产生。然后，担任大法会之轨范师五年，继而担任年数不定的“修行禅师”，这是一个寺庙的最高地位。第二种途径是：任何僧人在寺庙文化班结业，或直接进讲习院，在五年之中，首先要学习称为“十三巨著”的佛学典籍；然后，去其他寺庙讲习院学习多年，而后返回自己寺庙的讲习院任复诵师；然后担任寺庙（管理）堪布三年；然后担任讲习院之堪布或寺主活佛名为“古交巴”之经师，多数去山中小庙培养弟子。第三种途径是：任何僧人从任何一种文化班毕业后要担任寺庙之司号僧三年、铁棒喇嘛三年、僧人总管三年，然后，升到寺督的职位，负责维护寺庙之规章三年，然后担任僧人总管和活佛居室总管。以上讲的是三种主要途径，在此期间，还要担任特殊的负责人，例如“代理活佛”兼任护法香灯师，铁棒喇嘛又改任护寺大喇嘛。凡此种种特殊职务不少，主要是有利的与吃亏的职务要交替担任，无固定不变的升迁途径。

牧区定期玛尼法会

“定期玛尼法会”是牧区全民性修法节日。各牧区的老、中、青男女分别到各自念经帐篷或寺庙帐篷轮流集会。冬季，用一个月的时间，于寺庙某一轨范师处接受“禁食”斋戒，每个双日斋为清除身障，第一日废午餐，第二日，吃喝全废且磕头；为清除语障，第二日不言语只念玛尼；为清除意障，去到轨范师前，恭听《玛尼全集》经义以修心。在“定期玛尼法会”期间，各寺庙绝大多数活佛、僧人都参加，根据比丘尼白姆式之“楚木布”（以米和青稞堆成）坛城举行观音仪轨。关于自己如何接受禁食斋戒，如何向他人传授，以及斋戒仪轨的程序等均见于敏林大译师（法祥）所著之《大慈悲十一面佛之禁食斋仪轨精要集》（《大宝藏经》ར部即25部13页）。禁食斋的八戒是：

1. 从此不杀生。
2. 不取他人财。
3. 不做不净行。
4. 谎言讲不得。
5. 酒是过失根，千万喝不得。
6. 进食按定时。
7. 不坐高榻垫。

8. 香粉与项饰，歌舞皆弃尽。

一般来讲，“禁食斋戒”指的就是：任何人从三宝或轨范师前受戒之晨时至次日黎明，戒律感染自身，然后再重新受戒。这是为何？因其人当初受戒时发过誓“务必于次日日出前真正取得长净”。但康区通常的轨范仪则是实行两昼夜对称的“双日斋”，称为“善趣”的第一日天亮时受戒，然后饮茶、奶等，中午静坐，吃除酒肉以外的可口食物。午饭后至夜晚就寝前，可饮用茶、奶等。称作“不语”的第二日，自起身后便不能说话，洗五体（手足及头部）后重新受戒；此日，不得饮食。第三日晨，早起洗净五体，然后饮修坛城而用的宝瓶水，才能说话；接着，要喝一种用牛奶、奶渣、嫩谷渣、酥油等一起煮成的名为“黎明粥”的稀粥，此即开斋（解除断食）。如此两昼夜为一斋程，叫一对“双日斋”。重又如第一日那样通过受戒等活动，按积累成对的次数，分别叫两对双日斋和三对双日斋。若守 16 个日夜，便叫“八对双日善斋”，这是一般禁食斋的最高限量。老人与年轻人受不住，可行一种名为“近住戒”，在“不语”日可进午食，其余均与上同。

“定期玛尼法会”末期，年老的牧民们前往至善轨范师处，用两周或三周时间勤奋学习开顶法。此时，个别老人能显出头上插草、顶发竖立或出黄水这种验证之兆。修开顶法之引导文详见《大宝藏经》ཐ部（21 部）20、25、26、27、28 页。

牧区牛月初四祭神节

名为“牛月初四祭神节”者，是牧民祭神之大节日。为此节日，牧民在各色布上印上象征运气的经文，或者在经旗周边用白、红、绿、黄、蓝布条饰之。牛月初四，男性牧民在自己的火枪枪架上，饰以经幡，上边挂一缎制烟祭用的小袋赴节日集会地点。烟祭袋内装有糌粑、酥油、茶、黑白炒青稞、谷类、奶渣、人参果、珍宝粉诸物，合拌之少量“烟祭锦品”。男人去到神山顶或各大地祇下方等祭神集会处后，当地活佛、僧人们行烟祭神灵仪轨，举行盛大烟祭供养。当供养特殊的地方神时，牧民们就将自己带来的烟祭锦品置于所熏香枝堆里，与此同时，大声呼叫“该！嗦!”，并按各人意愿进行口头祈祷。

我所听见的色达人口头祈祷如下：

该呵呵呵呵呵呵呵呵呵！
首祭一、二、三、四、五、六、七、八、九，
上色达紫色野牛神山，
野牛群有1900头，
战神“哈郎冬日”地祇，
财神“金刚善”地祇，

大山“日杂七弟兄”地祇，
阿交之“斯瓦斯玛”山，
下色达之“昂勒达孜”山，
昂勒之“奴出求姆”山，
托布之“日扎杂扎”山，
龙妖“各日那波”，
塞地之“斯那达孜”地祇，
孜穷之“拉孜求姆”地祇，
经常供奉之护法神，
未供自来之护法神，
静处灵验之护法神，
祖先继承之护法神，
神通广大之地祇，
我要尽情地歌颂！
愿我不死于利刃之下，
愿我不落入强权之手；
赐给膘肥的牲口吧，我要用它们来供养。
赐给有箭毛的野兽吧，我要用兽皮来供养。
有敌情请放哨，
愿万事均顺利，
愿运气都亨通，
愿多数人得好处，
愿少数人获实惠。
勿使家人患疾，
勿使牲畜受损，
我要尽情地歌颂。

愿所想的均兑现，
愿所说的都到手，
愿万事均顺利，
愿运气都亨通，
该呵呵！愿善神得胜！

这类口头祈祷词还有许多，但未见文字记载。烟祭供养完后，这些男人立即跨马奔往鄂博（山顶上扦有风旗的石堆），插上经幡，同时高声口颂如下祝愿词：

祈祷神灵！祈祷神灵！
右边斑虎的父系神，
左边豹样的母系神，
中间插满风旗的鄂博，
肇造宇宙之神，
男子汉们的战神，
鹞、雕、狼三类战神，
五大种之诸神灵，
风神五兄弟。
右山宛若射箭手，
左山酷似哺乳母，
阴阳山间之放哨神，
高高在上的天神，
低低在下的地祇。
珍贵岩山之多角鹿，
坚固岩石之山妖，

清澈的山涧流水，
疾驰的阵阵狂风，
熊熊的燃烧火焰。
祖先之后嗣不绝，
又是童年的戏友，
对己如父母慈祥，
对敌如刽子手凶狠。
白天发出灿烂光辉，
夜晚消除黑暗。
体如风神之王，
风兵千万部众，
以最上供品供养，
祈求山上石垒“鄂博”，
献上纯洁经幡，
切勿不闻不觉，
要供奉要赞美，
愿万事均顺利，
愿运气都亨通，
愿所想全成功；
英雄勇往杀敌时，
仇敌亡命利器端。
远途往返经商时，
盈利勤快齐具有。
争论纠纷来临时，
巧舌善辩定能胜。
白昼请勿推诿，

夜晚望勿懈怠，
如同形影不离，
务请拯救护送，
务请保佑监护，
该呵呵！祈求您！

以上是我听杂曲卡人口诵后记录的。

如此献完经幡，立即快速返回烟祭台，牵上马，手执刀、枪，高呼“该！嗦！恰！”，同时，从右绕香枝烟火3—7圈。当夜，于神山或地祇附近之草坝设帐住宿；此时，女牧民们盛装送来以肉、酥油、酪糕三者为主的食物和鲜奶、奶酪等饮料，然后，青年牧民进行名为“光背马”之无鞍马赛。

赛马分两类，一类名为“马术”，主要赛骑士的技能；另一类名为“跑速”，主要赛马的奔驰速度。进行马术赛时，赛马者在跑马过程中，俯身用嘴衔取草坝上的鲜花，此谓“叼花”，誉为头等马术；用手摘花者谓“掐花”，属二等；一面奔驰，一面从马颈下绕过重又骑上马的，算三等。“跑速”是两位骑士齐跑，赛程终点，有二人持绳拦之，一到该处重又折回原地，那里竖有带三角旗之花矛，矛颈悬挂一条哈达。两个人要争夺此矛，得胜者取得赛马资格。第二天，取得赛马资格的每八名赛手并排齐赛，获胜者为“下注赛”之第三名。获第三名的四名赛手又并排齐赛，获胜者为第二名。获第二名的两名赛手再齐赛，其获胜者方为第一名。公众赌马所出之财物全归他得。所谓“下注赛”，指众人在赛马时所下之赌注也可指最终获胜者。至于什么东西可作赌注，其价值应有多大等方面，都无定规，仅根据部落大小、对赛马场面的好恶而定。总之，比赛获胜之马扬名受宠，而且，一旦外敌来犯需要追击时，主要由赛马获第一、二名者承担。

上述赛马之后，马术获胜者表演“要枪”，即骑在奔驰的马上，侧身持枪，用左右转身的优美姿势进行打靶的精彩表演。

第三天，地方长老们一起召开谓之“集会”之协商会。会上决定一年中必须遵守之地区法、地方治安及今后规划等事项。关于地区法和地方治安，将在后面牧区地方法中阐述。“今后规划”包括夏秋牧区部落的分布，冬季牧场的划分等项，但所议内容并不形成条文式的书面决议。集会时间，根据当地情况开会3—5天，时间不限定。

牧区教育

牧区教育之基础是皈依佛教。各牧区有由牛毛帐篷建成的“黑色寺庙”，也有在学者或有成就之瑜伽师身边聚集众多弟子而形成的大小不等的讲习所。这些是牧区教育的中心。牧民们将自己满6个月或一岁之男女婴儿送至自己供奉的最好的轨范师前，举行名为“献胎发”之羯磨仪轨。这种仪轨的做法是：轨范师向孩子交代要皈依三宝，应把佛宝奉为皈依处，把法宝看作正道，把僧宝视为修道的助缘。当讲完皈依之功德等经后，在口呼“愿善品众神喜悦”的同时，从孩子头顶剪下几根头发献到佛像前面，然后从自己名字中取一个词给孩子命名。例如：轨范师名为仁增多吉（持明金刚），给男孩命名为仁增管（持明怙主）、仁增旺丹（持明威）、仁增桑布（持明善）等，给女孩命名为仁增拉姆（持明母）、仁增措（持明海）、仁增旺姆（持明威母）、仁增桑姆（持明善母）等等。但牧民们往往在孩子真名的第一个字前面加个“阿”，如“阿仁”，或于真名后面加个“鲁”或“呷”或“央”，如“仁鲁”“仁呷”“仁央”等，以表爱称。甚至直到老时还叫这种名字。这类爱称，一般很难分出男女。

牧民除自幼入佛门的少数尼姑外，其他妇女都没有读书识字的习惯。她们担负的工作是家务。各人的母亲、姨母等在自身经验的基础上，对年轻女子进行家务和饲养、繁殖牛羊等方面的教育，使其在长期劳动中养成习惯。

由于牧民们笃信佛教，做父母的竭力使自己的子女成为佛门信徒，对此抱很大希望。因此，孩子们自幼被送至供养喇嘛或沾亲带故的活佛、僧人跟前，让他们读书识字。当看到孩子喜欢学经，便有步骤地让他在自己的寺庙当沙弥。这时，才获得学习经典和文化的机会。反之，各自回家，从事牧区过日子的劳务。这并不是说，牧民不入佛门便不能在各寺庙和讲习所学习经典和文化。但是，一般说来，牧民们从来就认为读书识字是讲经人的特殊本事。基于牧民们的这种认识，在那些牧区，识字的人很少，牧民们两地传递重要消息时，就要到自己供养的喇嘛跟前，求他写信。那儿，既没有邮递员，也没有邮局，只能自己派人去送信。但遇到重大问题，双方亲自当面商讨，则不靠书信。平时，信息的传递多靠捎口信，双方托旅客带上话儿就行了。根据上述情况，除去牧区各寺庙学经典与文化的学堂外，别无其他学校。手艺等类的本事则靠从一家人的长期见闻积累和熟练操作中取得。重要的工艺技术是靠直接的学习经验，父子相传，没有专门的课堂和学习阶段。

牧帐安置地——放牧点

牧民们夏冬秋春四季各有架设牧帐之地（放牧点）。每当夏季，部落的各牧户群分成大小不等的转移队，迁至草坝、山岗等好草地。一般，各地区都有各自的放牧地，少数牧户群体也有属于自己的放牧地，但没有属于一家一户的草场。秋季，正如牧民谚语说的那样：“秋季奶中有一半是酥油”（表明牛奶质量好——译者注），正是牧民们积攒上交酥油、干奶酪等乳制品之黄金季节。因此，这时，要求在载畜量大的近处草场定点放牧。各牧户群体的“秋窝”要设在夏季未曾放牧、地势较夏季牧场低、不受风雨侵袭的暖和地方。

其中最重要的是叫“冬窝”的冬季牧帐安置地。在这里，不仅各牧户群体有各自的架设牧帐之地，而且，大多数单个儿牧户也有一处草好的私有牧地。夏秋二季，不论是自己的、还是别人的，也不论地位高还是地位低，更不论常住户还是外来户，一切大小牲畜均不得在“冬窝”牧场里放牧。假如有谁来此放牧，到春季，此“冬窝”牧户之牲畜饿死多少就要承担多少责任。有的人为了承担牲畜死耗的责任，常常赔偿很多牛羊，这类纠葛屡见不鲜。“冬窝”牧帐一般设在草坝低凹处或山脚下，或充满阳光之山谷等最暖和，且雨雪、风雪不猛之地。

在那儿用牛粪堆起一人高的围墙，面积不小，这不仅为了牲畜免遭狂风和暴风雪之灾，而且，在冬季严寒时，便于防范狼群之害。

春季是牧民最困难的时期，牧民的牲畜膘情很差，不能去远处放牧；有时，还有“春淫雨”，雨雪不停，牲畜成百饿死。因此，春季放牧地要紧靠冬窝子，在冬季埋在雪底之草逐渐露出雪面的地方安置放牧点。

牧民之家——牛毛帐篷

牧民常住居室是粗牛毛织物缝成的大小帐篷。那儿像农区一样的碉楼建筑均属于前述各寺庙。除此而外，无人拥有土木房屋。原因是：一般说来，牧区木料奇缺，连必不可少的帐篷杆也产自路途遥远、搬运困难的农区。不仅如此，牧民的主要生活依靠，是他们拥有的牲畜。但牲畜是逐水草而牧，春夏秋冬各个季节均要搬迁。因此，固定房屋对他们没有多大用处。

牧民帐篷大多面积宽大，质地优良。那是牧民依靠自己的手艺用粗牛毛织品缝制而成。大帐篷内有柱子 12 根，或者 16 根，帐篷外有许多长短不一的帐篷绳。青年牧民猜谜语时问："百头无角牦牛共一根牛鼻绳——何物?"答："那是念珠。"又问："一头无角牦牛拴百根牛鼻绳——何物?"答："那是大帐篷。"这个谜语正道出帐篷的真实形象。

一般，从帐篷里往门口看，右半边是"阴帐"，那儿常是妇女们的住地。奶酪、酥油等奶制品主要在那儿制作。个别大帐篷在"阴帐"内附有小保管室。左半边是"阳帐"，常是男人们的住地，来客也住在那里，宰羊、灌血肠之类皆在此处进行。大帐篷内的"阳帐"，附有一个小供养堂，常住关系密切的供养者。牧民们绝不将鲜肉拿到“阴帐”内，假如拿去，据说天神会发怒、人畜会遭灾。但阴帐内的天神等与“阳帐”别无区别。所谓“天”，实为帐篷之天窗。是敬信以天窗为标志的某天神，还是根据以前的某种传说而这样做，却不得而知。奇怪的是，牧民们除非下很大雨雪，不论白天黑夜，帐篷天窗老是敞开，从不覆盖。有时，年轻人拉天窗绳拉过头，把整个天窗都盖住了，父母就一面说：“勿将天窗全盖住，当心倒霉!”一面略启天窗，恢复原状。

富裕牧民在大帐篷左右有名为“纳仓”的几个形状不一的小帐篷，那是或为父母住处，或为供养喇嘛，或为来客，或为工匠等等，根据不同需要而架设的。此外，还有叫做“古然”的小四方帐篷，架于畜圈旁边，那是为守畜人准备的。

另外，还有经商者使用的无帷帐篷、布制帐篷、花帐篷、单人帐篷等等，形状不一的帐篷，也都根据时地的不同需求而制作。总之，与农区村镇有各种大小不一的楼房一样。

牧民生活

牧民生活依靠他们拥有的牲畜，他们拥有的主要牲畜有牦牛和绵羊等。牦牛是对牧民有特殊用途的一种家畜。一般说来，无论公母牦牛，冬季都能抗住牧区的严寒，来往于大雪、冰块覆盖之地；可从它们身上获取制作帐篷之粗牛毛。而且，牦牛是容易饲养、繁殖力强的一种家畜。母牦牛之产奶量虽比母黄牛少得多，但其奶汁味道和营养却较其他奶汁好得多，少许牦牛奶就能搅出很大一块酥油，而且，味道鲜美，营养丰富。此外，牦牛肉也是牧民最重要的一种食物。其皮可制鞋底及叫做“康姆”之牛皮箱，各种大小型号的皮袋、马褡子等日常用品，用处较大。

绵羊不仅是牧区数量最多、繁殖力很强的一种牲畜，而且牧民平时吃的是羊肉，喝的是绵羊奶酪（酸奶），穿的是羊皮。因此，可以认为绵羊是牧民生活中有特殊用途的一种牲畜。

另外，牧民的家畜中，也还有不少犏牛和山羊，但那些不属于对牧民具有特殊用途之家畜。黄牛是地势低处才能饲养的一种牲畜，牧区从来没有，因此，牧民大多不知黄牛为何物。

牧民平常吃的食物，主要是牧区所产之肉、酥油、奶渣、酪糕、人参果等。另外，来自农区的青稞、小麦、大米、豌豆等谷类及蔓菁、干果类也适当享用。但那些食物，由于是从远处农区越过数以百计的深山峡谷，靠牦牛运输来的，因此，不甚丰足。喝的主要是绵羊奶酪和牛奶。老年牧民们有喝茶之习惯，但茶产自汉区，价钱贵而且短缺。总之，牧民每日吃的主要是酥油、奶渣，喝的主要是羊奶酪，就同藏地农区，平常主要吃糌粑，喝茶、酒一样。

牧民们为了度过初夏，有做“冻肉”的习惯。这是在秋季屠宰时，将几腿最好的牦牛肉或名为“补壳”的整腔羊肉，内脏洗净后重新塞入腔内，放进各户用牛粪堆成的圆墙，其间用干柽柳隔开的冬窝子“牛粪堡”内，待春末夏初时享用。由于牧区地势高，风大，存放的“冻肉”不会腐烂。这种“冻肉”表面虽然半干，可里边仍鲜红，味道营养均不变。

有些牧民于秋季，有做名为“陈酪”的优质奶酪的习惯。做这种“陈酪”要倒入较多奶皮使之在大奶桶内发酵，并盖以毡子，置于秋季牧场的“牛粪堡”内，待冬末、春初缺少奶和奶酪时享用。

牧区主要燃料是干牛粪。每当秋季，男女年轻牧民到各冬季牧场或秋季牧场捡干牛粪，堆成许多牛粪垛。这在冬季，牧区大地均被大雪覆盖，无法寻找燃料时很有用处，能解决燃料困难。

冬季，每天早晨，牧区妇女们将名为“阿岗”被冷风吹后冻成石头样硬的湿牛粪，从圈里起出来，有时，堆成牲畜圈；有时，摊在圈附近的平地上，干后做成牛粪垛。这在夏季雨水大，燃料难找到时很有用处。

牧民平常穿的衣服以老羊皮、羊羔皮、羊毛制成的毡子为主，绸缎和氆氇等只在特殊场合须着盛装时才穿，一般不时兴。因为这些难以得到的外地产品，平时穿着，用途不大。

牧区的畜牧业

牧民们春夏秋三季要给牲畜喂食盐。夏季，放牧人于平坝、辽阔之草坪上，用食盐绘成“玛尼”（六字真言）、“永固”（卐）、“吉祥结（）”等吉利之图形，牲畜将这些图形全都舔净直至见土。从而留下图形痕迹，不仅很远就清晰可见，且能存在多年。喂盐后，放牧人邀请自己的朋友，在给牲畜喂盐附近处举行名为“牧宴”的特殊欢宴。此时，放牧人均以开心的游戏，人参果拌羊奶酪做成的“卓雪”来招待。其间，各放牧群称作“群头”的彪形种公牦牛，彼此抵角相斗，即“顶牛”。春秋两季，有喂名为“角盐”的习惯，即将盐拌入奶酪，用牦牛角灌进每头牦牛嘴里，这是牧民最重要的一种工作。

牧区羊群非常听从牧羊人或主人的招呼。这是因为牧民平时招呼羊时总给点盐拌奶酪。到挤羊奶时，挤奶妇“啧！啧！啧！”一呼唤，羊儿不管远近，闻声立即奔至挤奶妇跟前，挤奶妇拿起几条长绳，呼唤“榻嘎（套绳）！榻嘎！榻嘎！”奶羊便朝一个方向整齐排列，昂首以待，如同军官给士兵下口令那样听话。此时，挤奶妇将大约100头至500头奶羊，羊头交叉，用绳逐个套上。几个挤奶妇便从左右两头逐个挤奶，这是我们在牧区见到的一件新奇事儿。在牧区，挤奶可算是妇女的特殊工作。男人们从不挤奶。个别牧区“媳妇”叫做“挤奶妇”。可见，这主要是以妇女所从事的工作来命名的。

牧民们对牛羊的年龄有很高的识别力。他们根据牦牛牛角上名为“追”的环纹及羊角上名为“秋”的环纹，准确地计算出陌生牛羊的年龄。下面是对牦牛常用的年龄称谓：

年龄	公	母
1 岁	毕＝毕吾	毕＝毕吾
2 岁	亚孺	姆亚
3 岁	谐＝二齿	谐姆
4 岁	4 齿	4 齿玛
5 岁	6 齿	6 齿玛
6 岁	全口	全口玛
7 岁	1 追	1 追玛
8 岁	2 追	2 追玛
9 岁	3 追	3 追玛

按牛角环纹计数，牦牛大多能活到“10 追”左右，即将近 17 岁（7 岁开始计“追”数）。

羊的年龄称谓是：

年龄	公	母
1 岁	陆骨	陆骨
2 岁	拉嘎	拉嘎

3 岁	茨茹	茨姆
4 岁	尼巴	吧姆
5 岁	知巴	知姆
6 岁	1 秋	1 秋玛
7 岁	2 秋	2 秋玛
8 岁	3 秋	3 秋玛
9 岁	4 秋	4 秋玛

按羊角环纹计数，羊一般能活到 7 秋，即 12 岁（6 岁开始计“秋数”）。

牧民对牲畜年龄计算法及其称谓，多次出现在牧民的故事、谚语、民歌等中，觉得重要，记录于此。

我们亲耳听见色达的一首民歌如下：

茨茹、茨姆同年生，
茨茹被宰多可怜！
它是茨姆好伴侣。

谐穷、谐姆同年生，
谐穷上驮多劳累！
它是谐姆好伴侣。

相爱男女同年生，
男儿出走多惆怅！
他是姑娘心上人。

离农区不甚远的牧民一般都有挤奶桶、奶酪桶、盛奶桶、酸奶桶等很好的木质器皿，用它们能制作优质奶酪、酥油，但离农区很远的牧区只有很次的挤奶桶和奶酪桶。特别是奶桶、奶水桶那样大型的器皿从来没有，所以只好用母牦牛皮做成的“奶袋”和比此更大的“酸奶水袋”搅牛奶。用此法也能较容易地制成好酥油。

牧区的租赁牛

牧民的家畜中，有许多角上烙有各式各样牛角印的“租赁牛”。这些“租赁牛”都是从牧区各部落寺庙或活佛居室或本部落之公有畜中租来的。租赁人每年要向“牛主”交纳“租赁酥油”，交租的标准是：叫“秋玛”的一头带犊母牦牛（母牦牛 4 岁产犊，少数 3 岁产犊——译者），交年租 10 斤酥油；一头隔年怀胎的母牦牛交年租 5 斤酥油；母牦牛若死亡，除将此牛之肉、皮交给放租者外，同时，还须给小牛犊申请牛角烙印。公牦牛一般没有什么特殊之租赁赋税，但死亡时，要将此牛之皮肉连同带烙印的牛角点交给放租者。

放租者为收牛租和清查产犊数额，每年夏天赴牦牛放租处，查验各自租牛之角印。所谓“角印”，指的就是各寺庙财团和活佛居室财团等出租牦牛者，将刻有自己名字的铁印，烧红后很深地烙在牦牛角上之印记。

牧民的放生

牧民牲畜中有许多带耳穗的“放生”牦牛和绵羊，都属于免遭屠宰得以解脱的家畜。牧民们平时为了长寿，将许多家畜予以放生。特别当家中人得了危及生命之疾病时，将许多家畜放生。放生的做法是：把决定放生的牦牛和绵羊牵至自己供养的喇嘛跟前，请求赐予放生。供养的喇嘛应允后，便对着牲畜耳朵朗诵救主无量寿佛的《陀罗尼咒》，此后，这牲畜便从屠宰的威胁中解脱出来。凭借这种圣谛威力，便能驱散施主之厄难，延年益寿，主人与牲畜最终皆获得圆满福报和永久安乐之地位。如此这般地说了许多祝愿吉祥之词，然后赐给名为“长寿线”的红色布条或羊毛线做的耳穗子，施主将耳穗子挂在放生畜的左右耳上。任何牲畜放生后，施主生活无论多么困难也不能宰杀。而且，若是公牦牛，老时不再驮运，对名为“终生服侍”的放生牲畜，必须给予特殊照顾，服侍到老。

牧民服装

牧区夏季很短，可以说整年都寒冷。因此，牧民的主要衣服都是绵羊皮。短暂的盛夏，个别年轻牧民穿褐衣或布面羊羔皮衣衫，但这只能穿几天，无抗寒性能，不实用。牧民们的衣服全都是老绵羊皮做的“裘袄”，其中多数用红布镶边，少数除红布边外，还镶以豹皮边。比这更高级的则是羊羔皮里子，以羚羊皮或鹿皮为面，其领襟再镶以红布与豹皮边，羊羔皮上衣和裤子上罩以羚羊皮，或直接用狼皮做裤子，脚上穿毡靴或皮靴。头上夏季戴毡帽，冬季戴狐皮帽。妇女们的衣衫也如前所述：老羊皮袄或带面之羊羔皮袄的领襟，都从外沿到里边依次用蓝、绿、红、黄、白等色布镶多层边。有的还在多层边外沿用豹皮或水獭皮镶一层小边，冬夏穿戴的鞋帽与男人完全相同。

以上是牧民平时的衣着。盛装的衣服则是用狐皮或沙狐等等珍贵毛皮做里子，再用昂贵的绫罗绸缎做面子，其制作法同前。

牧区狩猎

夏末，北部很多年轻牧民结帮赶上许多驮牛到离牧区很远的地方猎取野牛。那儿有许多牧民称之为“怒鲁”之单个离群野牛，因体硕肉粗，不宜猎取。他们要猎取的是野牛群中 3 岁公野牛或幼乳牛。猎取野牛的牧民到达有野牛群地方时，先垒起几个隐蔽堡，几个猎人持枪埋伏其中。其余狩猎者骑马包抄野牛群，想方设法把野牛赶向猎人隐蔽堡附近。当野牛接近隐蔽堡时，追赶野牛的猎人迅速避开。此时，隐蔽堡内猎人，选定幼犊射击。但当几头野牛中弹出血时，野牛群就汇集到跟前，发出名为“血呼”之巨吼声，如果看见猎人，野牛全都奔向该处。此时，避离现场的猎人，一面高声呐喊，一面鸣枪（吸引），野牛群便闻声扑去。这样，牛群便奔向其他地方，不再回到隐蔽堡方向。有时，由于猎人工作失误，致使野牛发现隐蔽堡，因而踩死猎人之事曾多次发生。狩猎牧民常说：“野牛体形高大，无法用角顶死猎人，但最危险的是野牛脚践踏人体，或用舌将人舔死”（野牛四蹄如刀，能在冰封地带行走；其舌长有刺苔，能舔掉人的皮肉。——译者注）。一般说来，野牛是不伤人的一种野兽。我们行至野牛群居地段时，野牛缓慢地走向其他草坝，有的走到我们附近停下来，一面惊奇地望着我们，一面悠闲地嗅我们的味儿。离牧民住地很近的草坝上也有许多野牛群，但那里属禁猎区，不论谁都不能猎杀。牧民们认为：野生兽类系各地神祇之家畜，尤其野牛，宛若牧民之牦牛；羚羊和岩羊如同牧民的山羊与绵羊;野马就像牧民之骡马,这些都是神祇最重要的家畜,因此,谁也不能猎杀。谁猎杀,他就与神祇结下了仇,如同牧民彼此由一般争端演变成打冤家那样,非常危险。

这里记述一件奇闻：有些狩猎牧民说："有次，我们猎杀了一头大野牛，其背上粗毛中，有几根谷穗。"另一牧民道："野牛背上的肉和皮都非常坚硬、厚实，完全可以用来做帐篷杆。原因是神祇用野牛驮运所致。"关于这方面的轶事，我曾认真向老牧民请教。老牧民们异口同声地说："我们牧区的威猛之神到农区降冰雹，打掉庄稼，谷粒由鹿驮运，谷穗用野牛驮回牧区。"牧区不满周岁之婴儿死后，就成为那神祇的搓冰雹的人，神祇把他们搓好的冰雹引往农区，而取回农区之谷类。（在牧区人死后，一般要做 49 天的道场，而未满周岁之婴儿死后，仅做 7 天焦烟回向，不兴做较长期的特殊道场，其因想来在此。）

另一件事情是：我们到达名叫"阿热扎"之牧区部落时，那儿有一家名叫"多洛"的中等富裕人家。有一天，他家名叫"古鲁"的 12 岁孩子上山放羊，当晚未归，第二天早晨全家人寻遍所有的山谷均未找到。过了 6 天，几个牧人说他们看见名叫古鲁的小孩在"阿掯大神"的神山边走，当追去时，孩子钻进石丛中去了，未追上。天亮后，家人和众乡亲都到崖石山，寻遍石缝崖隙，最后，在两块大崖石下找到了躲藏的孩子。开头，他像陌生野兽那样见着人就本能地惊恐，但当我们一起回到多洛家时，他神志已恢复正常，所问均能回答。他说："我在一块干净的石板上倒上'牧酪'正在喝时，突然，我背后有人拉我。一看，有个蓄着辫子、身着毡衣形状十分可怕的俗人道：'我是阿掯大神之牧人，你父亲杀我两头羚羊，你得去赔命。'说完往我颈子系上绳子就拉走了。从那时起直到现在重回到家这期间所发生的事都不知道了。""有时，记得我在挂着缎子帷幔的大毡帐篷里吃得很好。"除了这些，他再也说不上来。我问孩子父亲："你可曾猎杀羚羊?"其父诚恳地说道："一个月前，去采盐时，顺便猎杀了两只羚羊，但这事连我孩子也不知。这真是阿掯大神在惩罚我。今后，我发誓绝不猎杀野兽。而且，还要隆重供奉阿掯大神。"于是，我们一起举行了盛大的烟祭。

在牧区，此类传说接二连三。因此，牧民对狩猎不大感兴趣，少数年轻人想狩猎只好到不熟悉的地方去。

狼是牧人最大之仇敌，男女牧民谁见到都想立即消灭。一个牧民打死一头狼时，他便手举狼皮去到部落里进行"灭狼化缘"。这时，每户都会赏给此人不少酥油、奶渣等物。倘若某户对灭狼化缘者什么都不给，灭狼人就要进行所谓的"触狼鼻"，即将狼皮之鼻子，在这一家羊厩附近之石上碰一下而离去，意即"愿该地全年狼害全部都落在这家人的牲畜头上"。上述情况，只是牧区过去的传说。那种"灭狼化缘"者触狼鼻咒人之事在近代史上未曾有过。总之，牧民们对灭狼者给予很好的奖励。

牧民的帐宴

每年夏季，牧民们或添置新帐篷，或替换帐篷绳，有时把帐篷里外翻面等，总要维修帐篷。帐篷修好那一天，要举行一次名为“帐宴”的小型宴会。设宴时，邀请亲戚、盟友、邻居等，用许多小块熟羊肉、大块人参果酪糕招待客人。

我等在昌木咱时，我父亲的朋友，一位富有的牧民请我们去赴帐宴。我与同伴们送去一点甜食作为礼物。我们和他们的亲友共 30 余人，全都进入“阳帐”入座后，这家的儿子、媳妇二人端着冒尖的两大铜锅羊肉块，分别从首座依次敬客。我从中取了最小的一块肉正准备吃时，看到媳妇的那个 6 岁大孩子，看着我手中之小块羊肉哭着说：“妈！那边的那个叔叔吃我的那块肉！”我不知所措，有点惭愧。于是，我仔细观察，发现全家老少都在肉块堆里找什么。多数肉块有刀纹和用牛毛拴着的标记。次日，我找了一位牧民朋友仔细询问时才知道，当他们煮小块肉时，家里的每个人，选自己所喜爱的肉块，在上面划刀纹或插木签，或系黑白牛毛线做记号。以往，我和朋友们谁也未曾经历过这种事情，所以，在友人帐宴上把做有标记的肉取来吃了，朋友一家人因未拿到自己做有记号的肉，必然要一再寻找。

牧民过年

如同农区新年有过大年、过小年之分，牧区新年也有过汉年、过新年两种。猴月初一过汉年，鸡月初一起过新年。因时辰正值汉历首（即春节）故叫汉年，汉年的过法除繁简有别外，其他与过新年相同。

猴月二十三或二十五日，居住在牧区寺庙附近的牧民们带上桶装人参果和奶酪向寺庙众僧奉献；各寺庙举行善逝如来八本尊之供奉；二十九日下午抛撒“多玛”即驱魔送祟的食子。离寺庙较远的牧民，则依靠几位当地的供养喇嘛，在二十九日晚举行名为“郭旅”的“灾害替身”仪轨，即用牛粪塑造一个骑牦牛、手持牛肠、头戴牛肚、身挂多头断桩绳的在家人，将其送至看不到各家帐篷的地方，表示为了铲除以往牲畜所受灾害的余根和祈祷新年免遭灾害。

初一早晨，牧民们早早起床，去打“星水”，即取星星消失前之水，在帐篷外洗濯。然后，男人们在帐篷附近，用草皮堆起之烟祭台上，用牧区特有的“苏呷”“娘哲”（二者均为灌木名）、白花柽柳等烟祭品烧祭。同时，口念吉祥祷文。妇女们在上方的驮子上，即帐篷最里边堆积财物之处，盖以白毡子，其上用奶渣绘一永固万字图形，并立即献上“切玛”、油炸面食、头等新鲜酸奶和牛奶，以及许多酥油灯，口念吉祥祷文。“切玛”就是在一个盘子里，把糌粑和酥油合在一起堆成堆，顶部插一“木牌”，其上用酥油捏成日、月、宝贝装饰。“油炸面食”就是在银盘或其他白盘内，先堆放煮熟的人参果、奶渣、酪糕等混合的杂拌儿，上面再放许多吉祥结形状的油炸面食。

家人欢聚于帐篷内时，将帐篷天窗全部启开，在灶架上熏木枝香，举行所谓“供桑”的烟祭供奉仪式。此时，家中长子及媳妇二人各捧酥油糌粑和油炸面食，从父母起按辈分逐个递送。牧民中有这样的说法：烟祭天神时，若帐篷内浓烟滚滚，则预示要致富，若烟从天窗直线上升，则表示该户有吉祥的好预兆；若烟从天窗向后散去，则表人丁兴旺；若烟朝四面成团飘散，则表牲畜发展，烟在帐篷前方地面云集，则预示人有危难；烟从天窗往右飘去，表示女神占上风，奶制品丰盛；烟从天窗往左飘去，表示男子肩头守护神占上风，能降服敌人，烟从天窗左右回绕，预示来敌势众。

家人各抓一点油切玛撒在祭烟里，并同声祈祷：

祝愿吉祥！
祝愿如意！
祝愿长寿！
祝愿无疾！
祝愿顺风！
祝愿无灾！
祝愿幸福！

说着，从油炸果子盘中抓一点酪糕和人参果等东西来吃，然后，喝特地为过年而做的“糌粑糊糊”。其做法是：把酥油化好后，放少许盐，倒一些糌粑，炒黄。然后，倒点茶汁和适量牛奶，同时，放很多奶渣煮好即可。其后，吃名为“岁首”之羊头肉，各种油炸果子、各种干果。其他，则按照各人所好。牧区喜欢吃的干食计有：“果热”——如农区的发面饼；“颇罗”——面饼内包很多肉脂放入火中烤熟；“牛鼻”面疙瘩——用面做成犏牛鼻尖状（即平底三角立体状——译者注），放入水中煮熟后，与化好的酥油、碎奶渣一起搅拌而成；“郭热”煮饼，即用酸奶和的面团做成中间有孔的圆饼，放入奶中煮之。稀食计有：“京洛”肉团粥——即小块面团内包肉馅做成的面粥；肉粥——即在煮大米粥时加许多肉一起煮，“京突面”——类似农区面疙瘩。所谓“京”者，即面团之意。

牧民主要之甜食计有：“勋”食——将人参果炒熟后磨粉，内放化好的酥油和许多白糖或红糖搅拌而成；人参果酪糕——即将人参果炒熟磨成粉，与酥油、奶渣、红糖一起搅拌而成；“萌”粉酪糕——将“白萌”磨成粉状，内放少许奶渣，再用蜂蜜搅拌而成。此外尚有用蜂蜜、牛奶调面做成各种形状并在酥油中炸过的食品。

初一那天迎新年，这是年节的主要欢庆日。初二叫“次新年”，进行各种娱乐活动。初三那天，盟友和亲属彼此邀请作客。初四，邻居彼此邀请作客。初五，各“茹”伙伴聚会、赛马、摔跤、“弓身拔河”——即两人将绳子套在脖颈上（背对背，四肢着地，绳子从胯下而过）拔河；“绳箱”——即两人将长绳打成一个大活结（两人各用左右脚踏绳），各持一头，当另一人钻绳箱时，两人立即拉结头捆起来的一种游戏；跳高绳——即高举绳子，于其上来回跳跃；“投石”——大小五块石头依次排列，再用五块小石头，从最后一块逐个击之，倘若顺序击错，便要重新树立第一块、第二块、第三块直至第五块目标石的一种游戏。此外，年老的牧民们还爱玩“多眼”棋、“九门王”棋、“二门王”棋、“哲”（用石子作棋子）等各种棋类。那天晚上，同“茹”男女均聚集在附近草坝上玩“旺卡”，即用许多干牛粪堆成圆形，点烧照明，男女牧民围圈跳舞。然后，聚众分成两行，对歌或猜谜语。有时，第二天还接着玩。

牧区之集会

从虎月初五至初十，各牧区部落男女聚集于地势险要之处，该牧区的活佛、僧人，则为公众进行禳灾祈福的念经活动。特别于初九，为了退敌，以金刚橛童子或马鸣菩萨、勇猛帐怙主等为本尊而进行的法事仪轨，抛撒驱魔送祟的食子、镇敌等活动。初十举行盛大的“初十供奉”，同时，大家享用最佳食品。

在这些日子里，年老的牧民们天天相聚开会，集会最重要的内容是：倘若该部落有公敌，此时，便周密地商议如何攻击敌人讨还命债，决定反攻的日期，作好袭击敌方的一切准备，一般在集会后不久就去打冤家了。倘若该部落一旦遭敌进攻，为消除敌害，设岗放哨进行分工，组成名为“轻骑”的先锋队。

各牧区由于地势和部落情况各不相同，虎月集会的方式和目的也各不相同。这种集会在色达部落称作“虎月公防”，此时，要举行一年中最重要的禳解年灾的活动。杂曲卡北部部落此时主要制订打冤家的规划，调解部落内部纠纷。杂曲卡南部牧区部落，此时主要研究一年内的地方法规。由于此时是牧区打冤家的特殊时期，牧民们日夜防备。有时，敌人趁男人们集会之机偷袭，将整个“茹”（部落）捣毁，这种事历史上屡见不鲜。

牧民之联姻

牧民联姻事宜全由男女双方父母及亲属们决定，牧区男女自愿成亲者很少。

牧户不论贫富，长子娶妻继承家业，次子进寺庙出家。若有老三，则要架“新帐”，迎娶合亲属们心意的媳妇，另立新户。家中的女儿，都要一一出嫁。

一般，牧区人口，男人总比女人少，这是由于许多男人在相互仇杀或打冤家等积怨械斗中被杀，还有许多男人削发为僧，住在寺庙。此外，一般说来，因牧民谨言慎行、重廉耻，各牧区都有不少找不着夫家、终身当老姑娘的人，她们被称为守灶老闺女。看起来，她们与尼姑一样，笃信宗教。无论她们剃发还是蓄发，年轻时，常在女儿帐篷（阴帐）里，主要制作乳制品。老时便到帐篷寺庙里去念经，她们的生活所需，由各自家人供给。

娶媳妇的做法是：首先，请一位算命先生算一算，拟娶为媳妇的女人与娶媳妇的男人，双方生肖属相合不合，若生肖属相合，则男方父亲或叔伯一人，亲自带上一定数量的绸子、氆氇、布匹等礼物作为“牵鼻绳”去女方家，向女方父母提亲。女方父母收下这些彩礼答应嫁女，这谓之“定亲”。此后，该女不得嫁予他人，若另嫁便会发生“媳妇赔偿”之大纠纷。此外，娶媳妇一方也不得变卦，假如变卦，也会产生类似“媳妇赔偿”的大争端。

娶媳妇之求亲礼物必须按照男方财力，将绸缎、银子、牡马、牝马、公母犏牛、公母牦牛、褐子、氆氇、各色布匹、狐皮、猞猁皮、豹皮等财物，凑成吉祥的“九大件”，各备三份，或两份，或一份不等。娶方聘礼怎样阔气，嫁女的嫁妆、陪嫁也就要怎样阔气。

关于嫁妆：平时，女牧民的发式分“大辫”和“细辫”两种。一般出嫁以前梳成三股结成的大辫子，发饰也只有几颗琥珀和珊瑚，别无其他。姑娘出嫁时，请来几位会编细辫的梳头女子，由她们把“新娘发辫”编得很细很多（有百余根细辫，辫梢相连成网状——译者注）。牧民们把编新娘细辫，看作重要的嫁妆，部落民谣唱道：

未编细辫嫁过门，
我俩说也说不清；
细辫又配“琥珀垫”，
乃是父母传家宝。

琥珀垫是新娘发饰中的重要装饰品，顶部有5颗配珊瑚顶的大琥珀，由此往后，将后发置于长形缎垫之下，在这精致的缎垫上，有两排镶有6颗或8颗带珊瑚顶的琥珀饰。这两排饰物的中间，有一大银饰如覆碗状，其上缀有很多镶嵌在金座上的璁玉和大小珊瑚。缎垫上下有各种珍宝串成之珠网。另一种重要的嫁妆是名为“恰尔玛”的腰带。那是由珍贵的缎子做的，宽约 8 指，长短如腰围，两端有金银相间之腰扣，正面有金银线镶嵌之“巴勒显”花纹，左、中、右之中心有金银制作的凸状大饰物，其周围以许多璁玉和珊瑚镶嵌；或者，用三个大金银座中嵌上珊瑚、周围的银质莲座中嵌上许多璁玉的饰物。有几种不同类型。无论凸状饰物的腰带或嵌有珊瑚的腰带，下端均有扣环，腰带右边的扣环上，有可挂奶桶的银制“双钩”，其中部的金座上嵌璁玉丛。这是妇女挤奶时挂奶桶的用具演变而成的装饰品。腰带左边扣环上挂着饰有金银花纹的小刀。腰带从前面左右两扣环到后面的扣环间系有双股或三股带银链，链上有很多小银铃。另外，颈上有玛瑙、珊瑚、璁玉等制成的、长短不等的串珠项链。耳上戴镶有珠宝的金银耳环，手上戴象牙手镯和嵌有宝石的金银戒指。身着各种花色的缎面皮袍。女方要很好准备嫁妆。大女儿出嫁时可享用其母之嫁妆。经济不宽裕者，也可以向自己的亲戚借嫁妆出嫁。出嫁的规矩：男方派来“迎亲傧相”，一般由一位亲属或一主要盟友带领若干陪伴到女方家，女方以各种饮食宴请“迎亲人”三天。然后，选择良辰吉日出嫁。出嫁之日，女儿临出帐篷时，其母低声唤三声女儿之名道：

运气留给母亲莫带去，
幸福日子带着走！

新娘所乘坐骑，由一位母舅牵着，还有亲属、盟友等许多送亲人同行。

取“盖头”（新娘帽）之规矩：新娘到离夫家不远之处，从男方家来两位取新娘帽的骑士。此时，新娘之兄从马背上用马鞭将新娘的帽子挑动后，二位取帽人将新娘帽朝天高举抛之，然后从新娘右面或左面接帽。倘若从新娘前方接帽，男方会不高兴；若从后方接帽，女方会不高兴。有时，因取新娘帽之方式发生纠葛的也屡见不鲜。把取帽看得如此重要，是何原因，无人能说清。我想：农区农民联姻时，有一种叫“娶妻灾”的祸害将跟随新娘来临，为了消除这种祸害，当新娘快到男家时，在路上置一泥做之猪，将其捣毁以禳灾。如同此俗，想来取帽也许是消除“娶妻灾”祸害的一种代替形式。

新娘下马之规矩：快到男方家畜圈边时，男方一位名字吉利、手捧哈达的少女前来，将哈达献与新娘之牵马人，道：

舅父所愿事竟成，
请把缰绳赐给我，
我将哈达献给你，
劳驾朝前迈三步。

牵马人交缰绳后，少女将马牵至帐篷前为新娘铺设的下马处——即白羊毛垫上用小麦绘成永固图形处，新娘下马。

新娘入帐篷之规矩：将新娘先接到“阳帐”，在那里有几位应供喇嘛，先用净瓶水向新娘头顶洒之，然后，隆重地进行长寿、招财进宝之佛事活动。此时，为首的应供喇嘛，给新娘取新名。那时，一位名字吉利的姑娘，用一银勺取名为“吉祥奶酪”之最佳奶酪，往新娘左手掌倒三次；新娘将第一次酪敬三宝朝帐篷里撒去；第二次酪，新娘自饮；第三次酪，新娘朝自己左衣袖里倒，表示奶制品丰盛之吉兆，此谓“新娘喂酪”，这在娶媳妇的规矩里是很重要的，但无“新郎饮酪”之习俗。然后，婆婆拿来一只装满水的奶桶交给新娘，新郎拿来一把缠有白羊毛之灌木扫帚交给新娘。新娘手拿这些东西与应供喇嘛一起去到“阴帐”，应供喇嘛用灌木扫帚蘸奶桶内之水洒向四方，以涤除疾病、业障。然后，新娘手持满盘奶渣，新郎手持彩箭，二人并肩而坐，应供喇嘛招财引福，说上许多吉利话。在三天新婚日子里举行各种喜宴，尽情歌舞玩乐。然后，新娘回娘家，这叫“三日新娘”。

给陪嫁之规矩：任何出嫁女当了三日新娘，回娘家过三个月之后，新娘重返夫家。此时，要送“和亲礼”，不仅要给出嫁女应得那份——马、公母牦牛、羊和其他财产；而且，新娘之兄长和亲属要向其夫家赠送许多肉、酪糕。新娘之父及盟友等要送新娘。送亲者在男方家约住七天。这期间，喜宴要尽善尽美。送亲人返回牵走新娘骑来之马时，要驮走两袋奶渣酪糕和人参果酪糕作回礼。

然后，在一个适当的时候，女方家把女婿请来，举行盛大宴会，尤其当女婿返回时，要送给他一匹称作“女婿马”的良牡马。

牧区地方法（习惯法）

牧区不仅没有有权威的长官，没有寺庙制定的封建法，也没有任何部落集团制定的法规，但并不是无法无天，随意杀人掠财，没有一点儿规矩。那儿的情况是：古时盛行的神道与人道相结合，长期形成的习惯法并未衰败。牧民习惯法的仲裁者主要由牧区各地叫做“长老”的年高望重者承担，仲裁时间为牛月初四祈神节。这期间未解决的，于虎月大集会时裁决。

牧民之狩猎法是：任何牧区，凡是各魂山、地祇山、各寺庙的禁山里的大小兽类一概不许猎取。假如有人偷偷猎取，该部落成员会立即追踪，将死兽和狩猎人之枪、马夺过来，作为牛月初四祈神节的费用。假如狩猎人为部落的一个集团，便由当地任何一个寺庙出面调解，将猎人所杀之兽和一对枪、马作为忏悔之供品献上。倘若猎人们不肯，会成为当地人和该集团之间打冤家的大祸根。但由于牧民们笃信从神祇山和禁山打猎，福泽会衰竭，将会短命、万事不成，牲畜死亡。由此，违法者很少，即便猎取，也立即认错忏悔。

牧区封山令：任何人不仅不能从魂山、地祇山狩猎，甚至连贝母、虫草、“呷母”也不准挖。牧民们说：“虫草和‘呷母’系地祇心爱之物”，“贝母系地祇之心，谁挖这些，他家人畜就会得瘟病，从而使整个牧区惨遭瘟疫”。他们深信此说。在这方面，牧区部落之间经常发生纠纷，个别地方的青年男女，到别处去偷偷挖贝母等山珍，被当地人发现时，将偷挖人捉住，夺回原物，痛打一顿。发生这种事情的主要原因是：一般说来，青年牧民们对贝母等物之传说不大相信，而且，用这些山珍还能从汉商那里换得茶叶、绸缎、装饰品。

牧区搜山：是牧区地方法的核心，保卫家乡安全最重要的事情就是进行搜山。各牧区于夏秋两季经常进行不定期搜山。搜山者是各地有骏马的小伙子，他们往往对搜山很感兴趣。为什么呢？因为他们好与外敌相斗，经常能遇见从外地来的猎人、破坏封山令者和冤家对头。搜山的主要任务是侦察有无偷猎者、破坏封山令者、盗贼、冤家及其侦探等。搜山时间，先行者按照先行者约定的时间，后行者遵守后行者约定的时间，行期不固定。

牧区反盗窃法：任何牧民不得从以往无冤仇之任何部落或部落内部劫掠财物。倘有违反者，于牛月初四祈神节或虎月大集会时，将劫掠之物点交对方，进行调解。牧民不兴暗偷，谁这样做，谁就被逐出大丈夫行列，使之感到羞愧丢脸。但谁能到敌对地方夺得马牛等，众乡亲则非常器重，视为英雄。牧民有一种习惯，夏季，壮年男子汉不能去夺取敌方一次，则被讥为“灶前老媪”。夺取对象为公众与个人之冤家，若无，则要去很远不熟悉的地方（夺取）。

牧民之诉讼

牧民称诉讼为“决”（རྒྱུད），诉讼者彼此称“决巴”（རྒྱུད་པ），调停纠纷者称为“速巴”（གཟུ་པ），断案谓之“速”（གཟུ）。诉讼者彼此阐述纠纷原由时，先不谈叫“孜克”（རྩིག）的案由实质，而以雪山、狮子、大海等作比喻，暗示纠纷的前因后果。另还有个叫做“尼阿”（ཉག）即赔偿费的说法，即当事人一方为了说明纠纷根源和要求命价赔偿诸事，指明要这样那样的财物“给我这么多‘尼阿’方可谈讼事，否则，不谈”。

处理诉讼的机构，由双方的两位长老和两位向诉讼者双方询问情况、进行比较，能秉公办事、思维敏捷的“孜克巴”（རྩིག་པ）——“律师”（共4人）组成。

双方各出一位调停人（即“速巴”），他们不能有偏向；不仅如此，还要使己方的诉讼者略为让步，假如任何一方的调停人偏袒，使对方吃亏，对方就不听从裁决，还可指控调停人。这样一来，就要找第三位调停人。在辨别真伪的基础上，前后调停人共同来裁决。

调解纠纷的具体过程是：两位“孜克巴”（即律师），将花了许多天询问诉讼双方得来的案情进行分析，然后将纠纷的前因后果——向调停人陈述，调停人在辨别善恶黑白之后作出裁决。

一般，牧区调解纠纷者，虽是平凡的人，若他正直公道，也能裁决大案，正如俗话所说“穿山羊皮的调停人裁决，着虎皮的诉讼者也无法翻案”，必须服从他。倘若双方调停人公正地裁决后，诉讼一方不认可，所有调停人就会与当事人产生名为“与调停人的纠纷”之大案件。

凡属部落之间的大纠纷，需要双方部落的长者，特别是各地活佛的管家与寺庙总管出面裁决。部落内部小纠纷，只需当地一位老资格调停人和一位“律师”即可。

牧区命价赔偿法

牧区两个部落因部落冤仇彼此各杀对方一人，调停人只进行惩前毖后之裁决，无赔偿命价之习俗。但是，部落内部为安抚被杀者的家属，要送牛、马礼物，为死者结善缘，请来几位应供喇嘛，在七七四十九天中，进行超度仪轨，此类供奉全由部落承担。

倘若一人杀了另一人，首先要“降伏凶手”，即杀人者将凶器，名为“血刃剑”之刀剑或“血架枪”之火枪献给死者家属；然后，杀人者的男性亲属及盟友们，将名为“牡马赔偿”之骏马和女性亲属们最主要之装饰品一优质琥珀，献给被杀者家属，另外，要什么样的赔偿物均要应诺奉献。这样，有关赔偿一节，双方就算认可了。此后便进行各为“铺垫”之活动，即杀人者亲自将一头大牦牛和一匹牡马交给被杀一方之诉讼者。

进行实际调解时，调解人首先问清冤仇是哪一方引起的，这一条要算作大罪状。在这基础上，根据过去赔偿命价惯例，进行与罪行大小相符的裁决。所谓“过去赔偿命价惯例”是以被杀一方家里往昔有过的命价赔偿数额，作为决定这次赔偿额的依据。由此可见，在牧区，仇杀之纠纷经常发生。

一般说来，牧区赔偿命价标准分上、中、下三等，上等为 100 秤，中等为 70 秤，下等为 50 秤。“秤”者即过去称之为“马蹄元宝”者，用 50 两银子铸成的圆形银锭。但命价中徒有“秤”之虚名，实际不用银子，而以名为“血畜”的牦牛来折算。上等命价，每秤折牦牛 6 头；中等命价，每秤折牦牛 4 头；下等命价，每秤折牦牛 2 头。

当命价赔偿物交接完毕后，杀人者还要给被杀者之母亲和妻子，各一头母牦牛，谓之“和睦礼”；给其父牡马一匹，谓之“弟兄之礼”。

牧区偷窃赔偿法

如上所述，牧区因无偷盗行窃之俗，故无赔偿之话题。但有时，少数人彼此抢夺对方财物，从而发生许多纠纷，正如牧民自己常说的：“庙财九倍还，公物五倍还，胞财三倍还”。换言之，若偷寺庙和活佛之财物要偿还九倍，偷地区集体和“茹”（即部落）之公物偿还五倍；偷亲属之财物偿还三倍。

牧区撞死马匹赔偿法

牧区经常发生牦牛顶撞骡马致死之争端。一头牦牛若顶死一头骡、马，这叫“血染犄角”，无论顶撞的牦牛膘情好坏，要立即交与马主，倘若被撞死的是骡子，除“血染犄角”牛外，还要外加一头5岁牦牛。若双方未亲眼看见牦牛撞死马、骡，经过察看，找到某个牦牛角上沾有鲜血或油脂，正如牧民谚语所说：“撞马野牛犄角带脂圈”，便可认定是撞死马的牦牛，但由于未亲见，无论被撞的是马是骡，只赔一头3岁牦牛即可。

牧区非婚生育惩治法

牧区姑娘非婚生育，父母立即追究谁为其父。双方父母同意结亲，立即按常规出嫁，若不同意，有浪荡行为的男方给女方各为“父马、母奶、儿衣”之行淫赔偿，意为：为了代表为父的，给一匹自己最好之坐骑；为了哺乳，给一头5岁母牦牛；为制儿衣给七头3岁绵羊。如果他贫困无坐骑，可用一头5岁牦牛顶替。此俗古已有之，众人皆晓，不需调停人，立即交付，无需诉讼。

牧民弃夫赔偿法

牧区的许多新媳妇出嫁三天重返娘家后，不肯再去夫家，从而引起名为“弃夫恨”的大争端。我想原因是：平时牧民一切联姻事宜，全由各自父母包办，大多数妇女在出嫁三天之前很难见到自己的未婚夫。姑娘们很少有机会找到符合自己意愿的丈夫。这样，“弃夫恨”之类的争端便应运而生。

“弃夫恨”之赔偿价以给男人一匹骏马为主，赔偿九倍于原求亲礼物。但有过争端之后，此女若再嫁与他人，原来有“弃夫恨”之家会多次制造事端。事态再发展，就有可能铸成血仇大争端。

牧区的交通运输

牧民们依靠牦牛的驮运，来往于各牧区之间和各地农区进行商业性运输，以及夏冬转移牧帐，一切运输任务都能胜任。一般，牦牛只能负荷小而轻的驮子，而且，每天行程也很短。夏季，野性牦牛常将许多驮子抛撒等，所以依靠牦牛运输是有困难的。但根据牧区情况，由于牦牛是善走冰雪之地的牲畜，对牧民好处很大，牧民们不仅有许多驮牛，每人均是能独立胜任带 30 余头驮牛之驮夫，上驮、下驮等一切事情，很麻利地完成。总之，所有男女牧民，由于驮运本事很大，一切有关运输事宜皆能顺利完成。

译后记

南卡诺布先生系意大利纳布勒斯大学教授，他不仅精通藏、意、英、蒙古文，还会汉文。

他的藏文著作有：

《玛瑙链》（《གཟི་ཡི་ཕྲེང་བ》）

《宝石璎珞》（《ནོར་བུའི་དོ་ཤལ》）

《羊脂瑜伽》（《ཡན྄་ཡོ་ག》）

《敦煌秘籍吐蕃文书——大圆满教法撷萃》（《སྔས་པའི་རྒྱལ་ཚུང་》）

《川康牧区行》（《བྱང་འབྲོག་གི་ལམ་ཡིག》）

承蒙南卡诺布先生厚意，亲自找我翻译他的《川康牧区行》一书。该书详尽地介绍了四川北部藏族牧民的衣、食、住、行、生产、生活、宗教信仰和地方法规，文笔简练，语言生动，是一本难得的“民俗学”杰作。我曾到藏族牧区调查过方言、教育，对那儿的生活有些感性认识，但书中阐述的许多方面，对我来说，仍是“新闻”。此书确实是我们了解20世纪50年代以前藏族牧区面貌和窥测《格萨尔王传》中描绘中古时期藏族风俗的一个窗口。

我在翻译的过程中，曾得到《藏汉大辞典》副主编年叙·钦饶威色先生、土登尼玛先生和中央民族学院教授苏晋仁先生的热情帮助，其中二位先生还为此书分别写了藏、汉文序言。在此，谨表衷心感谢。

由于自己水平不高，译文错误之处，欢迎大家批评指正。

译者

1987 年 2 月

༄། །གཏོག་ཞིལ་ལ་ཡིག།

ནམ་མཁའི་ནོར་བུས་བརྩམས།

ཀློག་པ་པོའི་དྲན་ཐོར།

(གླེང་གཞིའི་ཚབ་ཏུ་བཀོད་པ།)

ཉེ་ལམ་བརྡ་སྤྲོད་སྨྲ་བའི་དབང་པོ་དགེ་རྒན་ཆེན་མོ་སྐལ་བཟང་འགྱུར་མེད་མཆོག་དང་། སྐད་གཉིས་སྨྲ་བའི་དབང་པོ་བསོད་ནམས་སྐྱིད་ལགས་ཀྱི་སྐུ་གམ་ནས《བྱང་འབྲོག་གི་ལམ་ཡིག》ཞེས་པའི་དེབ་རྒྱབ་ཤོག་སེར་པོ་ཅན་ཞིག་མིག་གི་བདུད་རྩིར་སོན།

དེབ་དེ་ཉིད་ལག་ཏུ་སླེབས་ཏེ་ཞལ་ཕྱེས་པ་ན། ཐོག་མར་གླེང་གཞི་དང་ས་བཅད་ཀྱི་རིམ་པ་རྣམས་འདྲེན་བྱེད་ཀྱི་ཡུལ་དུ་གྱུར་པའི་མོད་ལ། འདི་ནི་ངོ་མཚར་གསར་པའི་ཁྱད་ཆོས་དང་ལྡན་པའི་ལྷུགས་རྩོམ་ཡ་མཚན་ཅན་ཞིག་ཏུ་རྟོགས་པས། ས་བཅད་དང་པོ་རྫ་ཆུ་ཁའི་ཡུལ་སྡེ་ནས་མགོ་བཙམས་ཏེ་རིམ་པར་བཀླགས། དེར་བལྟ་བཞིན་བལྟ་བཞིན་ཚིག་གི་སྦྲོ་བ་བཟང་ཞིང་། དོན་གྱི་རོ་བཅུད་ལྡན་པས། ཐར་ཆགས་སུ་བལྟས་མ་གྲུབ་བར་དུ། དེབ་དེ་ཉིད་ས་ལ་བཞག་མ་བྲ་ཞིང་། སྟན་ཐོག་གཅིག་ལ། ནམ་ཚོད་གར་སོང་ཅམ་ཡང་མ་ཚོར་བར། རྗེ་ཁབ་ལེན་གྱིས་ལྕགས་ཕྱེ་སླངས་པ་ལྟར། བདག་ཡིད་དབང་མེད་དུ་འཕྲོག །དེབ་དེའི་བརྗོད་བྱའི་ཆ་ནས་འབྲོག་ཁུལ་གྱི་སྡོད་གནས་དང་། ཟས་གོས། རྒྱན་ཆ། སྤྱོད་ལམ། རྟེན་འབྲེལ། རིག་གནས། རྩེད་འཛོ། དགོན་སྡེ། བཤད་སྒྲུབ། ཡུལ་སྲོལ་སོགས་རྒྱུན་དུ་ཆོས་དང་འཇིག་རྟེན་གྱི་འཚོ་བའི་ནང་དུ་མངོན་སུམ་གྱི་སྤྱོད་ཡུལ་དུ་གྱུར་པའི་ཤེས་བྱའི་རྣམ་གྲངས་མཐའ་ཡས་པ་མཆིས་པ་དེ་དག རྗོད་བྱེད་ཡི་གེའི་ལམ་ནས་འདི་ལྟ་བུའི་རྒྱ་ཆེ་ལ་འབྲེལ་ཆགས་པ། གནད་ཞིབ་ཅིང་ཁ་གསལ་བ། ཚིག་སྙན་ལ་དོན་ལྡན་པ། སྙེ་མང་ལ་མདོ་འདྲིལ་བ་ཞིག་དེ་སྔོན་བདག་ལྟ་བུའི་མཐོང་ཆོས་སུ་མ་གྱུར།

《བྱང་འབྲོག་གི་ལམ་ཡིག》ཞེས་པའི་དེབ་འདི་ཉིད་འབྲོག་མི་རྣམས་ཀྱིས

མཐོང་ན། བཤད་པ་དོན་དང་མཐུན་པའི་དགའ་ཚོར་སྐྱེ་བ་ཙམ་དུ་མ་ཟད། རང་ཅག་ནི་དཔའ་རྩལ་ལྡན་ལ་སྤྱུང་གྲུང་འཛོམས་པ། གཉིས་རྒྱུད་དྲང་ལ་རང་ཚུགས་ཐུབ་པ་ཞིག་གོ་སྙམ་དུ་སེམས་ཏེ་དེ་བས་ཀྱང་སྤོབས་པ་སྐྱེ་བ་དང་། ལྷག་པར་དུ་དེའི་སྐོར་ཀྱི་ཤེས་བྱ་ཅུང་ཚ་ཚང་ལ་རྒྱུད་རིམ་ལྡན་པ་ཞིག་གི་ཐོག་ནས་གོ་བ་ཐར་ཆགས་སུ་སྐྱེ་བར་ཕན་ཐོགས་ཟླ་ན་མེད་པ་ཞིག་ཡོང་བ་གོར་མ་ཆགས། ཡང་སྔོས་རོང་ཁང་ཞིང་གི་བདག་པོ་དང་གྲོང་འདོད་དགུའི་འབྱོར་བས་བརྒྱན་པའི་གནས་སུ་མི་ཚེ་སྐྱེལ་མཁན་གྱི་གང་ཟག་ཅིག་གིས་མཐོང་ན་སྨག་ལ་སྒྲོན་མེ་བཏེགས་པ་ལྟར་བློ་གྲོས་ཀྱི་སྣང་བ་རྒྱས་ཏེ། ཞིམ་མངར་རོ་བཅུད་ལྡན་པའི་བཟའ་བཏུང་། ཧྲོ་འཛམ་མཛེས་སྡུག་ཅན་གྱི་རྒྱབ་གོས་སོགས་ཀྱི་འབྱུང་ཁུངས་སམ་བརྟེན་ས་ངོ་མ་ནི་འབྲོག་པ་རྣམས་ཡིན་པར་ངོ་ཤེས་ཤིང་། དེའི་སྐུ་དྲིན་རྗེས་སུ་དྲན་ཐུབ་པ་སོགས་དགོས་པ་དང་ཕན་ཡོན་དཔག་ཏུ་མེད་པ་མཆིས་པས། དེབ་འདི་ཉིད་དངོས་སུ་དཔེ་སྐྲུན་བྱས་ཏེ། རྒྱལ་ཁབ་ཕྱི་ནང་ཀུན་ཏུ་འགྲེམ་སྤེལ་བྱེད་ཐུབ་པར་གཞི་བྱེས་ཀུན་གྱིས་མཐུན་འགྱུར་མཛད་པར་སྙིང་ནས་གསོལ་བ་འདེབས་པ་ལགས་སོ། །

ད་དུང་གཞན་ཡང་། དམ་པ་གང་གི་ཞལ་སློབ་ཏུ་གྱུར་པ། ཨི་དབྱིན་རྒྱ་བོད་ཀྱི་སྐད་བཞི་ཐོགས་མེད་དུ་སྨྲ་བ། བོད་ཀྱི་ཤེས་རིག་སྤྱི་དང་། བྱེ་བྲག་བོན་གཞུང་སློབ་གཉེར་དང་ཉམས་ལེན་མཛད་པའི་ཨི་ཏ་ལིའི་རྣལ་འབྱོར་མ་བློ་ཤེས་ལགས་ཀྱིས་སྤྲན་ལ《བོད་ཀྱི་ལོ་རྒྱུས་ལས་འཕྲོས་པའི་གཏམ་གཡུང་དྲུང་ནོར་བུའི་དོ་ཤལ》དང་། 《ཡནྟྲ་ཡོ་ག》རྩ་འགྲེལ་ཅན་བཅས་ལེགས་སྐྱེས་སུ་བསྐུལ་བའི་བདག་རྐྱེན་ལས། མ་འདྲིས་པའི་བཤེས་གཉེན་ཆོས་རྒྱལ་མཆོག་སྤྲུལ་རིན་པོ་ཆེའི་བཀའ་རྩོམ་ཁྱད་དུ་འཕགས་པ་འགའ་ཞིག་མཇལ་བའི་སྐལ་བཟང་ཐོབ། ཁོང་གིས་ལྷུགས་རྩོམ་གནང་བ་ཐམས་ཅད་ནི། བསླབ་བྱའི་ཆོས་གཏིང་ཟབ་ཅིང་དོན་བརླིང་བ། སྤྲུལ་བྱེད་ཀྱི་རིགས་པ་ཁུངས་བཙན་ཞིང་ཚིག་རྗོ་བ། རྟགས་སྦྱོར་གྱི་ངག་གོ་བདེ་ཞིང་གནད་དུ་ཐེངས་པ། མཆོག་དམན་བར་མའི་སྐྱེ་བོ་སུས་བལྟས་ཀྱང་རང་སྐལ་དང་འཚམ་པའི་ངེས་ཤེས་སྐྱེར་པ་བཅས་ཀྱི་ཡོན་ཏན་དུ་མ་དང་ལྡན།

ལོ་ཤས་སྔོན་དུ། དམ་པ་གང་གི་ལྷུགས་རྩོམ《གཟི་ཡི་ཕྲེང་བ》ཞེས་པ་ཞིག

ཀྱང་ཡུད་ཙམ་མཇལ་བའི་གོ་སྐབས་ཐོབ། དེ་ནི་དབུས་གཙང་གི་ཁ་སྐད་ཐོག་ནས་བྲིས་རྐྱེན། དེར་བལྟས་པ་ན་མཛད་པ་པོ་ཉིད་དབུས་གཙང་གི་མི་ཡིན་པའི་སྣང་བ་ཤར། ཡང་《ནོར་བུའི་དོ་ཤལ》སོགས་ཡིག་སྐད་ཀྱི་ལམ་ནས་དྲངས་ཤིང་རྟགས་གསལ་གྱི་སྦྱོར་ངག་བཀོད་པ་སོགས་མཐོང་བ་ན། བན་བོན་ཡོངས་ཀྱི་གཞུང་ལུགས་མཐའ་དག་ལ་འཆད་རྩོད་རྩོམ་པའི་མཁྱེན་པ་རྣམ་པར་ཡངས་པའི་མཁས་བརྒྱའི་གཙུག་རྒྱན་ཞིག་ཡིན་པར་སྙིང་ནས་ངེས་ཤེས་འཁྲུངས་པ་དང་། ཁོང་གིས་དོན་གྱི་གནས་ལ་དཔྱོད་པའི་མཁྱེན་རབ་དང་། ཚིག་སྦྱོར་སྟན་ལ་གསལ་བའི་རྩོམ་གཤིས་བཅས་ནི་ཕྱིས་ཀྱི་མ་ཧཱ་པཎྜི་ཏ་དགེ་འདུན་ཆོས་འཕེལ་དང་ཞལ་མི་གཉིས་པ་ཞིག་ཡིན་པའི་སྣང་བ་ཤར།

ཁྱད་པར་དུ《ཡནྟྲ་ཡོ་ག》རྩ་འགྲེལ་ཉམས་ཁྲིད་དཔེ་རིས་དང་བཅས་པ། འོད་གསལ་རྫོགས་པ་ཆེན་པོའི་ཟབ་དོན། རྡོ་རྗེའི་ལུས་ཀྱི་གནས་ལུགས། རྩ་རླུང་འཕྲུལ་འཁོར་གྱི་གནད་རྣམས་གྲུབ་ཐོབ་བརྒྱུད་པའི་མན་ངག་ཕྱག་བཞེས་དང་བཅས་པ། གདམས་ཟབ་བདུད་རྩིའི་དྲོད་རླངས་མ་ཡལ་བ་འདི་ལྟ་བུ་ཞིག སྙིགས་དུས་ཀྱི་སྐལ་ལྡན་རྣམས་སྨིན་གྲོལ་གྱི་ལམ་ལ་དགོད་ཕྱིར་ཕངས་མེད་དུ་སྤེལ་བར་མཛད་པ་མཐོང་བའི་རྐྱེན་བྱས། རྗེ་འདི་ཉིད་ནི་ཆོས་ཉིད་གཅེར་མཐོང་དུ་རྟོགས། ཆོས་ཅན་རྟེན་འབྲེལ་དུ་ཤེས། རྩ་རླུང་རང་དབྱིན་དུ་ཆུད། དགོངས་པའི་ཀློང་བརྡོལ། མཁྱེན་པའི་རྩ་མདུད་གྲོལ་བའི་རྫོགས་པ་ཆེན་པོའི་གྲུབ་པའི་རྣམ་འགྱུར་པ་ཞིག་ཀྱང་ཡིན་པར་འདུག་སྙམ་ནས་བཙོས་མིན་གྱི་མོས་གུས་སེམས་ལ་སྐྱེས།

ཐུན་ནས་དེ་སྔོན་ཡུལ་གྱིས་བསྐལ་བས་མཁས་གྲུབ་ཀྱི་རྣལ་འབྱོར་པ་འདི་ཉིད་ཀྱི་མཚན་དཔེའི་སྐུ་མཆོག་དངོས་སུ་མཇལ་བའི་སྐལ་བ་དམན་པར་གྱུར་ཀྱང་། གང་གི་ཞལ་གྱི་བུམ་བཟང་ལས་རྣམ་པར་འཐེབས་པའི་གསུང་མཆོག་བདུད་རྩིའི་ཟེགས་མ་བདག་བློའི་སྙིང་གི་པདྨོར་ཙུད་ཟད་བྲན་པས་དད་སྨོའི་འདབ་བརྒྱ་ཡོངས་སུ་དགོད་པར་གྱུར་ཏོ། །

དེ་ལྟ་བུའི་བདུད་རྩིའི་ཆབ་རྒྱུན་དེ་ཡང་བདག་དང་། བདག་འདྲའི་སྐྱེ་བོ་རེ་ཟུང་ཞིག་གིས་ལོངས་སུ་སྤྱོད་པ་ལས་རྒྱ་ཆེའི་ཀློག་པ་པོ་རྣམས་ཀྱི་སྤྱན་ལམ་དུ་གཟིགས

སོར་འབུལ་མ་ཐུབ་པ་འདི་ཤིན་ཏུ་ཕངས་པར་གྱུར་པས། བསྟན་བཅོས་མཛད་པ་པོས་དཔར་དུ་འདེབས་པར་དགོངས་ཁྲོལ་གྱི་ཞལ་བཞེས་དང་། རང་རེའི་མི་རིགས་དཔེ་སྐྲུན་ཁང་དག་གིས་དཔར་སྐྲུན་གྱི་བྱ་བ་ལྷུར་བཞེས་གནང་བར་རེ་འབོད་ཞུ་བ་ལགས།

འབྲོག་པ་ཐུབ་བསྟན་ཉི་མས་
རབ་རྒྱལ་མེ་སྟག་ལོའི་ཟླ་ཚེས་ལ་
པེ་ཅིན་དུ་གུས་པས་སྤྲུར་བའོ།

འགོ་བརྗོད།

སྤྱིར་བོད་མི་དང་ཕྱི་ཡུལ་གྱི་མི་དག་གི་བསམ་པར་བྱང་འབྲོག་གི་ཡུལ་ནི་ལོ་གྲངས་བརྒྱ་སྟོང་མང་པོར་བས་མཐར་ལུས་པའི་ས་སྟོང་གངས་དང་ཆབ་རོམ་གྱིས་ཁེངས་པ། འགྲོ་བ་མིའི་རིགས་ཀྱིས་གནས་འཆའ་མི་ནུས་པའམ། གཏུག་མར་གནས་པའི་འབྲོག་མི་ཁ་ཤས་ལས་མི་གཞན་དག་རྒྱ་འགྲུལ་བྱ་ཡུལ་མེད་པ་ལྟ་བུ་ཞིག་སེམས་ཀྱི་ཡོད་པ་རེད། ཕོ་བོས་ཀྱང་ཆུང་དུའི་དུས་སུ་འབྲོག་མི་དག་ནི་གངས་དང་ཆབ་རོམ་དུ་གནས་མཁན་མིའི་སྤྱོད་ཚུལ་ལས་ཆེས་ཕྱི་རོལ་ཏུ་གྱུར་པ། དེ་དག་གི་སྤྱོད་ཚུལ་དང་། བསམ་ཚུལ་སོགས་ཀྱང་རོང་ཡུལ་གྱི་མི་དག་ལས་ཐ་དད་པ་མ་ཟད་འབྲོག་མིའི་བཟོ་དབྱིབས་ཀྱང་མི་འདྲ་བ་ཞིག་ཡོད་རྩིས་བྱས་པ་ཡིན། དེར་བརྟེན་ཕོ་བོས་བྱང་འབྲོག་གི་མི་སྡེའི་གནས་ཚུལ་ཇི་བཞིན་ཤེས་འདོད་ཀྱིས་ཡུལ་དེ་དག་ཏུ་འགྲུལ་བཞུད་ཐེངས་མང་བྱས་ཤིང་། འབྲོག་པའི་གནས་ཚུལ་ཇི་བཞིན་མཁྱེན་མཁན་ངའི་ཕ་ལགས་དང་ཕོང་གི་གྲོགས་པོ་རྣམས་ལ་འབྲོག་པའི་གནས་ཚུལ་སྐོར་བཀའ་འདྲི་ལན་མང་དུ་ཞུ་སྦྱོང་ཞིང་། ངའི་ཕ་ལགས་ཀྱིས་ཕོ་བོ་ལ་ཐུགས་བརྩེ་ཆེན་པོས་བྱང་འབྲོག་གི་གནས་ཚུལ་ཕྲ་ཞིབ་གསལ་རྒྱས་སུ་ངོ་སྤྲོད་གནང་བ་དེ་དག་ནི་སྔོན་ཆད་ངའི་བློ་ཡུལ་དུ་འཆར་བའི་གནས་ཚུལ་ལས་རིང་དུ་ཐ་དད་པ་དང་། ལྷག་པར་དུ་ཕོ་བོའི་ཕ་ལགས་ནི་བོད་ཡུལ་དུ་ཡོངས་གྲགས་ཀྱི་ལོ་རྒྱུས་མང་དུ་ཡོད་པའི་དཔའ་བོ་གླིང་གེ་སར་གྱི་སྒྲུང་སྐོར་ལ་ཧ་ཅང་མཁས་པ་ཞིག་ཡིན་པ་ལྟར་ཕོང་གི་ཞལ་ནས། "གླིང་གེ་སར་གྱི་སྒྲུང་གི་གླིང་གཞི་གང་ལ་བརྟེན་ནས་བྱུང་བའི་ཡུལ་ལྗོངས་དེ་དག་གི་གནས་ཚུལ་དང་། ཡུལ་མིང་སོགས་ཕལ་མོ་ཆེ་ནི་མདོ་ཁམས་བྱང་ཕྱོགས་ཀྱི་འབྲོག་ཡུལ་དག་ཏུ་མངོན་སུམ་ངོ་འཕྲོད་ཐུབ་པ་ཡོད་འདུག" ཅེས་ལན་གྲངས་དུ་མར་གསུངས་པ་ནམ་རྒྱུན་དུ་ངའི་དྲན་པའི་ཡུལ་དུ་གྱུར། ཕོ་བོ་ནི་ལོ་ན་ཕྲ་བའི་དུས་ནས་བཟུང་ཕ་ལགས་ཀྱི་ངག་ནས་གེ་སར་གྱི་སྒྲུང་མང་དུ་ཐོས་པའི་རྐྱེན་བྱས་ཏེ། གླིང་གི་དཔའ་བོ་གེ་སར་གྱི་སྒྲུང་ཀློག་པ་ལ་ཧ་ཅང་དགའ་

ཞིང་། སྒྲུང་དཔེ་རྣམས་པན་ཚུན་གོ་བསྡུར་བྱེད་པ་དང་། སྒྲུང་དཔེ་དག་ལས་གསལ་བའི་ཡུལ་མིང་སོགས་དངོས་སུ་ངོ་འཕྲོད་ཐུབ་པ་ལ་བརྩོན་པ་རྒྱ་ཆེར་བྱེད་འདོད་ཡོད་པ་ཞིག་ཡིན།

བོད་དུ་ཡོངས་གྲགས་གེ་སར་གྱི་སྒྲུང་ནི་རྫོང་ཆེན་བཅོ་བརྒྱད་དུ་གྲགས་པ་དག་ཡིན་མོད། དེ་དག་ལྷན་དུ་བསྒྲིགས་པའི་དཔེ་ཆ་མེད་པ་དང་། ཁ་འཐོར་དུ་ཡོད་པ་དག་ཀྱང་དབུ་མེད་དུ་བྲིས་པ་ཙམ་ལས་དབུ་ཅན་དུ་པར་བསྐྲུན་བྱས་པ་ཤིན་ཏུ་ཉུང་བར་བརྟེན་དཔེ་རྒྱུན་ཧ་ཅང་དཀོན་པོར་སྣང་ཞིང་། དེའི་རྒྱུ་མཚན་གྱིས་ཁོ་བོས་རང་གི་བློ་འདོད་ལྟར་རྫོང་ཆེན་བཅོ་བརྒྱད་དུ་གྲགས་པའི་སྒྲུང་དཔེ་ཚང་མ་བཀླག་པའི་གོ་སྐབས་མ་རྙེད་དོ། །

ཁོ་བོས་ཀློག་མྱོང་བའི་གེ་སར་གྱི་སྒྲུང་དག་ནི།

༡ ལྷ་གླིང་།——གེ་སར་ལྷ་ཡུལ་དུ་ཐེབས་པའི་སྒྲུང་།

༢ འཁྲུངས་གླིང་།——གེ་སར་རྨ་ཡུལ་དུ་འཁྲུངས་པའི་སྒྲུང་།

༣ རྟ་རྒྱུགས།——གེ་སར་རྒྱལ་སར་ཐེབས་པའི་སྒྲུང་།

༤ ཏ་ཟིག་ནོར་རྫོང་།——གླིང་དང་ཏ་ཟིག་འཁྲུགས་པའི་སྒྲུང་།

༥ ཁ་ཆེ་གཡུ་རྫོང་།——གླིང་དང་ཁ་ཆེ་འཁྲུགས་པའི་སྒྲུང་།

༦ མོན་གླིང་།——གླིང་དང་མོན་འཁྲུགས་པའི་སྒྲུང་།

༧ འཇང་གླིང་།——གླིང་དང་འཇང་འཁྲུགས་པའི་སྒྲུང་།

༨ རྒྱ་གླིང་།——གླིང་དང་རྒྱ་འཁྲུགས་པའི་སྒྲུང་།

༩ སོག་གླིང་།——གླིང་དང་སོག་འཁྲུགས་པའི་སྒྲུང་།

༡༠ བདུད་གླིང་།——གླིང་དང་བདུད་འཁྲུགས་པའི་སྒྲུང་།

༡༡ ཧོར་གླིང་།——གླིང་དང་ཧོར་འཁྲུགས་བའི་སྒྲུང་།

༡༢ གྲུ་གུའི་གོ་རྫོང་།——གླིང་དང་གྲུ་གུ་འཁྲུགས་པའི་སྒྲུང་།

༡༣ དམྱལ་གླིང་།——གེ་སར་དམྱལ་བར་ཐེབས་པའི་སྒྲུང་།

བཅས་སྒྲུང་དཔེ་པུ་ཏི་ཆེ་ཆུང་བཅུ་གསུམ་ཙམ་བཀླགས་པ་ཡིན།

གཞན་ཡང་ངའི་ཕ་ལགས་ཀྱིས་བཀླགས་མྱོང་བའི་སྒྲུང་དཔེ་ནི།

མི་ནུབ་དར་རྫོང་།——གླིང་དང་མི་ནུབ་འབྲུགས་པའི་སྒྲུང་།

ཞང་གླིང་།——གླིང་དང་ཞང་ཞུང་འབྲུགས་པའི་སྒྲུང་།

བྱེ་རུའི་གཡུར་རྫོང་།——གླིང་དང་བྱེ་རུ་འབྲུགས་པའི་སྒྲུང་།

ཨ་གྲགས།——གླིང་དང་ཨ་གྲགས་འབྲུགས་པའི་སྒྲུང་།

བཅས་དང་། ད་དུང་ངའི་ཕ་ལགས་ཀྱིས་བསླགས་མ་མྱོང་བའི་སྒྲུང་དཔེ་རི་ཆེ——གླིང་དང་རི་ཆེ་འབྲུགས་པའི་སྒྲུང་སོགས་འགའ་ཤས་ཡོད་སྐད་ཐོས་ཀྱང་། ཕོ་བོས་ནི་འོག་མ་འདི་དག་གི་དཔེ་ཙམ་ཡང་མ་མཐོང་ངོ་། ངས་བསླགས་མྱོང་བའི་སྒྲུང་དཔེ་དེ་དག་ཏུ་གང་བཤད་པའི་བརྗོད་དོན་ཆེ་ཕྲ་མཐའ་དག་དངོས་སུ་བྱུང་ཡོད་པའི་ཡིད་ཆེས་ཐུབ་པ་ཤིན་ཏུ་དཀའ་ནའང་། དུས་གང་འཚམ་ཤིག་ན་གླིང་ཡུལ་དུ་གེ་སར་ཞེས་བྱ་བའི་སྐྱེས་བུ་ཡ་མཚན་འོས་པ་ཞིག་དངོས་སུ་བྱུང་མྱོང་བ་དང་། དུས་དེ་སྐབས་ཀྱི་མི་སྡེའི་འཚོ་བ་སོགས་སྒྲུང་དཔེ་དག་ཏུ་ཇི་ལྟར་བཤད་པ་དེས་མཚོན་ཐུབ་པ་ན་དེང་དུས་ཀྱི་འབྲོག་མིའི་སྤྱོད་ཚུལ་ཕལ་ཆེ་བ་དག་གནའ་བོའི་སྒྲུང་གི་ཡིག་ཆར་འཁོད་པའི་སྤྱོད་ཚུལ་དང་གཅིག་པར་སྣང་བས་ཡིད་ཆེས་ཀྱིས་བདེན་དཔང་བྱེད་ཐུབ་པ་ཡིན།

དེ་ལྟར་ངའི་ཕ་ལགས་དང་། ངའི་བྱང་འབྲོག་གི་གྲོགས་པོ་རྣམས་ཀྱི་ཤོད་ཚུལ་ལ་རྗེས་སུ་དཔགས་པས། མདོ་ཁམས་བྱང་ཕྱོགས་ཀྱི་འབྲོག་སྡེ་དག་ནི་བོད་དུ་ལོ་རྒྱུས་ཡོད་པ་ནས་བཟུང་དཔལ་རྒྱལ་རྟུལ་ཕོད་ལྡན་པའི་དཔའ་བོ་དུ་མ་བྱུང་བའི་ལོ་རྒྱུས་ཀྱི་སྙིང་དོན་བཟང་པོ་དང་ལྡན་པའི་ཡུལ་བཟང་པོ་ཞིག་ཡིན་པར་གོ་ཞིང་། བྱང་འབྲོག་དེ་དག་གི་ཕྱི་ཡུལ་གྱི་བཀོད་པ་དང་། ནང་མི་སྡེའི་སྤྱོད་ཚུལ་སོགས་མངོན་སུམ་དུ་མཐོང་ཚོར་བྱ་རྒྱུའི་འདུན་པ་དྲག་པོས་ཀུན་ནས་བསྐྱངས་ཏེ། ༡༩༥༣ལོའི་དབྱར་དུས་སུ་ང་དང་ངའི་གྲོགས་པོ་ཁ་ཤས་བཅས་ཁམས་དཔུས་སྡེ་དགེའི་བྱང་ཕྱོགས་རྫ་ཆུ་ཁའི་ཡུལ་སྡེ་ཁག་དང་། དེ་དག་དང་འབྲེལ་བའི་འབྲོག་སྡེ་ཡ་དིང་། ཨ་སྦུག་དང་། སྟག་དགོན་ཏེ་རྣམ་ཀུན་ཏུ་བྱང་པ་ཁག་གསུམ་ཞེས་གྲགས་པ་དག་དང་། འགོ་ལོག་གསེར་ཐའི་ཡུལ་བཅས་པར་ཟླ་བ་གསུམ་གྱི་རིང་ལ་སྐྱོར་བཏང་ལྟ་ཆེན་གཏུལ་བྱ་བའི་ཚུལ་དང་། ཡུལ་འགར་རང་གི་གྲོགས་པོ་དང་སྦྱིན་བདག་ཁག་གིས་ཆེད་དུ་བོས་པའི་དགོས་དོན་ལ་བརྟེན་ནས་ཧ་དྲིལ་གྱི་སྟེང་ནས་འགྲུལ་བཞུད་བྱས་པ་ཡིན། དུས་དེ་

སྙིད་ཀྱི་རིང་ལ་ཁོ་བོར་མཐོང་རྟོག་གི་སྨྱོང་བ་འཐོབ་འདོད་གང་ཡོད་པ་ཕལ་ཆེར་མངོན་སུམ་ཉམས་སྣང་ཐུབ་པ་བྱུང་བར་མ་ཟད་སྔར་རང་གི་བསམ་བློས་མ་ཟིན་པའི་དོན་ཡ་མཚན་འོས་པ་མང་པོ་ཞིག་ཀྱང་ཉམས་ཚོར་བྱུང་། ངས་འབྲོག་ཡུལ་དེ་དག་དང་། དེ་དག་ཏུ་གནས་པའི་མི་སྡེའི་རང་བཞིན་གྱི་སྤྱོད་ཚུལ་དག་དངོས་སུ་མཐོང་ཚེ། སྔོན་དུས་ངའི་བློ་ངོར་ཤར་བའི་བྱང་འབྲོག་གི་ཡུལ་དང་། འབྲོག་མིའི་སྤྱོད་ཚུལ་སོགས་ནི་དངོས་ཀྱི་གནས་ལུགས་ལས་རིང་དུ་བརྒལ་ཞིང་ཐ་དད་པར་གོ་ཞིང་། འབྲོག་མིའི་སྤྱོད་ཚུལ་དག་ནི་གླིང་གི་སྒྲུང་དཔེ་རྣམས་སུ་གསལ་བར་བསྟན་པའི་མི་སྡེའི་སྲོལ་ལུགས་དང་སྤྱོད་ཚུལ་སོགས་དངོས་སུ་མིག་སྔར་སྟོན་པའི་མཚོན་དཔེ་བཟང་པོ་ལྟ་བུ་སྔར་གྱི་ལོ་རྒྱུས་དག་ལ་ཡིད་ཆེས་འདྲེན་བྱེད་ཅིག་ཏུ་སྣང་ངོ་། །གལ་ཏེ་སུ་ཞིག་གིས་འབྲོག་ཡུལ་དེ་དག་ལ་ཞིབ་པར་ཉམས་ཚོར་བྱེད་ཐུབ་པ་ཡིན་ན་གླིང་གེ་སར་གྱི་སྒྲུང་《འབྲུངས་གླིང་》ཞེས་པ་དང་། 《རྟ་རྒྱུགས་》ཞེས་པའི་དཔེ་ཆ་དག་ནི་འབྲོག་ཡུལ་དེ་དག་གི་གནས་ཡིག་བཟང་པོ་ལྟར་བེད་སྤྱོད་བྱེད་ཆོག་པར་སེམས་སོ། །ངས་འགྲུལ་བཞུད་བྱས་སྐྱོང་བའི་འབྲོག་ཡུལ་དེ་དག་ཕལ་ཆེ་བ་ལ་ནི་ཡུལ་མི་ཏ་ཙང་ཉུང་ངུར་གནས་པ་དང་། ཡུལ་འགར་མི་སྡེས་རིང་དུ་དབེན་ཅིང་རི་དྭགས་ཀྱི་རིགས་སྣ་ཚོགས་པ་བག་ཡངས་སུ་གནས་པ་དང་། མཐོ་ཞིང་བརྗིད་ཆགས་པའི་རི་བོ་དག་ནི་དབྱར་དགུན་སྟོན་དཔྱིད་ཀྱི་དུས་བཞིར་གངས་དང་ཆབ་རོམ་གྱིས་ཁེངས་པ། ཡུལ་འགར་རྫ་རིའང་མི་ཉུང་བ་ཡོད་འདུག་པ་དེ་དག་གི་རྩེ་མོར་གངས་ཀྱིས་ཁེངས་ཤིང་། རི་སུལ་རྣམས་སུ་ཤྭ་བ་དང་། གནའ་བ་སོགས་རྫ་རི་ལ་གནས་པའི་རི་དྭགས་དུ་མས་གང་བ། འབྲོག་ཡུལ་གྱི་གཞུང་རྒྱུད་ཕལ་མོ་ཆེ་ནི་ན་ཐང་སྟེ། ས་མཐོའི་རྩྭ་དང་རི་མཐོའི་མེ་ཏོག་སྣ་ཚོགས་པས་ཕྱུར་བུར་ཁེངས་པའི་ཁྲོད་དུ་རྐྱང་སྟོང་ཕྲག་དུ་མའི་རྐྱང་ཁྱུ་དང་། འབྲོང་བརྒྱ་ཕྲག་མང་པོའི་འབྲོང་ཁྱུ་དང་། གཞན་ཡང་དགོ་བ་དང་། ཤྭ་བ། གཉན་དང་། སྤྲེའུ་ལ་སོགས་པ་ས་མཐོར་གནས་པའི་རི་དྭགས་ཀྱི་རིགས་རྣམ་པ་སྣ་ཚོགས་པས་ཡོངས་སུ་ཁེངས་པ། ན་ཐང་གི་ཕྱོགས་ཀུན་ནས་ཁྲུང་ཁྲུང་སྟོང་ཕྲག་མང་པོས་ཏུར་སྒྲ་དིར་དིར་དུ་སྒྲོག་པས་སྐྱེ་བོའི་ཡིད་སྣང་སྤྲོ་བའི་སྤང་གཞོངས་རྣམས་སུ་འབྲོག་པའི་“ཏ་སྐོར”ཞེས་བྱ་བ་མི་ཚང་བཅུ་ནས་སུམ་ཅུའི་བར་གང་ཙུང་དག་ལྷན་དུ་སྡ་ཏ

བསྐོར་ཏེ་ཆགས་ཡོད་འདུག འབྲོག་པ་དག་སྦྲ་ཉུ་བསྐོར་ཏེ་ལྷན་དུ་ཆགས་པའི་དགོས་དོན་ནི་ཕྱི་ཡུལ་གྱི་དགྲ་རྐུན་ཇག་ཆོམ་ལ་སོགས་པས་གནོད་འཚེ་བྱེད་མི་ཐུབ་པ་དང་། ཉུ་སྐོར་ལ་འཚོ་བ་གང་ཞིག་འབྱུང་བ་དེ་ལས་བསྲུང་སླ་བའི་ཆེད་དུ་ཡིན་པ་རེད།

ང་ཚོས་ན་ཐང་དེ་དག་བརྒལ་ནས་འགྲོ་དགོས་པའི་ཚེ་འབྲོག་ཡུལ་གང་དུ་ཡིན་པ་དེ་རང་གི་ཡུལ་མི་རྒྱུས་ཤེས་ཅན་ཞིག་ལམ་མཁན་དུ་འཚོལ་དགོས་ཀྱི་འདུག གང་ལགས་ཤེ་ན། ན་ཐང་གི་བར་གསེང་འགར་ཧ་ཅང་ཉེན་ཆེ་བའི་ན་འདམ་གྱི་ཟུག་ཆེ་ཆུང་དུ་མ་ཡོད་འདུག་ཅིང་། གལ་ཏེ་ཁོ་བོ་ཅག་ལ་ཡུལ་མི་ལམ་མཁན་པ་ཞིག་མེད་ན་ན་ཟུག་ཏུ་བྱིང་བ་ལས་ཐར་བའི་གོ་སྐབས་རྙེད་པ་ཤིན་ཏུ་དཀའ། ང་ཚོ་ལམ་མཁན་དང་བཅས་ཏེ་འགྲོ་བའི་ཚེ། ས་ཐག་ཐད་ཀར་རྒྱང་གྲགས་གསུམ་ཙམ་ཡོད་པ་ལ་ཉིན་ཕྱེད་ཙམ་གྱི་རིང་ལ་ཐག་རིང་པོ་ནས་བསྐོར་དགོས་པའི་ན་ཟུག་ཀྱང་མང་དུ་སྣང་། དཔེར་ན་ཉིན་ཞིག་ཏུ་ང་ཚོས་ལམ་མཁན་མེད་པར་ཛ་རྒྱལ་འཕན་ཕྱུག་ཅེས་བྱ་བའི་རི་ཞོལ་གྱི་ན་ཐང་ཞིག་བརྒལ་བའི་ཚེ། ཁོ་བོ་ཅག་གི་གྲོགས་པོ་ཞིག་འགྲུལ་ལམ་ནོར་བས་རྐྱེན་ཏེ་ན་ཟུག་ཏུ་བྱིངས་ཤིང་། ཁོང་གིས་ཀུ་ཅོའི་སྒྲ་ལྷང་ལྷང་བཏོན་བྱུང་བ་དང་། ཁོ་བོ་ཅག་མྱུར་བར་དེར་ཕྱིན་ཏེ་ཁོང་དང་ཁོང་གི་རྟ་བཅས་ལ་ཐག་པ་བཏང་ནས་ཡར་འདོན་པར་བརྩོན་པས། ཁོང་ལ་ཉེས་སྐྱོན་གང་ཡང་མ་བྱུང་བར་བཏོན་ཐུབ་ནའང་། ཁོང་གི་རྟས་གཡོ་འགུལ་མང་དུ་བྱས་པའི་རྐྱེན་གྱིས་རིམ་བཞིན་ཇེ་ནུབ་ཇེ་ནུབ་ཏུ་སྒྱུར་ཏེ། མཐར་རྟ་སྒ་དང་བཅས་པ་བློ་ཕམ་གྱི་ངང་ནས་དེར་འདོར་དགོས་བྱུང་། ང་ཚོས་གྲོགས་པོ་འདམ་ཟུག་ནས་བཏོན་པའི་ཚེ། ཁོང་དང་ཁོང་འདོན་མཁན་གྱི་མི་དག་སྦྲ་ནག་ལྟར་ལུས་གོས་ཚང་མ་མཐིང་ནག་ཡ་ང་ཞིང་དགོད་བྲོ་བ་རེ་བྱུང་འདུག གང་ལགས་ཤེ་ན། འབྲོག་ཡུལ་གྱི་འདམ་ཟུག་གང་དུ་ཡོད་པ་དེ་དག་ཏུ་ཡུལ་གཞན་ན་མེད་པའི་ས་རང་བཞིན་ནག་ལ་སྔོ་མདངས་ཅུང་ཟད་ཡོད་པ་ཞིག་གིས་ཁྱབ་འདུག་པ་དེ་ནི་འབྲོག་མི་དག་གིས་ལྭ་བ་སོགས་ཚོན་མདོག་སྒྱུར་བྱེད་དུ་བེད་སྤྱོད་བྱེད་ཀྱི་ཡོད་པ་རེད། འབྲོག་ཡུལ་དེ་དག་རང་གི་མི་དང་རྟ་ཕྱུགས་སེམས་ཅན་རྣམས་ནི་འདམ་ཟུག་ལ་དུས་རིང་དུ་གོམས་འདྲིས་ཕྱིན་པར་བརྟེན། དེ་དག་ལ་འདམ་ཟུག་གི་དཀའ་ངལ་དང་འཇིགས་སྣང་གང་ཡང་མི་འདུག་པར་མ་ཟད་འབྲོག་ཡུལ་དེ་དག་རང་གི་མི་དང་དུད་

འགྲོ་སྲུ་དང་གང་ཞིག་ཀྱང་འདམ་རྫུག་ཏུ་བྱིངས་པའི་ལོ་རྒྱུས་སོགས་མི་སྣང་ངོ་། །གོང་གསལ་གྱི་གནས་ཚུལ་འདི་ནི་དམིགས་བསལ་དབྱར་དུས་ཀྱི་དབང་དུ་བྱས་པ་ཡིན་ཞིང་། དུས་གཞན་དག་ལ་ནི་འབྲོག་ཡུལ་དེ་དག་ཏུ་གྲང་ངར་ཧ་ཅང་ཆེ་ཞིང་། འདམ་ཐང་ཐམས་ཅད་གངས་དང་ཆབ་རོམ་གྱིས་ཁེངས་ཤིང་སྲ་མཁྲེགས་ཅན་དུ་འགྱུར་བས་སྐྱེ་བོའི་རྒྱུ་འགྲུལ་བྱེད་མི་ནུས་པའམ་གངས་ལམ་བརྒྱུད་དེ་ཤར་རྒྱུག་ན་ཐང་དག་བརྒལ་ཚོག་པའི་གནས་ཚུལ་མི་འདྲ་བ་དག་ཡོད་པ་རེད།

འབྲོག་སྡེ་དག་གི་ཆགས་ཡུལ་གོང་གསལ་དེ་འདྲའི་རིགས་ཁོ་ན་ཙམ་དུ་མ་ཟད་རྣམ་པ་གཞན་དག་ཀྱང་མང་དུ་སྣང་སྟེ། འབྲོག་སྡེ་ཁ་ཤས་ནི་སྤང་རིའམ་སྤང་ཐང་ཡིད་དུ་འོང་བའི་ངོགས་སུ་ཆགས་པ་དང་། ཡང་ཁ་ཤས་ནི་སྤང་རི་སྔང་གཤོངས་དུ་མ་ཡོད་པའི་སྲུལ་རྣམས་སུ་ཤིང་སླང་མ་དང་། སྲུར་དཀར། སྲུར་ནག སྤེན་དཀར། སྤེན་ནག་དང་། ཉ་སྤྲིད་བཅས་ཆེས་ཕྲ་ཞིང་ཐུང་བས་ཕྱུར་བུར་གཏམས་པའི་གཤོངས་རྣམས་སུ་ཆགས་ཡོད་པ་རེད། གནས་ཚུལ་འདི་འདྲ་བའི་འབྲོག་ཡུལ་དག་ཏུ་ན་ཐང་ཧ་ཅང་དཀོན་ཞིང་འདམ་རྫུག་གི་དཀའ་ངལ་མི་འདུག་མོད། ཡུལ་འགའ་ཤས་སུ་ཨ་བྲ་བྱེ་བ་མང་པོས་གནས་བཅས་ཤིང་། ཨར་ཁྲུང་འབུམ་ཕྲག་མང་པོ་ནག་བུག་བུག་ཏུ་བཏོན་པ་སྟེ། ཇི་ལྟར་མི་སྡེའི་གྲོང་ཁྱེར་ཆགས་པ་ལྟར་ས་ཆ་ཤོག་ཁག་སོ་སོར་ཨར་ཁྲུང་ཆེ་ཆུང་དུ་མ་དང་། ཨར་ཁྲུང་ཕན་ཚུན་དུ་འགྲུལ་ལམ་མི་སྡེའི་ཁྲོམ་སྲང་དང་འདྲ་བ་ཕྲ་ལ་རིང་བའི་བགྲོད་ལམ་སྤང་གི་ཐོག་ཁེབས་སྲུབ་མོ་དང་ལྷན་པ་གྲངས་ལས་འདས་པས་ཁེངས་ཡོད་འདུག་ཅིང་། ཡུལ་དེ་དག་ཏུ་ང་ཚོས་རྟ་དྲིལ་གྱི་སྟེང་ནས་འགྲུལ་བཞུད་བྱེད་པའི་ཚེ། ཁོ་པོ་ཅག་གི་རྟ་དྲིལ་ལ་ཨར་ཁྲུང་ཅན་གྱི་སྤང་རིའམ་སྤང་ཐང་དག་བརྒལ་བའི་སྤྱོད་པ་མེད་པར་བརྟེན། རྟ་དྲིལ་གྱི་རྨིག་བཞི་ཨར་ཁྲུང་དུ་བྱིངས་ཤིང་དཀའ་ངལ་ཚད་མེད་པ་སྤྱོང་དགོས་བྱུང་། འོན་ཀྱང་ཡུལ་དེ་དག་རང་གི་རྟ་དྲིལ་རྣམས་ལ་གོམས་འདྲིས་ཡག་པོ་ཡོད་པར་བརྟེན་འབྲོག་མི་དག་ཕན་ཚུན་དུ་འགྲོ་འགྲུལ་བྱེད་པའི་ཚེ་ཇི་ལྟར་ཁོ་པོ་ཅག་ནམ་རྒྱུན་དུ་སྤང་ཐང་གྱ་ཡངས་པོའི་སྟེང་ནས་བསྐྱོད་པ་བཞིན་དཀའ་ཚེགས་དང་འཇིགས་སྣང་གང་ཡང་མེད་པར་རྟ་རྒྱུགས་བྱེད་དེ་འགྲོ་ཚོག་གི་ཡོད་འདུག

ཡ་མཚན་འོས་པ་ཞིག་ལ། ཨ་བྲས་གང་དུ་ས་ཟིན་པ་དེ་དག་ཏུ“ཨ་ཏ་ད་ཡུ”ཞེས་བྱ་བའི་བྱེའུ་ཁ་དོག་སྐྱ་བོ། མཆུ་ཏོ་ནག་པོ། རྐང་ལག་སྐྱ་ནག ཆེ་ཆུང་གི་ཚད་ནི་ཁ་ན་རི་ཡ་ཆེ་ཚད་ལས་ཀྱང་ཆུང་ཟད་ཆེ་བ་སྔོང་ཕྲག་མང་པོ་ཁ་འཐོར་དུ་ཨ་བྲ་རྣམས་དང་ལྷན་དུ་གནས་ཤིང་། དེ་དག་ཀྱང་ཨ་བྲ་དང་འདྲ་བ་སའི་ཁུང་བུར་གནས་འཆའ་བ་དང་། སྔོ་ངའང་ས་ཁུང་གི་ སྦུག་ཏུ་བཞག་ཅིང་། ནམ་རྒྱུན་བྱེའུ་དེ་དག་ས་ཁུང་ནས་ཕྱི་ལོགས་སུ་འཐོན་པའི་ཚེ། དེ་མ་ཐག་ཨ་བྲ་དག་གི་རྒྱབ་ཏུ་ཞོན་ཏེ་འགྲོ་གི་འདུག་ཅིང་། ནམ་ཨ་བྲ་དག་སོ་སོའི་ཨར་ཁུང་དུ་སླར་ལོག་པའི་ཚེ་བྱེའུ་རྣམས་དབང་མེད་དུ་ས་ཁར་འགྲེལ་བ་ཏ་ཅང་དགོད་བྲོ་པོ་ཞིག་ཏུ་སྣང་ངོ་། །འབྲོག་མི་དག་གིས“ཨ་ཏ་ག་ཡུ་དག་གིས་ཨ་བྲ་རྣམས་ཆུ་བོ་དང་རི་བོའི་ཕར་ཚུར་རྣམས་སུ་སྐྱེལ་འདྲེན་བྱེད་ཀྱི་ཡོད་པ་རེད”ཅེས་བཤད་སྲོལ་འདུག་ནའང་ཁོ་བོ་ཅག་གིས་མངོན་སུམ་མིག་མཐོང་ཐུབ་པ་ནི་གང་ཡང་མ་བྱུང་ངོ་། །དེ་ལྟར་འབྲོག་མི་དག་ལ་ཐོད་སྲོལ་བྱུང་བའི་གླེང་གཞི་ནི། སྐབས་འགར་སྔར་ཨ་བྲ་མེད་པའི་ཡུལ་གསར་དག་ཏུ“ཨར་དམག”ཅེས་བྱ་བའི་ཨ་བྲ་བྱེ་བ་མང་པོ་གསར་དུ་འཁྱོར་ཏེ། ཨར་ཁུང་འབུམ་ཕྲག་མང་པོ་གསར་དུ་བཏོན་ནས་རི་ལུང་ཐམས་ཅད་ནག་པོར་བསྒྱུར་བའི་རྐྱེན་གྱིས་འབྲོག་པའི་སྔོ་ཕྱུགས་ལ་གཟས་ཁ་མེད་པར་གྱུར་ཏེ་འབྲོག་པ་རྣམས་དབང་མེད་དུ་གནས་སྤོ་དགོས་འབྱུང་བའི་ལོ་རྒྱུས་མང་དུ་ཡོད་འདུག །གོང་གསལ་ཨ་བྲ་རྣམས་ཡུལ་གཅིག་ནས་གཅིག་ཏུ་གནས་འཕོ་བའི་ཚེ། ཨ་བྲའི་གཟུགས་པོངས་དང་ནུས་རྩལ་གྱིས་བརྒལ་བར་མི་ནུས་པའི་རི་བོ་དང་ཆུ་བོའི་ཕར་ཚུར་དུ་འཁྱོར་ཐུབ་པ་དེ་ཨ་ཏ་ག་ཡུའི་རོགས་རམ་གྱི་མཐུ་ལས་བྱུང་བ་རྒྱུ་མཚན་དུ་བྱས་པ་དང་། འབྲོག་མི་འགའ་ཞིག་གིས་ཨ་ཏ་ག་ཡུས་ཨ་བྲ་ཁྱེར་ནས་རི་བོའི་ཕར་ཚུར་དུ་འཕུར་བ་མངོན་སུམ་མིག་མཐོང་བྱུང་ཞེས་བཤད་པའང་ཡོ་པོ་ཅག་གིས་ལན་མང་དུ་ཐོས་སོ། །གང་ལྟར་ཡང་འབྲོག་མི་དག་གིས་ཨར་དམག་ནི་ཡུལ་ལ་ཉེན་ཁ་ཆེས་ཆེ་བ་ཞིག་ཏུ་བརྩི་ཞིང་། ཨར་དམག་གང་དུ་འཁྱོར་བའི་ཡུལ་མི་དེ་དག་གིས་འཕྲལ་དུ་ཡུལ་ཕྱོགས་སོ་སོའི་ལྷ་མཆོད་རྣམས་སྤྱན་དྲངས་ཏེ་“ཨར་དམག་ཁ་སྒྱུར་”ཞེས་བྱ་བའི་གཏོ་དང་སྐུ་རིམ་སྣ་ཚོགས་སྒྲུབ་སྲོལ་ཡོད་འདུག །ང་ཚོས་མིག་མཐོང་བྱུང་བ་ནི། འབྲོག་ཡུལ་གྱི་སྤང་རི་དང་སྤང་ཐང་འགའ་ཤས་སུ་ད་སྔོན་ཨ་བྲ་

གཏན་ནས་མ་སླེབས་པ་དང་། འགའ་ཤས་སུ་ཨ་བྲས་ས་གསར་དུ་འཛིན་བཞིན་པ་དང་། འགའ་ཤས་སུ་ཨ་བྲ་བྱེ་བ་མང་པོས་ཁེངས་ཤིང་རི་ཐང་ཁྲ་བོར་གྱུར་པ་དང་། འགའ་ཤས་སུ་རི་ཐང་ནག་པོར་གྱུར་ཏེ་ཨ་བྲ་ཉུང་ངུ་ལས་མེད་པ་དང་། འགའ་ཤས་སུ་ལོ་མང་སྔོན་ཨ་བྲས་ཟིན་སྐྱོང་བའི་རི་ཐང་ནག་པོའི་ངོགས་སུ་རྩྭ་གསར་གྱི་མྱུ་གུ་སྐྱེ་བཞིན་པ་སོགས་རྣམ་པ་མི་འདྲ་བ་མང་དུ་སྣང་ངོ༎ དགུན་དུས་སུ་ཨ་བྲ་རྣམས་ཕྱི་ལོགས་སུ་མི་འཐོན་ཞིང་། དེ་དག་གིས་དབྱར་སྟོན་དུས་གཉིས་སུ་བསགས་པའི་རྩྭ་དང་། ལྷག་པར་དུ་རོ་བཅུད་ཕུན་སུམ་ཚོགས་པའི་གྲོ་མ་དང་སོན་བུ་དཀར་པོ་དག་ལ་ལོངས་སུ་སྤྱོད་དེ་ཨར་ཁུང་གི་སྦུག་ཏུ་གནས་ཀྱི་ཡོད་པ་རེད། སྟོན་དུས་སུ་འབྲོག་པའི་ཕྱུགས་རྫི་དག་གིས་ཨར་ཁུང་མང་དུ་བསློགས་ཏེ་ཨ་བྲས་བསགས་པའི་གྲོ་མ་དང་སོན་དཀར་རྣམས་ལེན་གྱི་ཡོད་འདུག་ཅིང་། ཨ་བྲའི་གྲོ་མཛོད་ཆེ་བ་ཁ་ཤས་ནས་གྲོ་མ་དང་སོན་དཀར་དོས་པོ་རེ་ཙམ་རྙེད་པའི་སྐབས་ཀྱང་འདུག་ཅེས་ཁོ་བོའི་གྲོགས་པོ་འབྲོག་པའི་ཕྱིའུ་ཁ་ཅིག་གི་ངག་ལས་ཐོས་སོ། །

སླེང་བརྗོད།

སུ་ཞིག་གིས་བོད་ཀྱི་ལོ་རྒྱུས་དང་འབྲེལ་བ་བོད་མིའི་ཀུན་སྤྱོད་དང་། བསམ་མནོའི་འཁྱེར་སྟངས། དེ་དག་གི་ཆ་ལུགས་སོགས་མི་རིགས་ཀྱི་རྣམ་པ་ཇི་ལྟར་ཡིན་པའི་སྐོར་ལ་ངོ་སྤྲོད་ངེས་པར་བྱེད་དགོས་ཡོད་ན། ད་གཟོད་སྤྱོད་ཚུལ་དེ་དག་དང་འབྲེལ་བ་དངོས་ཡོད་བོད་ཀྱི་གནའ་བོའི་ལོ་རྒྱུས་དཔའ་བོ་གླིང་གེ་སར་གྱི་སྒྲུང་དཔེ་དེ་དག་ལ་ངོ་སྤྲོད་དམིགས་སུ་བཀར་ནས་བྱེད་དགོས་པ་ཡིན། དེའང་བྱ་དཔེ་བྱེའུའི་སྒྲུང་ལྟ་བུའམ། གཡིང་བ་ལམ་ཁྱེར་གྱི་སྒྲུང་གཏམ་ཙམ་གྱི་དབང་དུ་མ་བཞག་པར། རྒྱ་ཆེན་པོའི་བོད་མི་རིགས་ཀྱི་གནས་ལུགས་དང་། དེ་དག་གི་ཆ་ལུགས་དང་། བསམ་སྤྱོད་སོགས་ངེས་རྟོགས་ཐུབ་པ་དཔེར་ན་དངོས་རྒྱུ་ལ་ངེས་པ་རྙེད་བྱེད་ཀྱི་འདྲ་དཔེ་མེ་ལོང་ནང་གི་གཟུགས་བརྙན་དང་མཚུངས་པ། གནས་ལུགས་དངོས་ཀྱི་སྙིང་ནས་ངེས་ཤེས་ཁྱད་པར་ཅན་རྙེད་ཐུབ་པའི་ཡོ་ཆས་རྩ་འགངས་ཤིན་ཏུ་ཆེ་བ་ཞིག་ཡིན་པར་ངོས་ཟིན་དགོས་པ་དེ་ཡིན། གནས་ཚུལ་དེའི་གོ་རྟོགས་རང་རྒྱུད་ལ་ཆགས་པའི་ཕྱི་རྒྱལ་གྱི་མཁས་པ་འགའ་རེས་དུས་ཕྱིས་སུ། བོད་ཀྱི་གནའ་བོའི་ལོ་རྒྱུས་དཔའ་བོ་གླིང་གེ་སར་རྒྱལ་པོའི་སྒྲུང་གི་སྐོར་ལ་ཉམས་ཞིབ་ཀྱིས། དེའི་སྐོར་གྱི་ཡིག་ཆ་མི་ཉུང་བ་འབྲི་རྩོམ་བྱས་དང་བྱེད་བཞིན་ཡོད་པ་དང་། གླིང་གེ་སར་རྒྱལ་པོའི་སྒྲུང་དཔེ་《ཧ་རྒྱུགས》སོགས་སྒྲུང་ཡིག་ཐར་ཐོར་འགའ་ཞིག་ནི་ཕྱི་རྒྱལ་གྱི་སྐད་དུའང་བསྒྱུར་ཡོད་པས་མཚོན། སྤྱིར་བཏང་ཐོག་བོད་ཀྱི་གནའ་བོའི་ལོ་རྒྱུས་དང་། དེ་དང་འབྲེལ་བ་བོད་ཀྱི་ཤེས་རིག་བཅས་པར་ངོ་སྤྲོད་ཆེ་རུ་འགྲོ་བཞིན་པའི་མངོན་མཚན་གསལ་པོར་བསྟན་གྱི་ཡོད་པ་རེད། རྒྱ་བལ་དང་། འབྲས་འབྲུག་ཡུལ་ཁག་རྣམས་སུ་གནས་འཆའ་བའི་བོད་རིགས་གཞིས་ཆགས་པའི་གྲས་ནས་ཀྱང་། བོད་ཀྱི་གནའ་བོའི་ལོ་རྒྱུས་དཔའ་བོ་གླིང་གེ་སར་རྒྱལ་པོའི་སྒྲུང་སྐོར་ལ་གཅེས་སྐྱོང་ཏ་ཙང་ཆེན་པོའི་སྒོ་ནས་དུས་ཕྱིས་སུ་གེ་སར་གྱི་སྒྲུང་

སྐོར་ཕྱུ་ཏི་ཞི་ཤྲུ་ཡོངས་ཙམ་པ་ཞིག་དཔར་དུ་བཀོད་དེ་འགྲེམས་སྤེལ་བྱེད་ཀྱི་ཡོད་པའི་གནས་ཚུལ་བོད་དཔེ་གསར་བསྐྲུན་བྱས་པའི་དཀར་ཆག་འགའ་ཞིག་ལས་གསལ་པོར་མཐོང་བ་དེ་དག་ནི་དངོས་བདེན་བོད་ཀྱི་ཤེས་རིག་ལ་ཕན་ནུས་ཏ་ཅང་ཆེ་བའི་མཛད་པ་ཞིག་ཏུ་ངོས་འཛིན་པར་འོས་སོ། །

ལྷག་པར་དུ་སྤྱི་ལོ་༡༩༧༩པར་བོད་ལྗོངས་མི་དམངས་དཔེ་སྐྲུན་ཁང་ནས་དཔར་དུ་བསྐྲུན་པ་《གླིང་གེ་སར་རྒྱལ་པོའི་སྒྲུང་། སྟག་གླིང་གཡུལ་འགྱེད།》ཅེས་གྲགས་པའམ། མཚན་བྱང་དངོས་སུ《སྟག་གླིང་གཡུལ་འགྱེད་འདོད་དགུ་ཕུན་ཚོགས་རྣམ་ཐུས་བང་མཛོད་ཡོངས་སྒྲོད་བསམ་འཕེལ།》ཞེས་བྱ་བ། ཤོག་གྲངས་༣༨༤ཡོད་པའི་དེབ་གཅིག་དང་། ༡༩༨༠ལོར་དཔར་དུ་བསྐྲུན་པ་《གླིང་གེ་སར་རྒྱལ་པོའི་སྒྲུང་། སོན་གླིང་གཡུལ་འགྱེད།》ཅེས་བྱ་བ་ཤོག་གྲངས་༤༧༠དང་། དཔའ་བོ་གེ་སར་གྱི་སྐོར་མཛེས་བྲིས་ཚོན་ཁྲ་ཅན་སྣ་ཁ་༡༢བཅས་ཡོད་པའི་དེབ་གཅིག་དང་། ཡང་ལོ་དེར་དཔར་དུ་བསྐྲུན་པ་《གླིང་གེ་སར་རྒྱལ་པོའི་སྒྲུང་ཧོར་གླིང་གཡུལ་འགྱེད》ཅེས་བྱ་བའི་སྟོད་ཆ། ཤོག་གྲངས་༤༤༡ཡོད་པའི་དེབ་གཅིག་དང་། 《གླིང་གེ་སར་རྒྱལ་པོའི་སྒྲུང་ཧོར་གླིང་གཡུལ་འགྱེད།》ཅེས་བྱ་བའི་སྨད་ཆ། ཤོག་གྲངས་༥༩༤ཡོད་པའི་དེབ་གཅིག་བཅས་བོད་ལྗོངས་མི་དམངས་དཔེ་སྐྲུན་ཁང་ནས་དཔར་དུ་བསྐྲུན་པའི་གེ་སར་གྱི་སྒྲུང་དེབ་མི་འདྲ་བ་བཞི་དང་། ༡༩༨༠ལོར་སི་ཁྲོན་མི་རིགས་དཔེ་སྐྲུན་ཁང་ནས་དཔར་དུ་བསྐྲུན་པ་《གླིང་རྗེ་གེ་སར་རྒྱལ་པོའི་སྒྲུང་། ལྷ་གླིང་གབ་ཙེ་དགུ་སྐོར》ཞེས་གྲགས་པའམ། མཚན་བྱང་དངོས་སུ། 《དགྲ་ལྷའི་རྒྱལ་པོ་གེ་སར་ནོར་བུ་དགྲ་འདུལ་གྱི་རྟོགས་པ་བརྗོད་པ་ལྷ་གླིང་གབ་ཙེ་དགུ་སྐོར་ཞེས་བྱ་བ་བཞུགས་སོ།།》 ཞེས་བྱ་བ་ཤོག་གྲངས་༡༥༣དང་། གེ་སར་སྐོར་གྱི་མཛེས་བྲིས་སྣ་ཁ་ལྔ་བཅས་ཡོད་པའི་དེབ་གཅིག་དང་། ཡང་ལོ་དེར་དཔར་དུ་བསྐྲུན་པ་《གླིང་རྗེ་གེ་སར་རྒྱལ་པོའི་སྒྲུང་འབྲུངས་གླིང་མེ་ཏོག་ར་བ།》 ཞེས་གྲགས་པའམ། མཚན་བྱང་དངོས་སུ། 《འཛམ་གླིང་སེང་ཆེན་ནོར་བུའི་རྟོགས་པར་བརྗོད་པ་ལས། འབྲུངས་གླིང་མེ་ཏོག་ར་བ་དང་། རྨ་ས་བཟུང་དར་དཀར་མདུད་པ་བཅས་བཞུགས་སོ།།》

ཞེས་བྱ་བ་ཤོག་གྲངས་༡༨༤དང་། གེ་སར་སྒྲོར་གྱི་མཇོས་བྲིས་སྣ་ཁ་དྲུག་བཅས་ཡོད་པའི་དེབ་གཅིག་ཏེ་མདོར་ན་སི་ཁྲོན་མི་རིགས་དཔེ་སྐྲུན་ཁང་ནས་དཔར་དུ་བསྐྲུན་པའི་གེ་སར་གྱི་སྒྲུང་དཔེ་དེབ་གཉིས་དང་། ༡༩༨༠ལོར་ཀན་སུའུ་མི་རིགས་དཔེ་སྐྲུན་ཁང་ནས་དཔར་དུ་བསྐྲུན་པ《གླིང་གེ་སར་རྒྱལ་པོའི་སྒྲུང་འཛམ་གླིང་སྤྱི་བསང་།》ཞེས་གྲགས་པའམ། མཚན་བྱང་དངོས་སུ། "ཡུལ་གླིང་དཀར་རྒྱལ་བློན་དཔའ་བརྟུལ་རྣམས་ཀྱི་རྣམ་པར་ཐར་པ་ཟུར་ཙམ་བརྗོད་པ་ངོ་མཚར་སྣང་བའི་གླུ་དབྱངས་དགེ་ལེགས་སྤྲིན་གྱི་རོལ་མོ་ཞེས་བྱ་བ།" ཞེས་པ་ཤོག་གྲངས་༡༩༧ ཡོད་པའི་དེབ་གཅིག་དང་། ཡང་༡༩༨༡ལོར་དཔར་དུ་བསྐྲུན་པ《གླིང་གེ་སར་རྒྱལ་པོའི་སྒྲུང་ཏ་རྒྱུག་རྒྱལ་འཇོག》ཅེས་གྲགས་པའམ། མཚན་བྱང་དངོས་སུ《འཛམ་གླིང་སེང་ཆེན་སྐྱེས་བུའི་ཏ་རྒྱུག་གི་རྟོགས་པ་བརྗོད་པ་ཆ་བདུན་ནོར་བུའི་མེ་ལོང་ཞེས་བྱ་བ་བཞུགས་སོ།།》ཞེས་པ་ཤོག་གྲངས་༢༥༢དང་། གེ་སར་སྒྲོར་གྱི་མཇོས་བྲིས་ཚོན་ཁྲ་ཅན་སྣ་ཁ་གསུམ་བཅས་ཡོད་པའི་དེབ་གཅིག་ཏེ། ཀན་སུའུ་མི་རིགས་དཔེ་སྐྲུན་ཁང་ནས་དཔར་དུ་བསྐྲུན་པའི་གེ་སར་གྱི་སྒྲུང་དེབ་གཉིས་ཡོད་པ་སོགས། མདོར་ན་ཕྱོགས་ཀུན་ནས་བོད་ཀྱི་གནའ་བོའི་ལོ་རྒྱུས་དཔའ་བོ་གླིང་གེ་སར་རྒྱལ་པོའི་སྒྲུང་སྒྲོར་ལ་དོ་སྣང་ཆེར་བསྐྱེད་བགྱིད་བཞིན་པ་དང་། སུ་ཞིག་དཔའ་བོ་གླིང་གེ་སར་གྱི་སྒྲུང་ལ་རྟོག་ཞིབ་བྱེད་འདོད་པའམ། སྒྲུང་གི་དཔེ་རྣམས་ཀློག་འདོད་ཡོད་པ་དེ་དག་ལ། སྔོན་དུས་དང་མི་འདྲ་བར་སྒྲུང་དཔེ་རྣམས་ལས་སླ་པོའི་སྒོ་ནས་འཐོབ་ཐུབ་ཅིང་ཀློག་པའི་གོ་སྐབས་འཐོབ་པ་སོགས་གང་ཅིའི་ཕྱོགས་ནས་དར་རྒྱས་སུ་འགྲོ་བཞིན་པ་འདིས་བོད་ཀྱི་ཤེས་རིག་ལ་ཁྱུངས་བཙན་པོ་ཞིག་ཡོད་ངེས་ཀྱི་མངོན་རྟགས་གསལ་པོར་བསྟན་པ་ཡིན། དེ་ལྟར་ནའང་། གེ་སར་གྱི་སྒྲུང་དེ་དག་ལ་སྒྲུང་ཙམ་དུ་འདུ་ཤེས་ཤིང་། ཁས་གང་མཚར་གྱི་ངང་ནས་བལྟག་པ་ཡིན་ན། ཁས་མཚར་བའི་ཚིག་ཉམས་དང་། དེ་དག་གི་བྱེད་སྟངས་བཅས་ལ་བསམས་ནས་གད་མོ་འཚོར་ཞིང་། གཡེང་བ་ལམ་ཁྱེར་གྱི་རྒྱུ་ཙམ་ལས། གནའ་རབས་བོད་མིའི་བསམ་སྤྱོད་ཀྱི་སྒྲོར་སོགས་ལ་གོ་བ་གཏིང་ཟུགས་པར་ཆགས་པའི་ཆ་རྐྱེན་དུ་འགྱུར་བ་ནི་ཤིན་ཏུ་དཀའ།

གེ་སར་གྱི་སྒྲུང་ལ་བསམ་གཞིག་ནན་ཏན་དུ་བྱས་པ་ལ་བརྟེན་ནས་གནའ་དུས་ཀྱི་བོད་མིའི་འཚོ་བ་དང་། ཆ་ལུགས་དང་། གོམས་གཤིས་སོགས་རྣལ་མའི་གནས་ལུགས་ཇི་ལྟར་ཡིན་པའི་ཚུལ་ལ་ངེས་ཤེས་འདྲོངས་པར་ངེས་ནའང་། གེ་སར་གྱི་སྒྲུང་དཔེ་རྣམས་ནས་གསལ་རྒྱས་སུ་བསྟན་པའི་གནའ་རབས་ཀྱི་བོད་མིའི་བསམ་སྤྱོད་དང་། ཆ་ལུགས་དང་། གོམས་གཤིས་ལ་སོགས་པ་དེ་དག་ལ་མངོན་སུམ་ཚད་མའི་སྒོ་ནས་གོ་རྟོགས་གཏིང་ཟབ་ཅིག་འབྱུང་ཐུབ་པ་དེ་ནི་དངོས་ཡོད་ཀྱི་གནས་ཚུལ་རྣམས་ཐད་ཀར་སྦྱོང་རྟོགས་ཡོད་མེད་ཁོ་ནར་རག་ལས་པ་སྟེ། དཔེར་ན། སུ་ཞིག་གིས་བསྐལ་པ་ཡ་ཐོག་གི་དུས་སུ“འབྲུག”ཅེས་བྱ་བའི་སེམས་ཅན་ཆེན་པོ་ཞིག་བྱུང་སྦྱོང་བའི་ལོ་རྒྱུས་སྨྲ་ཞིང་། འབྲུག་ཅེས་བྱ་བའི་སེམས་ཅན་དེ་ག་ངོ་ཤེས་འདོད་ཡོད་པའི་གང་ཟག་དེ་དག་ལ་འབྲུག་གི་གཟུགས་རིས་མིག་སྔར་དངོས་སུ་བསྟན་ཏེ་འབྲུག་གི་རྣམ་པ་བློ་ལ་འཆར་བའི་ཐབས་མང་དུ་བརྩམས་ནའང་། གང་ཟག་དེའི་བློ་ངོར་འབྲུག་ཅེས་བྱ་བའི་གཟུགས་རིས་ཀྱི་དོན་སྤྱི་ཙམ་ཞིག་འཆར་ཐུབ་པ་ལས། འབྲུག་དངོས་ཡོད་དང་། དེའི་རིགས་བརྒྱུད་སོགས་ཅི་ཞིག་ལ་བརྟེན་ནས་ཐད་ཀར་འབྲུག་ཅེས་བྱ་བ་དེ་ངོ་འཕྲོད་ཐུབ་པ་ཞིག་མ་བྱུང་ཕྱིན་ཆད་གང་ཟག་དེ་ལ་འབྲུག་གི་གོ་རྟོགས་ཡང་དག་པ་ཞིག་དང་གཏིང་ཚུགས་པ་ཞིག་ཡོང་ཐུབ་པའི་ཐབས་མེད། དེ་དང་འདྲ་བ་གནའ་དུས་ཀྱི་བོད་མིའི་བསམ་སྤྱོད་སོགས་རྣམ་པ་ཅི་ཡང་རུང་བ་དེ་ཀུན་དཔའ་བོ་གླིང་གེ་སར་གྱི་སྒྲུང་ལ་བརྟེན་ཏེ་གསལ་བར་ངོ་འཕྲོད་པའི་སྐབས་རྙེད་ནའང་། དེ་ནི་དོན་དུ་གནའ་བོའི་མི་རྒྱུད་ཀྱི་དོན་སྤྱི་ཙམ་ཞིག་བློར་ཤར་བ་ཡིན་མོད། དངོས་ཡོད་བོད་ཀྱི་འབྲོག་སྡེ་ཁག་གི་གནས་ཚུལ་ལ་བརྟེན་ཏེ་ངོ་འཕྲོད་པ་ཞིག་མ་བྱུང་ཕྱིན་ཆད་ལོ་རྒྱུས་ཀྱི་སྙིང་དོན་གང་ཡིན་པ་དེའི་གོ་རྟོགས་མཐིལ་ཕྱིན་པ་དང་གཏིང་ཚུགས་པ་ཞིག་འབྱུང་བའི་སྐབས་མེད་དོ། །དེས་ན་བོད་ཀྱི་འབྲོག་སྡེ་ཁག་གི་མི་སྡེའི་གནས་སྟངས་དང་། དེ་དག་གི་བསམ་སྤྱོད་དང་། ཡུལ་གྱི་གོམས་གཤིས་ལ་སོགས་པ་དེ་དག་ནི། བོད་ཀྱི་གནའ་བོའི་དུས་རབས་སུ་བྱུང་བའི་ལོ་རྒྱུས་ཡོངས་སུ་གྲགས་པ་དཔའ་བོ་གླིང་གེ་སར་རྒྱལ་པོའི་སྒྲུང་གི་དཔེ་རྣམས་ལས་ཇི་ལྟར་བསྟན་པ་ལྟར། གནའ་དུས་ཀྱི་ཚོགས་ཀྱི་གནས་སྟངས་དང་།

དེ་དུས་ཀྱི་ཡུལ་སྲོལ་གོམས་གཤིས། མི་སྡེའི་བསམ་མནོའི་འཕྲིར་ཕྱོགས་སོགས་ཅི་དང་ཅི་འདྲ་བ་ཞིག་བྱུང་མྱོང་བའི་སྐོར་རྣམས་མངོན་སུམ་ཚད་གྲུབ་ཀྱི་སྒོ་ནས་གསལ་བར་མཚོན་ཞིང་། ལོ་རྒྱུས་དེ་དག་ཀྱང་གསོན་པའི་བྱེད་ལས་དང་ལྡན་པ་ཞིག་ཏུ་སྣང་ཐུབ་པ་ཡིན།

ཁོ་བོ་རང་ངོས་སུ། བོད་ཤར་ཕྱོགས་ཁམས་ཀྱི་འབྲོག་སྡེ་ཁག་གི་དངོས་ཡོད་གནས་ཚུལ་དག་ལ་བརྟེན་ནས། གནའ་དུས་ཀྱི་སྤྱི་ཚོགས་དང་། མི་སྡེའི་བསམ་སྤྱོད་སོགས་ལ་གོ་རྟོགས་ཐད་ཀར་ཆགས་པའི་ཉམས་མྱོང་ངེས་ཅན་ཞིག་བྱུང་མྱོང་ཞིང་། ཁོ་བོས་དངོས་ཡོད་བོད་ཀྱི་འབྲོག་སྡེའི་གནས་སྟངས་དང་། དེ་དག་གི་བསམ་སྤྱོད་དང་། ཆས་ལུགས། གོམས་གཤིས་ལ་སོགས་པ་དེ་དག་མངོན་སུམ་དུ་མཐོང་ཞིང་། དེ་དག་དང་འབྲེལ་ལམ་ཐད་ཀར་བྱུང་བའི་རྐྱེན་གྱིས་བོད་ཀྱི་གནའ་མིའི་ལོ་རྒྱུས་དཔའ་བོ་གླིང་གེ་སར་གྱི་སྒྲུང་རྣམས་ལས་བོད་མིའི་བསམ་སྤྱོད་སོགས་ཇི་སྐྲེད་ཅིག་བསྟན་པ་དེ་ཀུན་རང་བློར་གསལ་བར་འཆར་ཐུབ་པ་ཞིག་དང་། དེ་དག་ཇི་ལྟར་ཡིན་པའི་སྐོར་མངོན་སུམ་ཚད་མའི་སྒོ་ནས་བདེན་པ་ར་འཕྲོད་པའི་གོ་བ་གཏིང་ཚུགས་པ་ཞིག་ཆགས་ཐུབ་པ་བྱུང་ངོ་། །

སྤྱིར་བཏང་བོད་མི་ཏན་གཞོན་སུ་འདྲ་ཞིག་ཡིན་ཡང་རུང་། ཀུན་ལ་མེད་དུ་མི་རུང་བ་ནི་བོད་ཀྱི་ཤེས་རིག་གི་གོ་བ་གཏིང་ཚུགས་པ་རེ་ཆགས་དགོས་པ་དེ་རང་ཡིན་ཞིང་། བོད་ཀྱི་ཤེས་རིག་ཅེས་བྱ་བ་དེའང་བོད་ཀྱི་སྐད་ཡིག་ཙམ་མམ། བཟོ་རིག་པའི་གནས་ཙམ་མམ། བོན་དང་ཆོས་ཀྱི་གཞུང་ཙམ་མམ། གསོ་བ་རིག་པའི་གཞུང་ཙམ་མམ། རྩིས་རིག་གི་གཞུང་སོགས་ནམ་རྒྱུན་ཡོངས་གྲགས་སུ་སློབ་གཉེར་བྱེད་སྲོལ་ཡོང་པའི་གྲས་དེ་ཙམ་ཞིག་ལ་ངོས་མི་འཛིན་པར། དེ་དག་གི་གཞི་རྩ་དང་། དེ་དག་དང་འབྲེལ་བ་དངོས་ཡོད་འབྲོག་སྡེ་ཁག་གི་བསམ་སྤྱོད་སོགས་ལ་བརྟེན་ནས་ལོ་རྒྱུས་ཡུན་རིང་དང་ལྡན་པ་རྒྱ་ཆེན་པོའི་བོད་མི་རིགས་ཀྱི་གནས་ཚུལ་དང་། དེའི་ཡིན་ལུགས་སོགས་ཐད་ཀར་ར་འཕྲོད་པ་ལ་བརྟེན་ནས། རྫོན་བྱུང་གི་ཚུལ་རྣམས་ལ་བདེན་དཔང་ཐུབ་པ་ཞིག་དང་། གོ་རྟོགས་དེ་དང་མི་འབྲལ་བའི་བློས་བོད་ཀྱི་ཤེས་རིག་ལོ་རྒྱུས

བཅས་པའི་སྙིང་དོན་རྗེས་སུ་དཔོག་ཐུབ་པ་ཞིག་དགོས་ངེས་པ་དང་། ལོ་རྒྱུས་སུ་གྲགས་པ་དེ་དག་ཀུང་ཟེར་སྤྲོས་ཀྱི་ཚིག་སྐམ་པོ་ནའི་ཐོག་ཏུ་མ་ལུས་པར། སྒྲོང་བ་མངོན་སུམ་གྱི་སྒོ་ནས་ལོ་རྒྱུས་ཀྱི་ནུས་ཤུགས་མངོན་ཐུབ་པའི་གོ་རྟོགས་ངེས་ཅན་གཏིང་ཚུགས་པ་རེ་འབྱུང་དགོས་པ་དེ་ཡིན། འདི་ནི་བོད་ཀྱི་ཤེས་རིག་གསོན་པོར་འཚོ་བའི་ཆ་རྐྱེན་དང་། ཤེས་རིག་གི་སྲོག་འཛིན་པའི་གོ་རྟོགས་ཆེས་གལ་ཆེ་བ་ཞིག་ཡིན་པ་ལ་ཐེ་ཚོམ་ཅི་ཡང་མེད་དོ། །

བོད་ཀྱི་འབྲོག་སྡེ་ཁག་གི་བསམ་སྤྱོད་དང་། དེ་དག་གི་ཆས་ལུགས་དང་། ཡུལ་སྲོལ་གོམས་གཤིས་ལ་སོགས་པ་དེ་ཀུན་བོད་ཀྱི་གནའ་བོའི་ལོ་རྒྱུས་ལ་རྟོག་གཞིག་བྱེད་པར་ཕྱོགས་བརྟགས་འཁོར་ལོ་དང་འདྲ་བར་ལོ་རྒྱུས་ཀྱི་སྙིང་དོན་ལ་ངེས་ཤེས་བརྟན་པོར་སྐྱེད་བྱེད་ཀྱི་ཡོ་བྱད་ཏ་ཅང་རྩ་འགག་ཆེ་བ་ཞིག་ཡིན་ངེས་པར་ཡིད་ཆེས་བརྟན་པོར་ཐོབ་པས་རྐྱེན་བྱས་ཏེ། ཕྱི་ལོ་༡༨༥༣པའི་དབྱར་ཐོག་ཏུ་ངོས་རང་བོད་ཤར་ཕྱོགས་ཀྱི་འབྲོག་སྡེ་ཁག་མང་དུ་འགྲུལ་བཞུད་བྱས་པའི་སྐབས་དེ་དག་ཏུ་ཇི་ལྟར་མཐོང་ཞིང་ཐོས་པའི་ཚུལ་རྣམས་ཀྱི་ཟིན་ཐོ་མི་ཉུང་བར་བཏབ་ཡོད་པ་དེ་དག་གིས་གཞིར་བཟུང་། ཡུ་རོབ་ཏུ་སླེབས་ནས་ལོ་ཤས་སོང་རྗེས། སྔོན་དུས་བོད་ཀྱི་འབྲོག་སྡེ་ཁག་ནས་དངོས་སུ་མྱོང་རྟོགས་བྱུང་བ་དེ་དག་བརྗེད་ལ་ཉེ་བར་མཐོང་ཞིང་། དེ་དག་བརྗེད་པར་ཕངས་ནས་མི་བརྗེད་དྲན་གསོའི་ཐེབས་སུ་ཡི་གེར་བཀོད་པ་ཡིན། འོན་ཀྱང་དཔེ་དེ་ལ་དོ་སྣང་དང་། དམིགས་བསལ་གྱི་རྩ་འཛིན་བྱེད་མཁན་སུ་ཞིག་ཀྱང་མ་བྱུང་བ་དང་། ངོས་རང་ནས་ཀྱང་སྣང་ཆུང་ལྷ་བུས་བཞག་པའི་རྐྱེན་གྱིས། མ་དཔེ་དེ་ཉིད་ཅིག་སྐམ་ཞིག་གི་ཁུག་ཏུ་ལོ་མང་རིང་ལུས་ནས་སུས་ཀྱང་བལྟ་བ་དང་ཀློག་པའི་གོ་སྐབས་མ་བྱུང་། ད་སྔོན་ལོ་གཅིག་ཙམ་གྱི་གོང་དུ། བོད་ཀྱི་ཤེས་རིག་ལ་དོ་སྣང་ཤིན་ཏུ་ཆེ་བའི་བོད་རིགས་གཞོན་སྐྱེས་འགའ་ཞིག་ངའི་སྡོད་གནས་སུ་སླེབས་ནས་ཉིན་ཤས་རིང་བསྡད་སོང་བའི་ཉིན་ཞིག་ན། ཁོ་བོས་ཅིག་སྐམ་དེ་ཁ་ཕྱེ་སྐབས་ཤིག་ཏུ་དཔེ་འདི་ཐོན་པ་ཁོང་ཚོས་བཀླག་དགོས་ཟེར་པ་ལྟར་ཡོངས་སུ་གྲུབ་རྗེས་སུ། ཁོང་ཚོས་དུས་རིང་ཞིག་ནས་བོད་རིགས་ན་གཞོན་མང་པོའི་རེ་འདོད་དུ། བོད་ཀྱི་དངོས་ཡོད་གནས

ལུགས་ཀྱི་སྟེང་ནས་ཐད་ཀར་བོད་ཀྱི་ཤེས་རིག་ངོ་འཕྲོད་ཐུབ་པ་དང་། བོད་ཀྱི་འབྲོག་སྡེའི་སྲོལ་ལུགས་དང་། དེ་དག་གི་བསམ་སྤྱོད་སོགས་ལྷུག་པར་བཀྲལ་བའི་ལོ་རྒྱུས་ཀྱི་དཔེ་དེབ་འདི་ལྟ་བུ་ཀློག་བདེ་ཞིང་། དངོས་དོན་གོ་སླ་བ་ཞིག་བྱུང་ན་རང་རིགས་གཞོན་སྐྱེས་རྣམས་ལ་ཤེས་རིག་ངོ་འཕྲོད་པ་སོགས་ཀྱི་ཕན་ནུས་ཤིན་ཏུ་ཆེ་བའི་ངེས་ཤེས་ཡོད་ནའང་། ད་བར་དགོས་གནད་ཐོག་ཏུ་ཁེལ་བའི་སྐབས་མ་བྱུང་ཞིང་། ད་ལན་གྱི་དཔེ་དེབ་འདི་བཞིན་རིམ་པར་དཔར་དུ་འགོད་ཅིང་འགྲེམས་སྤེལ་ཐུབ་པ་ཞིག་བྱུང་ན་བོད་ཀྱི་ཤེས་རིག་ལ་གོ་རྟོགས་ཆགས་པའི་ཆ་རྐྱེན་བླ་ན་མེད་པ་ཞིག་ཏུ་འགྱུར་ངེས་སོ་ཞེས་རེ་བསྐུལ་ཐེངས་མང་བྱུང་བ་དང་། རང་ངོས་ནས་ཀྱང་དེང་དུས་ཀྱི་བོད་རིགས་གཞོན་སྐྱེས་མང་པོར་བོད་ཀྱི་གནའ་བོའི་སྲོལ་ལུགས་དང་། དེ་དང་འབྲེལ་བ་དངོས་ཡོད་འབྲོག་སྡེ་ཁག་གི་གནས་ཚུལ་ཇི་བཞིན་པ་ཤེས་རྟོགས་ཀྱི་གོ་སྐབས་རྐྱེན་དཀའ་བར་མཐོང་སྟེ། དེ་དག་ལ་དངོས་བརྒྱུད་ནས་ཕན་ཐོགས་པའི་ཆེད་དང་། གཞན་ཡང་འཛིག་རྟེན་སྤྱིའི་མི་རིགས་ཀྱི་ལོ་རྒྱུས་དང་། དེ་དག་གི་གནས་སྟངས་དང་། ཡུལ་སྲོལ། གོམས་གཤིས་སོགས་ཀྱི་སྐོར་ལ་སློབ་གཉེར་བྱེད་མཁན་ཕྱི་ནང་གི་མི་རིགས་གང་སུ་ཞིག་ཡིན་ཡང་རུང་བ་དེ་ཚོས་ཀྱང་ས་ཆེན་པོ་འདིའི་ཐོག་ཏུ་གནའ་ནས་ད་ལྟའི་བར་དུ་སྲིད་ཅིང་མངའ་རིས་རྒྱ་ཆེ་བའི་བོད་མི་རིགས་ཀྱི་ལོ་རྒྱུས་དེ་དག་ལ་ཉམས་ཞིབ་བྱེད་བདེ་བ་དང་། ལྷག་པར་དུ་བོད་ཀྱི་ཤེས་རིག་ལ་དོ་སྣང་ཆེད་གཉེར་བྱེད་མཁན་རྣམས་ནས་བོད་ཀྱི་ཤེས་རིག་འཚོ་བཞིན་པ་དང་། དེ་ཡང་བྱེད་ལས་ནུས་ཤུགས་དང་ལྡན་པའི་ཚུལ་ལ་ཞིབ་འཇུག་དང་འབྲེལ། ཤེས་རིག་དེའི་རིན་ཐང་ལ་ངེས་ཤེས་གཏིང་ནས་སྐྱེད་ཐུབ་པ་དང་། ཤེས་རིག་གི་གོ་རྟོགས་ཟབ་ཅིང་རྒྱ་ཆེན་པོར་འབྱུང་ཐུབ་པར་ཆེད་དུ་དམིགས་ཏེ་ད་ལན་གྱི་དཔེ་འདི་བཞིན་འགྲེམས་སྤེལ་བྱས་པ་ཡིན།

དཔེ་འདི་ནི་གཙོ་ཆེར་མདོ་ཁམས་བྱང་རྒྱུད་ཛ་ཆུ་ཁ་དང་། མགོ་ལོག་གསེར་ཐའི་འབྲོག་སྡེ་བཅས་པའི་གནས་སྟངས་གཞིར་བཞག་གིས་བཀོད་པ་ཡིན་ནའང་། འབྲོག་སྡེའི་སྲོལ་ལུགས་ཞིབ་སྙོམས་ཀྱི་ཆ་རྐྱེན་མང་དག་ནི་སྤྱིར་བཏང་རྒྱ་ཆེའི་འབྲོག་སྡེ་ཁག་ཏུ་དར་སྲོལ་ཅི་དང་ཅི་ལྟ་བུ་ཡོད་པ་དག་ལས་བླངས་ཏེ་རྒྱས་པར་བཀྲལ་བ་ཡིན་

ཅིང་། ཆོས་སྡེ་ཁག་གི་སྲོལ་ལུགས་སོགས་འགའ་ཞིག་ནི་རྫོགས་ཆེན་དགོན་པ་སོགས་འབྲོག་ཡུལ་གྱི་དགོན་པ་ཆེ་ཤོས་འགའི་སྲོལ་ལུགས་ལ་གཞིར་བཟུང་ནས་བཀོད་པ་ཡིན། རྒྱ་ཆེའི་འབྲོག་སྡེ་ཁག་གི་བསམ་སྤྱོད་སོགས་ཕལ་ཆེ་བ་ནི་འདྲ་མཐུན་དུ་ཡོད་པར་བརྟེན། སྤྱིར་བཏང་བོད་ཀྱི་འབྲོག་སྡེ་ཁག་གི་རྣམ་པ་དང་རང་བཞིན་ཇི་ལྟར་ཡིན་པ་ངོས་འཛིན་ཐུབ་པ་དང་། བོད་ཀྱི་འབྲོག་སྡེ་ཁག་གི་གནས་ཚུལ་ཇི་ལྟ་བར་ཤེས་པ་ལ་བརྟེན་ནས་བོད་ཀྱི་གནའ་བོའི་མི་རྒྱུད་ཀྱི་རྣམ་པ་དང་། རང་བཞིན་ཇི་ལྟར་ཡིན་པའི་སྐོར་ལ་ངེས་ཤེས་རྙེད་ཐུབ་པ་ཡིན་ནོ། །

རྫ་ཆུ་ཁའི་ཡུལ་སྐྱེ།

རྫ་ཆུ་ཁ་ནི་འབྲོག་སྡེ་ཤ་སྟག་ཡིན་འདུག་ཅིང་། དེར་ཡོངས་གྲགས་སུ་འབྲོག་སྡེ་ཚོ་ཆེན་བཅོ་བརྒྱད་དུ་ཡོད་འདུག་པ་རིམ་བཞིན་སེར་ཤུལ། ཁྲོམ་རྫ་གོང་མ། ཨ་རིག་རྫ། ཞ་ཤུལ། འབའ་ཆུང་། འཇུ་བ། ཁྲོ་གོང་། ཁྲོ་འགབ། ཐར་ཤུལ། དགེ་རྗེ། འབུམ་སྙིང་། འབུམ་གསར། བ་ཐུར། ཆེ་ལོ། ཕྱུག་ཚ་དང་། བྱང་པ་ཁག་གསུམ་དུ་གྲགས་པ་དག་ཡིན་པ་རེད། འབྲོག་སྡེ་ཁག་སོ་སོར་གནའ་དུས་ནས་དཔོན་མིང་ཆགས་པའི་མི་ཚང་ཆེ་བ་རེ་ཙམ་ཡོད་འདུག་ནའང་། འབྲོག་སྡེ་ཡོངས་རྫོགས་སམ། ཚོ་ཁག་སོ་སོར་སྲིད་ཕྱོགས་ནས་ཚད་དབང་ལྡན་པའི་དབང་སྒྱུར་བྱེད་མཁན་ནམ། མི་སྡེར་དཔྱ་ཁྲལ་འགེལ་དབང་ཡོད་པའི་དཔོན་པོ་སུ་ཞིག་ཀྱང་མི་འདུག །དེ་དག་ལ་དཔོན་གྱི་མཚན་གནས་ཇི་ལྟར་བྱུང་བའི་ལོ་རྒྱུས་ནི། རྫ་ཆུ་ཁའི་མི་སྡེ་ཕལ་ཆེ་བ་ནི་མདོ་ཁམས་སྡེ་དགེ་ས་སྐྱོང་པའི་མངའ་འབངས་ཡིན་འདུག་པ་དང་། དེ་ལས་བྱང་པ་ཁག་གསུམ་ཞེས་བྱ་བའི་མི་སྡེ་དག་ནི་མདོ་ཁམས་གླིང་ཚང་ས་སྐྱོང་པའི་མངའ་འབངས་ཡིན་འདུག་པ་ལྟར། དུས་སྐབས་སོ་སོའི་དགོས་དབང་མི་འདྲ་བ་དག་ལ་བརྟེན་ནས་ས་སྐྱོང་པའི་གཞུང་དེ་གཉིས་ཀྱིས་གནང་བའི་མཚན་གནས་དག་རྒྱུན་ཆགས་སུ་གནས་པ་ཡིན་འདུག དཔོན་གྱི་མཚན་གནས་ལྡན་པ་དེ་དག་གི་འགན་ལས་ནི་དུས་སྐབས་ངེས་ཅན་དུ་ས་སྐྱོང་པའི་གཞུང་གཉིས་ཀྱི་དཔོན་ཆེན་དང་། ཡང་ན་མཚན་དབང་ལྡན་པའི་བླ་ཆེན་ཁག་ཡུལ་སོ་སོར་ཕེབས་བཞུད་བྱེད་པའི་ཚེ་དཔོན་གྱི་མཚན་གནས་ལྡན་པ་རྣམས་ནས་སྣེ་ལེན་གྱི་གཙོ་བོར་བྱེད་དགོས་པ་དང་། ཡུལ་སྡེ་སོ་སོར་སྒྲོ་བུར་བའི་དགྲ་དང་ཇག་ཇོམ་སོགས་བྱུང་བ་ཡིན་ན་དཔོན་གྱི་མཚན་གནས་ཡོད་པ་དག་གིས་འཕྲལ་གྱི་གདོང་ལེན་བྱེད་པའམ། མི་སྡེའི་འགོ་སྣུད་བྱས་ཏེ་ར་མདའ་གཙོད་པའི་ཚད་དབང་ཡོད་འདུག་པ་དང་། མི་སྡེ་དང་མི་སྡེའི་བར་སྒྲོ་བུར་གྱི་རྩོད་གཞིའི་རིགས་བྱུང་ན་རྩོད་

པའི་སྡེ་ལེན་པའམ། འདུམ་ལེན་པའམ། མི་ཚོགས་ལ་བསྐུལ་བརྡ་གཏོང་བའི་བདག་དབང་ཡོད་པ་རེད། གོང་གསལ་སྡེ་དགེ་དང་གླིང་ཚང་ས་སྐྱོང་པའི་གཞུང་གཉིས་ནས་སོ་སོའི་འབྲོག་སྡེར་“ཤེ་སྡུད་པ”ཞེས་པའི་སྐུ་ཚབ་རེ་དང་། དེ་དག་གི་ལས་ཆ་པ་ཁ་ཤས་བཅས་སྟོན་ཟླ་དང་པོའི་ནང་མངགས་སྲོལ་ཡོད་འདུག་པ་དེ་དག་ལ་འབྲོག་སྡེ་སོ་སོའི་ཁྱུངས་ནས་མར་དང་། ཤ། ཕྱུད། ཕྲོ་མ་དང་། “སྤུ་ཁོག”ཅེས་པ་ལུག་གི་ཤ་ཁོག་པགས་པ་མ་བཤུས་པའི་གཟུག་ལྷུ་ལག་ཚང་བ་རེ་ཟུང་བཅས་འབུལ་དགོས་པ་རེད། དེ་ནི་“རྒྱལ་པོ་ལོ་ཁྲལ”ཞེས་པ་ཇི་ལྟར་རོང་ཡུལ་གྱི་ཞིང་པ་ཚོས་སོ་སོའི་ས་ཞིང་གི་སྟེང་དུ་འཁྲི་བའི་གཞུང་ཁྲལ་དང་སྣེར་ཁྲལ་མང་པོ་མངའ་བདག་རྣམས་ལ་འབུལ་སྤྲོད་བྱེད་དགོས་པ་ལྟར་འབྲོག་སྡེ་དེ་དག་ལ་འཁྲི་བའི་ལོ་ཁྲལ་ཞིག་ཡིན་པ་རེད། འོན་ཀྱང་འབྲོག་མི་དག་གིས་ལོ་ཁྲལ་འདི་ལ་དཔྱ་ཁྲལ་གྱི་རྣམ་པར་མི་འཛིན་ཅིང་། ལོ་ཁྲལ་གྱི་ཆེད་དུ་མར་དང་ཕྱུད་སོགས་གཙང་སྦྲ་གང་ཆེ་དང་། སྤུས་གང་ལེགས་བྱེད་སྲོལ་ཡོད་པ་རེད། གང་ལགས་ཤེ་ན། འབྲོག་ཡུལ་ནས་བྱུང་བའི་ལོ་ཁྲལ་གྱི་དངོས་པོ་དེ་དག་ནི། སྡེ་དགེ་དགོན་ཆེན་དུ་ས་སྐྱ་པ་དང་། བཀའ་བརྒྱུད་པ་དང་། རྙིང་མ་བ་བཅས་ཀྱི་དགོན་ཁག་ཉི་ཤུ་ལྷག་གི་བླ་གྲྭ་རྣམས་འདུས་ཤིང་། རྒྱལ་ཁམས་སྤྱིའི་ཞབས་རིམ་དུ་དྲུག་ཅུ་ཆེན་མོས་གཙོས་པའི་གཏོ་ཆེན་མང་དུ་རྒྱག་པ་དང་། ལོ་གསར་ཚེས་གཅིག་ནས་བཟུང་ཚེས་པ་བཅོ་ལྔའི་མཚན་གུང་མ་ཡོལ་བར་དུ་སྟོན་པ་སངས་རྒྱས་ཀྱི་ཆོ་འཕྲུལ་དུས་ཆེན་ལ་དམིགས་པའི་“འདུ་བ་ཆེན་མོ”་དཔལ་གྱི་རྡོ་རྗེའི་སྒྲུབ་ཆེན་གྱིས་གཙོས་པའི་སྒྲུབ་མཆོད་ཁག་དུ་མ་བཅས་ལོ་རེ་བཞིན་འཛུགས་སྲོལ་ཡོད་པ་དང་། དེ་མཚུངས་གླིང་ཚང་དུའང་ལོ་ཟད་དགུ་གཏོར་དང་། སྟོན་པའི་དུས་མཆོད་སོགས་འཛུགས་སྲོལ་ཡོད་འདུག་པ་དེ་དག་གི་རྐྱེན་རྩའི་གཙོ་བོ་ནི་རོང་འབྲོག་གི་མི་སྡེ་སོ་སོས་ཕུལ་བའི་ལོ་ཁྲལ་གྱི་དངོས་པོ་དག་ཡིན་འདུག་པ་དང་། འབྲོག་མི་དག་གིས་ལྷག་བསམ་རྣམ་དག་གིས་ཕུལ་བའི་ལོ་ཁྲལ་གྱི་དངོས་པོ་རྣམས་ཀྱང་དེར་སྦྱིན་གྱི་ཡོད་པ་རེད།

རྫ་ཆུ་ཁའི་ཡུལ་ཕལ་ཆེ་བ་ནི་ན་ཐང་ལ་ན་རྩྭས་ཕྱུར་བུར་ཁེངས་པ་དང་། བར་མཚམས་རྣམས་སུ་སྤང་རི་དང་སྤང་ཐང་གི་ངོགས་སུ་རྩྭ་དང་། རྩི་ཐོག་སོགས་ས་

མཐོའི་མེ་ཏོག་དུ་མས་ཁེངས་པ། ཡུལ་གྱི་བཀོད་པ་ཧ་ཅང་མཛེས་ཤིང་། མཐོང་བ་ཙམ་གྱིས་ཡིད་ལ་ཞི་བདེ་དབང་མེད་དུ་སྐྱེ་བ་ཤ་སྟག་ཏུ་སྣང་ངོ་།། ཡུལ་དེ་དག་ཏུ་གནས་པའི་འབྲོག་མི་རྣམས་ཀྱང་བདེན་པའི་དོན་ལ་བློ་གཏད་ཆེ་ཞིང་། གཡོ་སྒྱུ་དང་བཅོས་མའི་དྲི་མས་མ་གོས་པ། རང་གཤིས་བཟང་ཞིང་འདྲིས་ཐག་རིང་བ། ལྷ་ཆོས་ལ་དད་པ་དང་མོས་གུས་ཆེ་ཞིང་། མི་ཆོས་ལ་ཞེ་ཉུས་ཆེ་ཞིང་དགྲ་འགོ་རྐོད་པོ་ཤ་སྟག་ཏུ་སྣང་ངོ་། །

ཛ་ཆུ་ཁའི་ཡུལ་དེ་དག་ཏུ་གླིང་གི་སྒྲུང་ལས་གསལ་བའི་ས་མིང་དང་རི་མིང་མང་དུ་ཡོད་འདུག་པ་དང་། སྐབས་རེར་གླིང་གི་དཔའ་ཐུལ་དག་གི་འཐབ་རའི་ཤུལ་ཡིན་པར་གྲགས་པའི་རྡོ་རྗེགས་ཆེན་པོ་ཁ་ཤས་དང་། གླིང་དང་ཧོར་འཐབ་དུས་ཀྱི་གླིང་གི་སྐར་མལ་ཡིན་པར་གྲགས་པ་ཐང་གི་བཀོད་པ་སྤྱི་ཆེན་གྱི་ར་བས་བསྐོར་བ་ལྟ་བུ་དང་། ལྷག་པར་དུ་གླིང་གེ་སར་གྱི་སྒྲུང་ཧ་རྒྱུག་ལས"ལྷ་དིལ་མགོ་ནས་ལྷ་བསང་བཏང་། ཀླུ་དིལ་མགོ་ནས་མ་སྲུ་མོ་སྨན་རྣམས་ཀྱིས་ལྷུད་མོ་བལྟས།" ཞེས་བྱ་བའི་ལྷ་དིལ་དང་ཀླུ་དིལ་དུ་གྲགས་པ་དག་ཀྱང་མངོན་སུམ་དུ་ཡོད་འདུག་པར་མ་ཟད་འབྲོག་མི་དག་གིས་ཀྱང་མིང་དེ་སྐད་དུ་ཟེར་ཞིང་ལོ་རྒྱུས་དེ་རང་དུ་ཤོད་སྲོལ་ཡོད་འདུག་གོ།

གསེར་ཐར་ཡུལ་སྡེ།

གསེར་ཐར་ནི་རྫ་ཆུ་ཁའི་ཤར་མཐའ་དང་། ཨ་མྱེ་རྨ་ཆེན་གྱི་ལྷོ་ནུབ་ཏུ་ཡོད་ཅིང་། དེ་ཡང་ཨ་མྱེ་རྨ་ཆེན་གྱི་མཐའ་སྐོར་དུ་ཆགས་པའི་ཡུལ་སྡེའི་མིང་ལ་“མགོ་ལོག”ཅེས་སུ་གྲགས་པ་ལྟར་གསེར་ཐར་ནི་མགོ་ལོག་གི་ནང་ཚན་འབྲོག་ཡུལ་བཙན་ཐོས་ཤིག་ཡིན་པ་རེད།

གསེར་ཐར་ནི་ལོ་གྲངས་བརྒྱ་ཕྲག་མང་པོའི་རིང་ལ་སུས་ཀྱང་སྲིད་ཀྱི་དབང་ཡུལ་དུ་བྱེད་མ་ནུས་ཤིང་། ཡུལ་དེ་ནི་གངས་རི་དང་རྫ་བྲག་མང་པོས་བར་དུ་ཆོད་པའི་ས་བཙན་དུ་འབྲོག་མི་རྣམས་རང་ཁ་རང་འཚོའི་ཐོག་ཁྲུ་སེམ་དུ་གནས་པའི་མི་སྡེ་ཞིག་རེད།

གསེར་ཐའི་མི་སྡེ་ནི་ནང་ཚན་དུ་དབྱེ་ན་ཚོ་ཁག་ཆེ་ཆུང་བཅོ་བརྒྱད་དུ་ཡོད་པར་གྲགས་ཤིང་། དེ་དག་ནི་“གསེར་གྱི་འབྲོང་རི་སྨུག་པོ”ཞེས་བྱ་བ་དཔལ་ལེགས་ལྡན་ཚོགས་ཀྱི་བདག་པོའི་བླ་རི་ཡིན་པར་གྲགས་པའི་རི་བོ་ཆུང་ལ་མཛེས་བརྗིད་ཆེ་བ་ཞིག་ཡོད་འདུག་པ་དེའི་ཉེ་སྐོར་གྱི་སྤང་ཐང་དང་། རི་ལུང་རྣམས་སུ་ཆགས་ཡོད་པ་རེད། གནས་རི་ཆེན་པོ་དེ་དང་ཉེ་བའི་སར་གསེར་ཐའི་ཡུལ་གྱི་དགོན“ཕ་ཤུལ”ཞེས་པ་མགོན་པོ་ཚོགས་བདག་གི་སྤྲུལ་པའི་གདུང་རྒྱུད་ཡིན་པར་གྲགས་པ་དེ་གསེར་ཐའི་ཡུལ་སྡེའི་མཆོད་གནས་སམ་རྒན་པོའི་ཚུལ་དུ་ཡོད་འདུག གསེར་ཐའི་མི་སྡེ་ཐམས་ཅད་དགོན་དེའི་མངའ་འོག་ཏུ་ཚུད་པ་དང་། མི་སྡེ་དག་གིས་ཀྱང་དགོན་ལ་རྗེས་ཐང་ཤིན་ཏུ་ཆེ་བར་བྱེད་འདུག་ནའང་། དགོན་གྱི་གོ་གནས་སུ་རང་ཉིད་ཀྱི་མངའ་འབངས་ལ་ཐད་ཀར་བཀའ་བཀོད་གནང་བ་དང་། དཔྱ་ཁྲལ་འགེལ་བ་དང་། ནག་ཉེས་ཅན་དག་ལ་བཀའ་ཁྲིམས་གཏོང་བ་ལ་སོགས་པ་ཡུལ་གཞན་དག་གི་དཔོན་པོ་དག་གི་ཚོད་དབང་ལྟ་བུ་གང་ཡང་མི་འདུག དེ་ཡང་གསེར་ཐའི་མི་སྡེས་དགོན་ལ་རྗེས་ཐང་ཞན་

པའི་རྒྱུ་མཚན་གྱིས་དཔོན་ལ་དཔོན་གྱི་ཚད་དབང་མེད་པ་ཞིག་མ་རེད། དེ་ནི་གསེར་ཐའི་མི་སྡེས་གནའ་ནས་ད་ལྟའི་བར་དུ་དཔྱ་ཁྲལ་གྱི་ལམ་སྲོལ་རྩ་བ་ནས་ངོ་མི་ཤེས་ཤིང་། འབྲོག་མི་རེ་རེ་བཞིན་རང་དབང་བཙན་མ་མ་ཡིན་པ་རེ་ལ་རྒྱུན་རིང་དུ་གོམས་འདྲིས་ཕྱིན་པར་བརྟེན་མི་སྡེའི་གཞི་རྩའི་གནས་ཚུལ་ཡུལ་གཞན་དག་ལས་ཆེས་ཐ་དད་པར་སྣང་ངོ་། །

ཞ་བྲུལ་གྱི་གདུང་རྒྱུད་ཐོག་མར་ཇི་ལྟར་བྱུང་བའི་སྐོར་ཁོ་བོས་ངེས་ཤེས་ཐུབ་པ་མ་བྱུང་ནའང་། གསེར་ཐའི་ཡུལ་སྡེའི་དཔོན་གྱི་མཚན་དབང་གཙོ་བོ་ནི་"དཔོན་བླ"ཞེས་བྱ་བ་དེའི་དུས་སུ་བྱུང་ཡོད་པར་སྣང་ཞིང་། དཔོན་བླ་ནི་གསང་སྔགས་སྔ་འགྱུར་རྫོགས་ཆེན་པའི་རྣལ་འབྱོར་རྫུ་འཕྲུལ་དང་ལྡན་པ་ཞིག་ཡིན་པ་དང་། དེར་མ་ཟད་དཔལ་ལེགས་ལྡན་ཚོགས་ཀྱི་བདག་པོའི་སྤྲུལ་པའི་གཏེར་སྟོན་ཞིག་ཡིན་པའི་ལོ་རྒྱུས་མང་དུ་སྣང་བ་དང་། ཁོང་གིས་མགོན་པོའི་བླ་རི་ནས་གཏེར་དུ་བཞེས་པ་མགོན་པོ་ཚོགས་བདག་གི་བེར་ནག་ངོ་མཚར་དང་ལྡན་པ་ཞིག་དེང་དུས་ཀྱང་ཞ་བྲུལ་གྱི་ནང་རྟེན་དུ་ཡོད་འདུག་ཅིང་། ཡུལ་མི་དག་གིས་བརྗོད་གསལ་དུ། "ཕྱི་ཡུལ་གྱི་དགྲ་དག་གིས་གསེར་ཐར་ལ་ཚུར་འགེལ་གཏན་ནས་བྱེད་ཐུབ་ཀྱི་མ་རེད། གལ་ཏེ་གསེར་ཐར་ལ་དགྲ་ཚུར་འགེལ་ཞིག་བྱུང་ན། ང་ཚོས་མགོན་པོ་ཚོགས་བདག་ལ་འཕྲིན་བཅོལ་ཞུ་ཞིང་མགོན་པོའི་བེར་ནག་དགྲ་ཕྱོགས་སུ་གཡབ་པས་དགྲ་ཐམས་ཅད་བཟློག་ཐུབ་ཀྱི་རེད། སྔོན་ཟེ་ལིང་གི་དམག་སྔོན་རྗེས་གཉིས་དང་སི་ཁྲོན་གྱི་དམག་ཐེངས་གཅིག་བཅས་ཚུར་འགེལ་བྱུང་བའི་ཚེ་ང་ཚོས་ལེགས་ལྡན་ལ་འཕྲིན་བཅོལ་ཞུས་ཤིང་མགོན་པོའི་བེར་ནག་གཡབས་ནས་བཟློག་པ་རེད།"ཅེས་ཟེར་སྲོལ་འདུག་ཅིང་། ཟེར་བ་ཙམ་དུ་མ་ཟད་ཡུལ་མི་དག་གིས་དོན་དེ་ལ་སྙིང་ཐག་པ་ནས་ཡིད་ཆེས་བྱེད་ཀྱི་ཡོད་འདུག དཔོན་བླའི་གདུས་སྲས་ཀརྨ་རྡོ་རྗེ་དང་། དེའི་སྲས་སྐལ་བཟང་མགོན་ཡིན་འདུག་ཅིང་། ཁོང་ནི་མཐོང་ཡུལ་དུ་འབྲོག་མི་དཀྱུས་མ་ལྟ་བུ་ཞིག་ལས་ཆོས་དང་འཇིག་རྟེན་གཉིས་ཕྱོགས་ཀྱི་སྤྱོད་ཚུལ་མི་འདྲ་བ་གང་ཡང་མི་འདུག གསེར་མི་དག་གིས་ནམ་རྒྱུན་དུ་དཔོན་གྱི་ཕྱག་དབང་ལེན་པ་དང་། བྱ་བ་བཟང་ངན་གང་འབྱུང་གི་ཕྱྭ་མོ་ཞུ་བ་དང་། གཞན་ཡང་གསོན་པོའི་སྐྱབས་འཇུག་དང་། གཤིན་པོའི་བསྔོ་བ་སོགས་དང་

གུས་ཞུ་ཡུལ་བྱིན་རླབས་ཅན་གྱི་བླ་མ་བཟང་པོ་ཞིག་ལྟར་བརྩི་བཀུར་བྱེད་ཀྱི་ཡོད་པ་རེད།

ཡུལ་དེར་མི་སེར་ཧ་ཅང་ཉམ་ཐག་བཟའ་བཏུང་གྱོན་གོས་ཀྱིས་ཕོངས་པ་དང་། སྡོང་མོ་བྱེད་མཁན་ནི་གཏན་ནས་མ་མཐོང་ཞིང་། ཆོད་མེད་པའི་སྙེར་པ་ཆེན་པོའང་མཐོང་དུ་མི་འདུག ཕྱུག་དབུལ་འབྲིང་ཙམ་གྱི་མི་ཚང་ཞིག་ལ་ཆ་མཚོན་པ་ཡིན་ན། སྒོ་ནོར་དུ་ལུག་ལྔ་བརྒྱ་ནས་སྟོང་ཕྲག་རེ་ཙམ་དང་། འབྲི་གཡག་སུམ་བརྒྱ་ནས་བདུན་བརྒྱའི་བར་ཙམ་དང་། རྟ་དྲེལ་སུམ་ཅུ་ནས་བདུན་ཅུའི་བར་ཙམ་རེ་ཡོད་འདུག་ཅིང་། དེ་ནི་མི་སྡེ་མང་ཆེའི་གནས་ཚུལ་གྱི་དབང་དུ་བྱས་པ་ཡིན་ཞིང་། གོང་གསལ་གྱི་གྲངས་ཚད་དེ་ལས་མང་བའམ། ཡང་ན་དེ་ལས་ཉུང་བའི་མི་ཚང་ཡང་མང་དུ་ཡོད་པ་རེད།

ཡུལ་དེ་དག་ཏུ་དཔོན་པོའི་བཀའ་དྲག་པོ་འགྲོ་ཡུལ་གཏན་ནས་མེད་ནའང་། འབྲོག་མི་རང་རིགས་ཀྱི་ཆོས་བརྒྱུད་སྐྱོང་བའི་བླ་མ་དག་གིས་ཆོས་མཐུན་གྱི་བཀའ་གང་གནང་བ་ནི་ནམ་ཡང་འགལ་དུ་འཇུག་སྲོལ་མི་འདུག་ཅིང་། དེར་མ་ཟད་འབྲོག་མི་དག་གིས་ནམ་རྒྱུན་དུ་བན་དེའི་རིགས་ཚང་མ་ལ་བརྩི་གུས་ཧ་ཅང་ཆེན་པོར་བྱེད་ཀྱི་ཡོད་འདུག་པ་དཔེར་ན། བན་དེ་གྲྭ་ཆས་གྱོན་པ་ཞིག་དང་འབྲོག་མི་རྟ་ཞོན་པ་ཁ་ཤས་བཅས་ལམ་ཁར་འཕྲད་པ་ཡིན་ན། འབྲོག་མི་དེ་དག་གིས་བན་དེ་བཟང་ངན་དང་རྒན་གཞོན་སོགས་ལ་མ་ལྟོས་པར་གུས་པའི་རྟགས་སུ་ཞྭ་མོ་འཕུད་དེ་འགྲོ་བ་དང་། གལ་ཏེ་འབྲོག་མི་དེ་དག་ལ་ཆ་རྒྱུས་ཡོད་པའི་བན་དེ་རྒན་རིམ་ཞིག་ཡིན་པར་མཐོང་ན་འབྲོག་མི་དེ་དག་རྟ་ལས་བབས་ཤིང་ཞྭ་ཕུད་ཕུལ་ནས་འགྲོ་བ་དང་། གལ་ཏེ་བླ་མ་སྤྲུལ་པའི་སྐུའམ་མཁན་པོ་སོགས་ན་བཟའ་སེར་པོ་བཞེས་པ་དང་། ཡང་ན་ཆིབས་ལ་བཞུགས་ཡོད་པ་ཞིག་འབྱོན་པར་མཐོང་ན། འབྲོག་མི་དག་ནི་དེ་མ་ཐག་ཏུ་རྟ་ལས་བབས་ཤིང་གོས་ཀྱི་ཕུ་དུང་ཕྲག་གོང་དུ་ལེན་པ་དང་། མགོ་ནས་ཞྭ་མོ་ཕུད་ཅིང་། རྒྱབ་ནས་མེ་མདའ་སྟོན་དུ་ལེན་ཞིང་ཞྭ་མོ་དེ་མེ་མདའི་ཁར་བཀལ་བ་དང་། སྐེད་ནས་གྲི་རིང་ཤུབས་དང་བཅས་པ་བཏོན་ཏེ་གྲི་དང་མེ་མདའ་ལྷན་དུ་ལག་གཡོན་པའི་ནང་དུ་འཛུད་ཅིང་ཕྱག་དབང་ལེན་སྲོལ་ཡོད་པ་རེད།

བྱང་འབྲོག་གི་མི་སྡེ་དེ་དག་ལ་རྟོབ་ཏུ་བལྟས་པ་ཡིན་ན་ཧ་ཅང་གླེན་པ་དང་རང་

གཤིས་སྒྱིང་པོ་ལྟ་བུ་ཞིག་མཐོང་གི་འདུག གང་ལགས་ཤེ་ན། དེ་དག་གིས་མིས་བཅོས་པའི་སྒྲིག་ལམ་དང་བཀའ་ཁྲིམས་ཀྱི་རིགས་གང་ཡང་ཁུར་མ་མྱོང་བ་དང་། དེ་དག་ལ་ཁྲིམས་སྲོལ་དང་མཐུན་པའི་སློབ་སྦྱོང་གང་ཡང་མེད་པར་བརྟེན་མ་བཅོས་རྣལ་མའི་མི་སྤྱོད་ལས་གཞན་པ་མཐོང་དུ་མེད་པ་རེད། འོན་ཀྱང་ང་ཚོས་ཤོད་ཚོག་པ་ཞིག་ལ། འབྲོག་མི་དེ་དག་གི་རང་གཤིས་དངོས་མ་ནི་མཐོང་སྣང་གི་གླིན་པ་ལྟ་བུ་དེ་ལས་ཆེས་ཐ་དད་པ་ཡིན་ཏེ། དེ་དག་ནི་བསམ་པ་བཟང་ཞིང་བློ་ཕོག་དྲང་བ་དང་། བྱ་བ་ཆེ་ཕྲ་མཐའ་དག་བདེན་པའི་དོན་ལ་བརྟེན་ནས་སྒྲུབ་ཀྱི་ཡོད་པ་རེད། འབྲོག་མི་གྲོགས་པོར་གྱུར་པ་དག་ནི་རྟག་པར་སྙིང་ཐག་པ་ནས་ཡིད་བརྟན་བྱེད་ཚོག་པ་ཤ་སྟག་ཡོད་འདུག་ཅིང་། དེ་དག་གིས་གྲོགས་པོ་ཕན་ཚུན་བར་དང་། མི་སྡེའི་ནང་ཕན་ཚུན་བཅས་པར་གཡོ་སྒྱུ་དང་། མགོ་སྐོར། བསླུ་བྲིད་སོགས་མདོར་ན་མི་དྲང་བའི་བྱ་སྤྱོད་ངན་པའི་རིགས་མངོན་ལྐོག་གཉིས་ཆ་ནས་བྱེད་སྲོལ་མེད་པ་རེད། འབྲོག་མིའི་རང་གཤིས་ནི་ཐོག་མར་འདྲིས་པར་དཀའ་ཞིང་། འདྲིས་ཟིན་པའི་རྗེས་སུ་ཡིད་བརྟན་ཐུབ་ཅིང་འདྲིས་ཐག་རིང་བ་དང་། འབྲོག་མི་དག་གིས་དགོས་པ་བྱུང་ན་རང་རང་གི་གྲོགས་པོའི་དོན་དུ་སྲོག་ལུས་ལོངས་སྤྱོད་ཚང་མ་གཏང་བ་ལའང་འཛེམས་སྣང་མེད་ཅིང་ཕན་ཚུན་གཅིག་ཕན་གཅིག་གྲོགས་བྱེད་སྲོལ་ཡོད་པ་རེད།

དེ་ལྟར་འབྲོག་མི་དག་ནི་མ་བཅོས་རྣལ་མའི་སྤྱོད་ལམ་རྒྱུན་ཆགས་པ་དེ་ལ་བརྟེན་ནས་གནའ་ནས་ད་ལྟའི་བར་དུ་མི་སྡེའི་ཚོ་ཟིན་པ་དང་། ཡུལ་གཞན་གྱི་རོགས་རམ་ལ་མ་ལྟོས་པར་རང་རང་གི་འཚོ་བ་བདེ་སྐྱིད་དང་ལྡན་པར་སྐྱེལ་ཐུབ་པ་རེད། གོང་གསལ་གྱི་གནས་ཚུལ་དེ་དག་ནི་ཁམས་བྱང་རྒྱུད་ཀྱི་འབྲོག་མི་ཕལ་ཆེར་འདྲ་བར་སྣང་ཞིང་། འཆད་འགྱུར་གྱི་ལེ་ཚན་དག་ཀྱང་ཁམས་བྱང་རྒྱུད་ཀྱི་འབྲོག་སྡེ་ཁག་གནས་ཚུལ་འདྲ་བར་སྣང་བས་འབྲོག་ཡུལ་སྤྱིར་བཏང་གི་སྒོ་ནས་འཆད་པར་བྱའོ།།

འབྲོག་པའི་མནའ་གྲོགས།

སྤྱིར་བཏང་འབྲོག་མི་རྣམས་འདྲིས་ཟིན་པའི་རྗེས་སུ་ཡིད་བརྟན་ཆོག་པའི་གྲོགས་པོར་འགྱུར་བ་ནི་འབྲོག་མིའི་ཁྱད་ཆོས་ཐུན་མོང་མ་ཡིན་པ་ཞིག་རེད། འོན་ཀྱང་འབྲོག་མིའི་གྲོགས་པོ་ཞེས་པ་དེ་ཕན་ཚུན་ངོ་ཤེས་པའམ་ཡུན་དུ་འདྲིས་པ་ཙམ་གྱིས་མི་ཆོག་ཅིང་། འབྲོག་མི་དག་གིས“མནའ་འཛོག”ཅེས་བྱ་བའི་གྲོགས་པོ་ཐུན་མོང་མ་ཡིན་པ་ཞིག་བྱེད་སྲོལ་ཡོད་པ་རེད། དེ་ཡང་མི་སྡེ་དང་མི་སྡེའི་བར་གྱི་མནའ་འཛོག་གལ་ཆེའི་རིགས་བྱེད་དགོས་པའི་ཚེ། “ཀོ་དམར་ཁྲག་བཟིས”ཞེས་བྱ་བའི་མནའ་འཛོག་སྲོལ་ཡོད་འདུག་ཅིང་། དེའི་སྤྱོད་ཚུལ་ནི། ཡུལ་སྡེའམ་ཤོག་ཁག་ཕན་ཚུན་གྱི་རྒན་པོ་རྣམས་གནས་ཤིག་ཏུ་ལྷན་དུ་འདུས་ཤིང་། གཡག་གི་ཀོ་བ་རློན་པ་ཁྲག་དམར་དང་བཅས་པ་ཞིག་ཐང་མར་བརྡལ་བའི་སྟེང་དུ་རྒན་པོ་ཟི་ཙམ་ཡོད་པ་དེ་ཐམས་ཅད་ཀྱིས་རྐང་པ་རྗེན་པས་མཉམ་དུ་བཟི་ཞིང་། ལག་གཡས་ཀྱི་མཛུབ་མོ་རྣམས་ལྕགས་ཀྱུ་ལྟར་བཀུག་པ་ཕན་ཚུན་བསྒོལ་ནས་སྐབས་ཀྱི་བརྗོད་བྱའི་དོན་གང་ཡིན་གསལ་པོར་སྨྲས་རྗེས“ཟི་སྲིད་གནམ་མ་འཇིག ས་མ་སྟོང་གི་བར་དུ་མི་འགལ”ཞེས་རྒན་པོ་རེ་རེ་བཞིན་བརྗོད་ཅིང་། ཡུལ་སྡེ་སོ་སོའི་ཡུལ་ལྷ་གཞི་བདག་རྣམས་དཔང་དུ་འཛུགས་སྲོལ་ཡོད་པ་རེད། མནའ་དེ་ནི་ཏ་ཅང་ཚབས་ཆེར་བརྩི་ཞིང་། མནའ་དེ་བཞག་ཟིན་པའི་རྗེས་སུ་མནའ་ཕོངས་སུ་གཏོགས་པའི་མི་སུས་ཀྱང་འགལ་བར་མི་བྱ་ཞིང་། གལ་ཏེ་མི་ཞིག་གིས་འགལ་བ་བྱས་པ་ཡིན་ན། འགལ་བ་བྱེད་མཁན་གྱི་མི་དེའི་ནང་དང་། དེའི་ཤོག་ཁག་བཅས་ལ་ཡུལ་གྱི་གཞི་བདག་གིས་མི་ཤེས་པའི་བཀའ་ཆད་གཏོང་བའི་ཡིད་ཆེས་བྱེད་པ་དང་། དེར་མ་ཟད་འགལ་བ་བྱེད་མཁན་དེ་ནི་ཤོག་ཁག་ཕན་ཚུན་ཚང་མའི་སྤྱི་དགྲར་འགྱུར་བ་ཡིན་འདུག །

འབྲོག་མི་རེ་རེ་བཞིན་ཕན་ཚུན་མནའ་འཛོག་པའི་ཚེ། “མཛུབ་མོ་བཀུག”

ཅེས་བྱ་བའི་མཐའ་འཛོག་ཅིང་། དེ་ཡང་གྲོགས་པོ་སྒྲིག་མཁན་ཕན་ཚུན་གཉིས་ཀྱི་ལག་གཡས་པའི་མཛུབ་མོ་གཉིས་ལྕགས་ཀྱུ་ལྟར་བཀུག་པ་བསྣོལ་ནས་དགོས་བྱའི་དོན་གང་ཡིན་བརྗོད་རེས་བྱེད་པ་དེ་ཙམ་གྱིས་འགྲུབ་ཀྱི་ཡོད་པ་རེད། མཐའ་འཛོག་པའི་དགོས་གནས་གལ་ཆེ་ཆུང་དང་། གཞི་རྩའི་གནས་ཚུལ་མི་འདྲ་བ་མང་དུ་འབྱུང་སྲིད་ཀྱང་། དོན་དུ་དེ་ལྟ་བུའི་མཐའ་བཞག་ཟིན་པ་ནས་བཟུང་མཐའ་གྲོགས་ཕན་ཚུན་རྣམས་ལ་སྐྱིད་སྡུག་ལེགས་ཉེས་ཇི་ལྟར་བྱུང་ནའང་“སྐྱིད་མཉམ་གསོག སྡུག་མཉམ་འཁུར” ཞེས་པའི་ངག་སྒྲོས་ཡོད་པ་ལྟར་སྙིང་ཐག་པ་ནས་གཅིག་ཕན་གཅིག་གྲོགས་བྱེད་སྲོལ་ཡོད་པ་རེད། དེ་ལྟ་བུའི་མཐའ་འཛོག་གི་བྱ་བ་དེ་བྱེད་སྐབས་མཐོང་ཡང་མཐའ་རྒྱབ་བསྐྱུང་བ་ལ་ཧ་ཅང་ཁག་པོ་ཡོད་འདུག གང་ལགས་ཤེ་ན། འབྲོག་མི་དག་གིས་མཐའ་ནི་འཇིག་རྟེན་ན་ཆེས་ཚབས་ཆེ་བའི་བྱ་བ་ཞིག་ཏུ་བརྩི་ཞིང་། སུ་ཞིག་མཐའ་ལས་འགལ་བ་དེ་ནི་འཇིག་རྟེན་གྱི་ཁྲིལ་དང་བྲལ་བས་སྐྱེ་བོ་ཡ་རབས་ཀྱི་གྲལ་ནས་ཐོན་པ་དང་། མ་ཟད་ལྷ་དང་ཡུལ་ལྷ་རྣམས་ཀྱང་དེ་ལ་ཐུགས་ཁྲེལ་བས་ཚེ་འདི་དང་འཇིག་རྟེན་ཕྱི་མ་གཉིས་ཆར་མི་འདོད་པའི་སྡུག་བསྔལ་དུ་མ་འབྱུང་བའི་ཡིད་ཆེས་བྱེད་ཅིང་། དེར་བརྟེན་མཐའ་ནི་རང་རང་གི་སྲོག་དང་ཐུག་ནའང་འགལ་དུ་འཇུག་སྲོལ་མེད་པ་རེད། འབྲོག་མི་རེ་རེ་བཞིན་ཡུལ་སོ་སོའི་ནང་དུ“མཐའ་ཡ”ཞེས་བྱ་བའི་གྲོགས་པོ་མང་དུ་ཡོད་འདུག་ཅིང་། མཐའ་ཡ་ཕན་ཚུན་གཉིས་ཙམ་དུ་མ་ཟད་དེ་གཉིས་ཀྱི་ཉེ་ཚན་དང་མཐའ་གྲོགས་གཞན་དག་བཅས་ནས་ཀྱང་མཐའ་གྲོགས་སུ་བརྩི་ཞིང་རོགས་རེས་བྱེད་སྲོལ་ཡོད་པ་རེད། དཔེར་ན་འབྲོག་མི་ཞིག་ལ་ཡུལ་གཞན་གྱི་མི་སྡེས་གནོད་འཚེ་བྱས་པ་ཡིན་ན། མི་དེའི་མཐའ་ཡ་རྣམས་ཀྱིས་གནོད་ལན་གཞལ་བ་དང་། གལ་ཏེ་མི་དེ་ལ་ཁ་མཆུ་འམ་ཡང་ན་མི་སྟོང་འཇལ་དགོས་པ་སོགས་ཀྱི་དཀའ་ངལ་གང་རུང་ཞིག་བྱུང་བ་ཡིན་ན། མི་དེའི་མཐའ་ཡ་ཇི་ཙམ་ཡོད་པ་ཐུན་མོང་ནས་འཁུར་ལེན་བྱེད་པ་དང་། ཡང་ན་འབྲོག་མི་ཞིག་ལ་ཕྱུགས་ནད་བྱུང་བའི་རྐྱེན་གྱིས་འཚོ་རྟེན་བྲལ་བའི་དཀའ་ངལ་ཞིག་བྱུང་བ་ཡིན་ན། མི་དེའི་མཐའ་ཡ་ཐམས་ཅད་ཀྱིས་རང་འཁོས་དང་བསྟུན་པའི་ཕྱུགས་བསྡུ་གསོག་གིས་འཚོ་རྟེན་གསར་བཅོས་བྱེད་ཀྱི་ཡོད་པ་རེད། དེ་ལྟ་ན་འབྲོག་ཡུལ་གྱི་མཐའ་གྲོགས་ནི་ཕན་ཐོགས་ཤིན་ཏུ་ཆེ་ཞིང་།

སུ་ཞིག་འགྲོག་ཡུལ་དེ་དག་ཏུ་མི་ཚེ་བསྐྱལ་བ་ལ་མེད་དུ་མི་རུང་བ་ཞིག་ཡིན་འདུག་པར་མ་ཟད་སུ་ཞིག་འགྲོག་ཡུལ་དེ་དག་ཏུ་འགྲུལ་བཞུད་བྱེད་པ་ལའང་དགོས་གནད་ཧ་ཅང་ཆེ་བར་སྣང་ངོ་།།

འབྲོག་པའི་ཏིས་རྟོད།

འབྲོག་མི་རྣམས་ནི་རང་གཤིས་བཟང་ཞིང་འདྲིས་ཐག་རིང་བ་སོགས་རང་བཞིན་གྱི་ཡོན་ཏན་དུ་མ་དང་ལྡན་པ་ཞིག་རེད། འོན་ཀྱང་འབྲོག་མི་ཞིག་སུ་ཞིག་གི་དགྲར་གྱུར་པ་ཡིན་ན་ཉེན་ཚབས་ཧ་ཅང་ཆེ་བ་ཞིག་ཀྱང་ཡིན་པ་རེད། མི་སུ་ཡང་རུང་བ་ཞིག་གམ་ཕྱོགས་ཁག་གང་ཡང་རུང་བ་ཞིག་གིས་འབྲོག་མི་གཅིག་གམ་མི་སྡེའི་ཨོག་ཁག་གང་རུང་ཞིག་ལ་འཁོན་རྟོད་ཀྱི་གཞི་ཆེ་ཕྲ་ཅི་ཡང་རུང་བ་ཞིག་ཨོར་བ་ཡིན་ན། དེ་མ་ཐག་ཏུ་རང་ངོས་ནས་དྲང་ཞིང་འོས་པའི་འདུམ་ལེན་དགོས་པ་ནི་ཧ་ཅང་གལ་ཆེན་པོ་ཞིག་རེད། གལ་ཏེ་རྟོད་གཞི་དེ་སྙང་ཆུང་དུ་བཞག་པ་ཡིན་ན། "ཏིས་རྟོད" ཅེས་བྱ་བ་འབྲོག་པའི་འཁོན་རྟོད་ཚབས་ཆེན་པོ་ཞིག་ཏུ་འགྱུར་ཉེན་ཡོད་པ་རེད།

དེ་ཡང་དཔེར་ན་འབྲོག་མི་སུ་ཡང་རུང་བ་ཞིག་ལ་ཡུལ་དེའམ། ཡུལ་ཐ་དད་པའི་མི་གཅིག་གམ་མི་སྡེའི་འོག་ཁག་གང་ཡང་རུང་བ་ཞིག་གིས་མཚོར་ས་དང་། རྒྱུ་ནོར་དང་། གཉེན་སྒྲིག་གོ་ལོག་སོགས་ཀྱི་རྟོད་གཞི་ཆེ་ཕྲ་ཅི་རིགས་ལ་བརྟེན་ནས་ཕན་ཚུན་འཁོན་འཁྲུས་བསགས་པ་དང་། ཕྱོགས་ཕན་ཚུན་གཉིས་ཀས་འགལ་གཞི་དེ་དག་རང་གནོངས་སུ་ངོ་མ་བླངས་པ་ཡིན་ན། འཁོན་གཞི་གང་ལ་བྱུང་བའི་མི་དེའི་ནང་མི་དང་། མི་དེའི་ཉེ་ཚན་རྣམས་དང་། མི་དེ་དང་དེ་ཉེ་ཚན་གྱི་མནའ་ཡ་ཚང་མ་ཕྱོགས་བསྒྲིལ་ཏེ་ཨོག་ཁག་གཅིག་ཏུ་གྱུར་ཤིང་། ཨོག་ཁག་དེས་རྩ་བའི་རྟོད་གཞིའི་ཐོག་ཏུ་རྒྱལ་ཁ་འཐོབ་པའི་ཆེད་དུ་འཐབ་འཛིངས་མི་རབས་ནས་མི་རབས་ཀྱི་བར་དུ་བྱེད་སྲོལ་ཡོད་པ་རེད། ཕྱིར་བཏང་གི་ཏིས་རྟོད་ཡུན་རིང་དུ་ལུས་ཤིང་འཕེལ་རྒྱས་སུ་ཕྱིན་པ་ལ་བརྟེན་ནས་ཆེས་ཉེན་ཁ་ཆེ་བའི་"མི་ཤ"ཞེས་བྱ་བའི་རྟོད་གཞི་འབྱུང་བ་སྟེ། དེ་ཡང་དཔེར་ན་ཏིས་རྟོད་ཀྱི་ནང་དུ་རྟོད་མཁན་གང་རུང་ཞིག་གིས་མི་ཞིག་བསད་པ་ཡིན་ན། གསད་བྱའི་ཨོག་ཁག་དེས་གསོད་མཁན་ལག་དམར་དེ་བསད་མ་ཐུབ་པའི་བར་དུ་འགྲིག་ཐབས་གཞན་མེད་ཅིང་། དེ་ལྟར་རེས་འཁོར་གྱིས་མི་རབས་ཧ་ཅང་མང་པོའི་

རིང་ལའང་རྗོགས་སུ་མེད་པའི་མི་ཤའི་རྩོད་གཞི་ཚབས་ཆེན་པོ་དག་འབྱུང་གི་ཡོད་པ་རེད། མི་སྡེའི་ལྡན་སྐྱེས་ཀྱི་ལྟ་བ་ལའང་། གལ་ཏེ་དགྲ་ཞིག་གིས་མི་ཚང་ཞིག་གི་ཕ་བསད་པ་ཡིན་ན། དེའི་བུས་ཕ་གསོད་ལག་དམར་དེ་བསད་ཐུབ་དགོས་པ་ནི་བུ་རང་གི་ལས་འགན་གྱི་གཙོ་བོར་ཆགས་པ་དང་། གལ་ཏེ་ཤུལ་དུ་བུ་མེད་པའི་མི་ཞིག་བསད་པ་ཡིན་ན། མི་དེའི་མནའ་ཡ་དག་གིས་ལག་དམར་ལས་སྲོག་ལེན་འཐབ་ཐུབ་དགོས་པ་དེ་མནའ་ཡའི་ལས་འགན་ཞིག་ཏུ་ཆགས་པ་དང་། གལ་ཏེ་བུའམ་མནའ་ཡ་དེ་དག་གིས་ཤ་ལེན་འཐབ་མ་ཐུབ་ན། མི་དེ་དག་ནི་ཡུལ་གྱི་མི་ཚང་མས་བརྙས་པ་དང་ཧ་ཅང་སྨད་པར་བྱ་བའི་གནས་སུ་འགྱུར་གྱི་ཡོད་པ་རེད། འབྲོག་ཡུལ་རྣམས་སུ་ལོ་གྲངས་བརྒྱ་ལྷག་གི་དུས་ནས་བྱུང་བའི་ཏྲིས་རྩོད་རིམ་བཞིན་དར་རྒྱས་སུ་ཕྱིན་པ་ད་ལྟའི་དུས་སུ་འཕྲོ་བསྐྱངས་པའི་རིགས་ཀྱང་མང་དུ་སྣང་ངོ། །

འབྲོག་སྡེ་ཁ་ཤས་ནི་ཏྲིས་རྩོད་ཀྱི་དཀའ་ངལ་ལ་བརྟེན་ནས་རང་ཡུལ་དུ་ཆགས་མ་ནུས་ཤིང་། དེ་དག་གི་གྲོགས་པོ་དང་མནའ་ཡ་སོགས་འབྲོག་ཡུལ་གཞན་དག་ཏུ་ཡོད་པ་དག་ལ་བརྟེན་ནས་ས་ཐག་རིང་ཞིང་འགྲུལ་བཞུད་བྱེད་དཀའ་བའི་གནས་རྣམས་སུ་སྦྱོ་སྡོད་བྱས་ཡོད་འདུག་ཅིང་། དེ་འདྲའི་རིགས་དག་ནི་ལྷག་པར་དུ་ཉེན་ཆེ་བ་ཞིག་ཏེ། ཡུལ་ནས་ཐོན་ཐེན་པའི་མི་སྡེ་དེ་དག་ཡུལ་གཞན་ཞིག་ཏུ་སྡོད་གནས་གཏན་ཁེལ་བ་ནས་བཟུང་ལོ་ལྔར་དབྱར་དུས་སུ་སྤྲར་གྱི་འཁོན་འགྲས་ཡོད་པའི་ཐོག་ཁག་དེའི་ཐོག་ཏུ་ཏྲིས་རྩོད་བྱེད་དུ་འགྲོ་ཞིང་། དེ་དག་གིས་རྒྱུ་ནོར་འཕྲོག་བཅོམ་བྱེད་པ་མ་ཟད་མི་ཤའི་རྩོད་གཞི་གསར་པའང་མང་དུ་སྤེལ་གྱི་ཡོད་པ་རེད།

འབྲོག་ཡུལ་དུ་ཏྲིས་རྩོད་ཀྱི་རིགས་མི་འདྲ་བ་ཆེ་ཕྲ་མང་དུ་ཡོད་འདུག་ནའང་། འབྲོག་མི་དག་གིས་ཏྲིས་རྩོད་ཀྱི་འཁོན་གཞི་འཇུགས་པ་ལ་ཧ་ཅང་འཇིགས་སྣང་དང་ཞགས་ཟོན་བྱེད་ཀྱི་ཡོད་འདུག་པ་མ་ཟད། ཏྲིས་རྩོད་ནི་གང་བྱུང་བྱུང་དུ་བྱེད་མི་འོས་པ་དང་། གལ་ཏེ་ཏྲིས་རྩོད་ཀྱི་གཞི་འཛུགས་དགོས་བྱུང་ན་དེའི་མཐར་ཐུག་གི་འབྲས་བུ་ཡང་ཞིང་འཇིགས་སུ་རུང་བ་དང་། ཏྲིས་རྩོད་ཀྱི་བྱ་བ་ནི་ཉེས་ཆེ་བ་ཞིག་ཡིན་པར་ཤེས་ཤིང་། ཏྲིས་རྩོད་འབྱུང་ངོགས་ཀྱིས་ཕན་ཚུན་རྩོད་གཞི་ཕྲ་མོའི་སྐོར་གནོངས་རང་ལེན་གྱིས་འདུམ་སྒྲ་པོར་ལེན་སྲོལ་ཡོད་པ་རེད།

འབྲོག་མིའི་རྫོ་ཆའི་སྐོར།

ཁྲིལ་དང་རྫོ་ཆ་ནི་འཇིག་རྟེན་མིའི་རིགས་ཚང་མས་བརྩི་བསྲུང་བྱ་དགོས་པ་ཞིག་ཡིན་པ་ལྟར་བོད་རིགས་སྤྱི་དང་ལྷག་པར་འབྲོག་ཡུལ་གྱི་མི་སྡེ་དག་གིས་དོ་སྣང་ཧ་ཅང་ཆེན་པོའི་སྒོ་ནས་བརྩི་སྲུང་བྱེད་ཀྱི་ཡོད་པ་རེད། ཁོ་བོའི་མཐོང་ཕྱོགས་སུ་འཇིག་རྟེན་མིའི་རིགས་ཚང་མས་ཁྲིལ་དང་རྫོ་ཆ་ལ་འཛེམ་བག་བྱེད་སྲོལ་ཡོད་པའི་གནས་ཚུལ་འདྲ་བར་སྣང་ཡང་ཡུལ་གྲུ་སོ་སོ་དང་མི་རིགས་སོ་སོའི་སྤྱོད་ཚུལ་དང་གོམས་གཤིས་སོགས་རྣམ་པ་ཐ་དད་པ་མང་དུ་ཡོད་པར་བརྟེན། གང་ཞིག་ཁྲིལ་དང་རྫོ་ཆའི་གཞི་ཡིན་པ་དང་། གང་ཞིག་བག་ཡོད་ཡ་རབས་ཀྱི་སྤྱོད་གཞི་ཡིན་པ་སོགས་གཞི་རྩ་ངོས་འཛིན་སྟངས་ཀྱང་མི་འདྲ་བར་སེམས་སོ། །དེ་ཡང་དཔེར་ན་འབྲོག་མིའི་བཟའ་ཚོ་གཅིག་ལ་མཚོན་ན། བཟའ་ཚོ་དེའི་ཕ་མ་སོགས་རྒན་རིམ་དག་གིས་ཐོས་ཡུལ་དུ་བུ་དང་བུ་མོ་དག་གིས་རང་གཞན་སུ་ལའང་ཕྱོ་ཤུག་བརྩེ་དགའི་ཀྲུལ་ཀ་དང་ཀུ་རེ་སོགས་བྱེད་སྲོལ་མེད་ཅིང་། དེ་དང་འདྲ་བ་མིང་སྲིང་ལྷན་དུ་གནས་པའི་དུང་དུའང་སུས་ཀྱང་ཕྱོ་ཤུག་གི་གཏམ་གླེང་སོགས་རྫོ་ཆ་འོས་པའི་གླེང་མོལ་བྱེད་སྲོལ་མེད་པ་རེད། གལ་ཏེ་མི་ཞིག་གིས་རྫོ་ཚར་མ་འཛེམས་པར་རང་སྣང་གང་དྲན་བྱུང་རྒྱལ་དུ་བཤད་པ་ཡིན་ན། དེར་ཡོད་ཀྱི་མིང་སྲིང་དག་ཁོང་ཁྲོ་བའམ། ཡང་ན་གཏམ་གྱི་གྲལ་ནས་ཐོན་ཏེ་ཕྱོགས་སོ་སོར་འགྲོ་བ་དང་། མི་དེའི་བྱ་བ་ནི་“རྫོ་ཆ་བསྐྱེ”ཞེས་བྱ་བ་ཧ་ཅང་ངན་པར་བརྩི་ཞིང་། སླད་ཕྱིན་ཆད་བཟའ་ཚོ་དེའི་བུ་དང་བུ་མོ་དག་གིས་རྫོ་ཆ་བྲལ་བའི་མི་དེ་དང་གཏམ་གྱི་འབྲེལ་བ་དེ་ཙམ་བྱེད་སྲོལ་མེད་པ་རེད།

འབྲོག་མིའི་གཉེན་ཉེ་ཕྱོ་ཤུག་གི་འབྲེལ་བ་ནི་ཕྱོགས་ཕན་ཚུན་གྱི་ཕ་མ་དག་གིས་འདུ་བྱེད་དགོས་ཤིང་། གལ་ཏེ་བུ་དང་བུ་མོ་དག་གིས་ཕྱོགས་ཕན་ཚུན་གྱི་ཕ་མའི་བཀའ་མ་ཁྲོལ་བར་རང་མོས་སུ་གཉེན་སྒྲིག་བྱས་པ་ཡིན་ན་“བྱི་སྦྱོངས”ཞེས་བྱ་བ

ཁྲིལ་དང་ངོ་ཚ་མེད་པའི་སྤྱོད་ངན་ཞིག་ཏུ་འགྱུར་གྱི་ཡོད་པ་རེད། འབྲོག་མི་དག་གིས་ཉེ་ཚན་ནི་མི་རབས་དྲུག་བརྒྱུད་ཀྱི་བར་དུ་བརྩི་ཞིང་། ཕན་ཚུན་གཉེན་སྒྲིག་བྱེད་འོས་པའང་མི་རབས་དྲུག་བརྒྱུད་ཀྱི་ཉེ་ཚན་མ་ཡིན་པ་ཞིག་དགོས་ཀྱི་ཡོད་པ་རེད། གལ་ཏེ་ཉེ་ཚན་འགའ་ཞིག་མི་རབས་དྲུག་བརྒྱུད་མ་བརྒལ་བའི་གོང་དུ་གཉེན་གསར་བྱས་པ་ཡིན་ན། དེ་ནི་ཐན་ཞེས་བྱ་བ་སྟེ་ངོ་ཚ་ཏ་ཙང་ཆེ་བར་བརྩི་ཞིང་། འབྲོག་མི་དག་གི་ལྟན་སྐྱེས་ཀྱི་བསམ་པར་སྤྱོད་ཚུལ་དེས་ནི་ཡུལ་ཁམས་དེར་བཀྲ་མི་ཤིས་པར་བྱེད་དེ། མི་ཕྱུགས་ལ་ནད་ཡམས་དང་གོད་ཁ་འབྱུང་བ་དང་། ངོ་ཚ་བསྲེས་པ་ལས་ཆད་པའི་མི་བརྒྱུད་དེ་ནི་“ནལ”ཞེས་བྱ་བ་སྟེ་མིའི་རིགས་སྡུག་པོ་དང་མི་གཙང་བ་ཞིག་ཏུ་ངོས་འཛིན་གྱི་ཡོད་པ་རེད། འབྲོག་མི་དག་གིས་ལྷ་གསོལ་བྱེད་པའི་སྐབས་སུ་ནལ་གྱི་རིགས་ཅན་དག་གིས་བསངས་ཤིང་དང་བསངས་རྫས་འབུལ་མི་ཆོག་ཅིང་། གལ་ཏེ་ཕུལ་བ་ཡིན་ན་ཡུལ་ལྷ་ལ་མནོལ་གྲིབ་ཐོག་ནས་ཉམས་པར་འགྱུར་བ་དང་། འབྲོག་མིའི་ཕྲུ་གུ་བཙས་པའི་ཚེ་ནལ་གྱི་རིགས་ཅན་དག་དྲུང་དུ་འགྲོ་མི་ཆོག་པ་དང་ཕྲུ་གུ་ལ་ལག་པས་རེག་མི་ཆོག་ཅིང་། གལ་ཏེ་ཕྲུ་གུར་རེག་པ་ཡིན་ན། ཕྲུ་གུ་ལ་ནལ་གྲིབ་ཐོག་ནས་འཚོ་དཀའ་བའམ། ཡང་ན་ཕྲུ་གུའི་ངག་ལྐུགས་པའམ། རིག་པ་མི་གསལ་བ་སོགས་འགྱུར་བར་ཡིད་ཆེས་བྱེད་ཀྱི་ཡོད་པ་རེད། མདོར་ན་ནལ་ཞེས་པ་དེ་མཚན་མ་ཏ་ཙང་ངན་པར་བརྩི་ཞིང་འབྲོག་མི་ཀུན་གྱིས་སྨད་བྱའི་གཞི་ཞིག་ཡིན་པར་བརྟེན། འབྲོག་ཡུལ་དེ་དག་ཏུ་ནལ་གྱི་མི་རྒྱུད་ནི་སྲིད་མཐའ་ཙམ་ལས་མེད་པའམ་ཤིན་ཏུ་དཀོན་པ་ཡིན་ནོ།།

འབྲོག་མིའི་ཤེས་རིག

འབྲོག་ཡུལ་གྱི་མི་སྡེའི་ནང་དུ་སློབ་གསོ་བྱས་པ་ལས་བྱུང་བའི་ཤེས་རིག་ནི་ཧ་ཅང་དཀོན་ཞིང་། དེ་ལྟར་སློབ་སྐྱུལ་བྱེད་ཐུབ་པའི་ཡོན་ཏན་དང་ལྡན་པའང་ཆེས་ཉུང་བ་དང་། ཤེས་རིག་ལ་སློབ་གཉེར་བྱེད་པའི་དར་སྲོལ་ཡང་དེ་ཙམ་བྱུང་མེད་པ་རེད། འོན་ཀྱང་འབྲོག་མི་དག་ལ་རང་རང་གི་འཚོ་བའི་དཀའ་ངལ་སེལ་ཐུབ་པའི་མ་བཅོས་རང་གཤིས་སུ་གོམས་པའི་རང་བཞིན་གྱི་ཡོན་ཏན་མང་དུ་ཡོད་པ་རེད། འབྲོག་མི་དེ་དག་རང་ལ་རྒྱུན་མཐོའི་ཡོ་བྱད་ཚང་མ་འབྲོག་མི་རང་ཉིད་ཀྱི་ཤེས་རིག་དང་ལག་རྩལ་བཅས་ལ་བརྟེན་ནས་བཟོ་བསྐྲུན་བྱེད་ཐུབ་པ་དང་། རང་ཤེས་ཀྱིས་བཟོས་པའི་ཡོ་བྱད་དེ་ཙམ་ལ་བརྟེན་ནས་མི་སྡེའི་འཚོ་བ་བདེ་སྐྱིད་དང་ལྡན་པར་བསྒྲུབ་ཐུབ་པ་དང་། སྐབས་ཀྱི་དགོས་དོན་ཆེ་ཕྲ་མཐའ་དག་བསྒྲུབ་ཐུབ་ཀྱི་ཡོད་པ་རེད།

འབྲོག་མི་དག་ལ་སྔོ་ཕྱུགས་འཚོ་སྐྱོང་དང་། གསོ་ཐབས། འཕྲོད་བསྟེན་སོགས་ཇི་ལྟར་ལག་ལེན་བྱ་དགོས་པའི་ཡིག་ཆ་གང་ཡང་མི་སྣང་ཞིང་། འོན་ཀྱང་སྔར་ནས་འབྲོག་མི་རྒན་པོ་དག་གིས་ཉམས་མྱོང་བསགས་པ་དག་གཅིག་ནས་གཅིག་ཏུ་ངག་བརྒྱུད་བྱས་པའི་ཐབས་ཚུལ་ལ་འབྲོག་མི་རྒན་གཞོན་ཀུན་ཀྱང་ཧ་ཅང་མཁས་པར་སྣང་ཞིང་། ཉམས་མྱོང་གི་ཐབས་ཚུལ་དེ་རིགས་ལ་བརྟེན་ནས་སྔོ་ཕྱུགས་ཀྱི་འཕེལ་སྟོབས་རྒྱ་ཆེར་བསྐྱེད་ཐུབ་པ་དང་། མ་ཟད་ཕྱུགས་ནད་འགོག་སྲུང་གི་བྱ་བའང་དེ་ཙམ་གྱིས་འགྲུབ་ཀྱི་ཡོད་པ་རེད།

འབྲོག་མིའི་ལག་བཟོས་ཀྱི་དངོས་པོ་ཡག་ཤོས་ཤིག་ནི་འཕྱིང་བའི་རིགས་མི་འདྲ་བ་དག་ཡིན་འདུག་ཅིང་། དེ་ཡང་“ཀྱུ་འཕྱིང་”ཞེས་བྱ་བ་འབྲོག་མི་དག་རྟ་ཞོན་ནས་འགྲུལ་བཞུད་བྱེད་དུས་ཀྱི་ཆར་གོས་སུ་བཟོས་པ་དང་། “ཐེ་འཕྱིང་”ཞེས་པ་འཕྱིང་སྔོར་ཞྭ་མོ་དང་བཅས་ཕྱུགས་རྫིའི་ཆར་གོས་སུ་བཟོས་པ་དང་། “ཁེབས་འཕྱིང”ཞེས

བྱ་བ་བལ་འཕྱིང་འཐུག་པོ་གྲུ་བཞི་པ་ཁ་ཆར་དང་གྲང་ངད་གཉིས་ཀ་ལས་སྐྱོབ་ཐུབ་པའི་ཉལ་ཆས་དང་། "ཁེབས་འཐོལ"ཞེས་བྱ་བ་དམིགས་བསལ་དགུན་དུས་ཀྱི་གྲང་ངད་སེལ་ཐུབ་པའི་ཉལ་ཆས་དང་། གཞན་ཡང་ཕོ་མོ་ཀུན་གཡོན་ཚང་མར་དབྱར་དུས་སུ་དགོས་པའི་འཕྱིང་ཞྭ་ལ་"རྫེ་བུད"ཅེས་བྱ་བ་ཞྭ་རྫེར་སྟོང་སྐྱུད་དམར་པོའི་ཚར་ལོས་བརྒྱན་པ་དག་བཟོ་སྲོལ་ཡོད་འདུག་ཅིང་། གླིང་གེ་སར་གྱི་སྙོམ་ཞུ་ཞེས་བྱ་བ་འཕྱིང་བའི་ཞྭ་མོ་ཞིག་བཟོ་སྲོལ་ཡོད་འདུག་པ་དེའང་འབྲོག་མིའི་སྤྱོད་ཚུལ་འདིའི་སྟེང་ནས་བྱུང་ཡོད་པར་མངོན་ཞིང་། གེ་སར་རྗོ་རྗེ་ཚེ་རྒྱལ་གྱི་སྐུ་བརྙན་དག་གི་སྙོམ་ཞུའི་བཟོ་དབྱིབས་ཀྱང་འབྲོག་མིའི་འཕྱིང་ཞྭ་དང་སྤྱགས་ཀུན་ནས་འདྲ་བར་སྣང་ངོ་། །དགུན་དུས་ཀྱི་ཆེད་དུ་འཕྱིང་བའི་ལྷམ་གོག་ཡུ་རིང་དང་། གདན་གྱི་ཆེད་དུ་བལ་སྟན་ཆེ་ཆུང་སྣ་ཚོགས་ལ་བལ་ནག་གིས་གཡུང་དྲུང་དང་དགའ་འཁྱིལ་གྱི་རི་མོ་བཀོད་པ་སོགས་བཟོ་སྲོལ་ཡོད་པ་རེད། བལ་འཕྱིང་འཛོག་ཚུལ་ནི། གནམ་གཤིས་བཟང་ཞིང་ཉི་མ་དྲོ་བའི་དུས་སུ་སྒང་ཐང་ངོས་འཇམ་པོའི་སྟེང་དུ་རེ་ཕྱུར་ཆེན་པོ་ཞིག་བཏིང་བའི་ཁར་བལ་ཡག་པོར་བསེད་པ་དག་ལེབ་ལེབ་མོར་བཀོད་ཅིང་། དེའི་སྟེང་དུ་ཆུ་ཁོལ་མ་ཙང་ཟད་གཏོར་ནས་རེ་ཕྱུར་དང་བཅས་རིལ་པོར་བསྒྲིལ་ཏེ། འཕྱིང་བ་ཆེ་ཆུང་དང་མཚམས་པར་ཕོ་མོ་མང་དག་ལྷན་དུ་གྲལ་བསྒྲིག་ཅིང་ལག་པས་ཆུ་ཚོད་གཅིག་ཙམ་གྱི་རིང་བསྒྲིལ་དགོས་པ་དང་། དེ་ནས་རེ་ཕྱུར་བཏོན་ནས་འཕྱིང་པ་ཁོ་ན་ཆུ་ཚོད་ཁ་ཤས་ཀྱི་རིང་དུ་བསྒྲིལ་དགོས་ཀྱི་ཡོད་པ་རེད། འཕྱིང་བ་འཛོག་པའི་ཚེ་གྲོང་རོགས་ཕན་ཚུན་འབོད་རེས་ཀྱིས་ལག་གྲོགས་བྱེད་པ་དང་། འཕྱིང་བ་འཛོག་མཁན་གྱི་སྦྱིན་བདག་དེས་ལུག་བཤས་གཅིག་གིས་ཐོག་དྲངས་པའི་བཟའ་བཏུང་ཡག་པོ་ཞིག་ཀྱང་གྲབས་བཀོད་བྱེད་དགོས་སྲོལ་ཡོད་པ་རེད། འབྲོག་པའི་བུ་དང་བུ་མོ་དག་གིས་འཕྱིང་བ་བསྒྲིལ་བའི་ཚེ་སྐྱན་པོའི་དབྱངས་དང་བཅས་ཏེ།

"ཨ་ལ་མ་ཅི་ལ་པད་མེ།"

བུ་དག་གིས"འཕྱིང་ཡག་ལྷ་ཁྱུའི་ལ་ལྷ་འཕྱིང་།"

བུ་མོ་དག་གིས"གཡང་ཡག་གཡང་དཀར་ལ་ཁ་ཆུ།"

བུ་དག་གིས"གཅིག་ཡག་ཨ་བུ་ཡི་རྒྱ་འཕྱིང་།"

བུ་མོ་དག་གིས་“ གཉིས་ཡག་ཞིག་མོ་ཡི་རྫི་འཁྱིང་།
བུ་དག་གིས་“ གསུམ་ཡག་སོ་ཁ་ཡི་དར་འཁྱིང་།”
བུ་མོ་དག་གིས་“ བཞི་ཡག་ལྷ་གཞི་ཡི་དཀར་ལིང་།”
བུ་དག་གིས་“ ལྔ་ཡག་ལྷ་ལྔ་ཡི་འཁྱིང་ཞྭ།”
བུ་མོ་དག་གིས་“ དྲུག་ཡག་གྲུས་མ་ཡི་རྫི་འཁྱིང་།”

ཞེས་སོགས་ཨང་གྲངས་མང་པོར་ལབ་སྲོལ་ཡོད་འདུག་ཀྱང་ཕོ་བོས་གསལ་པོར་མ་ངེས་སོ། །

འབྲུག་མི་དག་གིས་འབྲི་གཡག་གི་སྤུ་རྩིད་ནི་ཧ་ཅང་གལ་ཆེན་དུ་བརྩི་ཞིང་། སྤུ་རྩིད་འཇམ་པོའི་གྲས་དཀར་ནག་ཁྲ་སྨྱིག་ཐགས་སུ་བཏགས་པའི་རེ་བའི་རིགས་སྣ་ཚོགས་བཟོ་བ་དེ་དག་ནི་ཧ་ཁལ་གྱི་རྒྱུབ་སྟན་དང་། དོས་ཁེབས་དང་། རེ་འདོག་ཆེ་ཆུང་སོགས་བཟོ་བྱེད་དུ་ཕན་ཐོགས་ཆེ་བ་དང་། གཡག་ཟ་སོགས་སྤུ་རྩིད་ཀྱིང་རིགས་ཀྱིས་དོས་ཐག་དང་སྦྲ་གུར་གྱི་ཆོན་ཐག་སོགས་བཟོ་གི་ཡོད་པ་རེད། སྤུ་རྩིད་ཀྱི་མགོ་སྒྲིད་ཆེས་གལ་ཆེ་བ་ནི་“ རྩིད་རེ” ཞེས་བྱ་བའི་རེ་ནག་འཐུག་པོ་དེ་རིགས་ཡིན་འདུག་ཅིང་། དེ་དག་ནི་འབྲོག་མིའི་སྡོད་གནས་སྦྲ་བཟོ་བྱེད་དུ་མེད་དུ་མི་རུང་བའི་དངོས་པོ་ཞིག་རེད། འབྲོག་མི་དེ་དག་ལ་འཁལ་འཐག་གི་ཡོ་ཆས་ནི་ཤིང་གི་དབྱུག་པ་རིང་ཐུང་འགའ་ཤས་ལས་གཞན་པའི་ལག་ཆས་དམིགས་བསལ་གང་ཡང་མི་སྣང་ཞིང་། འོན་ཀྱང་ལག་ཆས་ངན་ངོན་དེ་ཙམ་ལ་བརྟེན་ནས་རེ་བ་དང་། རེ་ཁྲ་དང་། རྩིད་རེ་སོགས་འབྲོག་མི་རང་ཉིད་ཀྱི་དགོས་མཁོ་འདངས་ངེས་བཟོ་བསྐྲུན་ཐུབ་པའི་ཁར་རོང་ཡུལ་རྣམས་སུ་འཚོང་ཆས་ཀྱང་བྱེད་ཐུབ་ཀྱི་ཡོད་པ་རེད།

འབྲོག་ཡུལ་དེ་དག་ཏུ་རི་མོ་ལ་མཁས་པའི་ལྷ་བྲིས་པ་མི་ཉུང་བ་ཡོད་འདུག་ཅིང་། ཁྱད་པར་དུ་རྫ་ཆུ་ཁའི་ཡུལ་ཚོ་འགའ་ཤས་སུ་སྐྱན་གྲགས་དང་ལྡན་པའི་ལྷ་བྲིས་པ་འགའ་ཤས་ཡོད་འདུག་པ་དེ་དག་གིས་བྲིས་པའི་སྟོན་པའི་མཛད་པ་བཅུ་གཉིས་དང་། གུ་རུ་མཚན་བརྒྱད། གླིང་གེ་སར་གྱི་སྒྲུང་ཐང་མི་འདྲ་བ་སྣ་ཚོགས། མི་ལའི་ལྷ་ཐང་། གཞན་ཡང་སྤྱིན་བདག་སོ་སོའི་འདོད་མོས་ལྟར་བྲིས་པའི་འདོད་ལྷ་སྣ་ཚོགས་ཀྱི་བྲིས་ཐང་སོགས་དགོན་པ་ཁག་གམ་འབྲོག་མི་ཕྱུག་པོ་དག་གི་སྦྲ་གུར་རྣམས་སུ་མཇལ་རྒྱུ་

འདུག་ཅིང་། འབྲོག་མིའི་ཁྱིམ་བཀོད་ཕལ་ཆེ་བ་ནི་རི་མོ་ཤུང་ཞིང་སྤང་ཐང་དང་མེ་ཏོག་དང་གངས་རི་སོགས་ཐར་ཐོར་ཡོད་པའི་ནང་དུ་ལྷ་རིས་སྤྲུམ་ལ་བཟྀད་ཆགས་པ་ཞིག་བཞེངས་སྲོལ་བྱུང་འདུག

འབྲོག་ཡུལ་དུ་ལྷགས་མགར་མི་ཤུང་བ་ཡོད་འདུག་པ་དེ་དག་གིས་གྱི་དང་འཇོར་སོགས་རྒྱུན་མཁོའི་དངོས་པོ་རྣམས་བཟོ་བསྐྲུན་བྱེད་ཐུབ་ཀྱི་འདུག་ཅིང་། འོན་ཀྱང་གསེར་དངུལ་གྱི་མགར་ལས་བྱེད་མཁན་ནི་ཧ་ཅང་ཤུང་ཞིང་། འགའ་ཤས་ཡོད་པ་དག་གིས་འབྲོག་པའི་བུད་མེད་ཀྱི་རྒྱན་ཆས་དག་བཟོ་བསྐྲུན་བྱེད་ཀྱི་ཡོད་འདུག་ནའང་། དེ་དག་གིས་རྒྱན་ཆས་ཆ་ཚང་བ་རེ་བཟོ་བ་ལ་ལོ་རེ་ཙམ་འགོར་ཞིང་། ལས་རྩོལ་གྱི་རིན་ཐང་ཡང་ཧ་ཅང་ཆེན་པོ་ཡིན་པ་རེད།

འབྲོག་ཡུལ་དུ་སྨན་པ་ཧ་ཅང་དཀོན་ཞིང་། འགའ་ཞིག་ཡོད་པ་དག་ནི་རབ་བྱུང་ངམ་སྔགས་པ་གང་ཙུང་དགོན་པ་ཁག་ཏུ་བཞུགས་མཁན་ཡིན་འདུག་ཅིང་། དེ་དག་དབྱར་དུས་སུ"སྨན་སྔོམ"ཞེས་པ་འབྲོག་སྡེ་ཚང་མར་ཐེངས་རེ་བསྐོར་འགྲུལ་བྱེད་པ་དེའི་ཚེ་ཡུལ་ནང་གི་ནད་པ་རྣམས་ལ་ནད་བཅོས་ཟབ་རྒྱས་བྱེད་ཅིང་། ཧྲ་རི་གངས་རིའི་སྲུལ་དང་སྤང་ཐང་རྣམས་ནས་སྔོ་སྨན་གྱི་རིགས་སྣ་ཚོགས་འཐུ་བ་དང་། ཡུལ་སོ་སོའི་འབྲོག་མི་རྣམས་ནས་བསྙེན་བཀུར་ཡང་རྒྱ་ཆེན་པོ་ཞུ་གི་ཡོད་པ་རེད། དུས་གཞན་དག་ཏུ་ཡུལ་སོ་སོར་ནད་པ་ཚབས་ཆེན་བྱུང་བའི་ཚེ་སྨན་པ་གདན་འདྲེན་དུ་འགྲོ་དགོས་ཤིང་། ཡུལ་འགའ་ཤས་སུ་ས་ཐག་དང་རི་ལུང་མང་པོས་རྒྱང་ནས་སྨན་པ་མི་ཐོབ་པའི་དཀའ་ངལ་ཡང་མང་དུ་ཡོད་པར་སེམས་སོ། །

འབྲོག་མི་དག་གིས་ནམ་རྒྱུན་དུ་ནད་པའི་ཆེད་དུ་སྨན་བཅོས་ལས་ཀྱང་རིམ་གྲོའི་བཅོས་གཡལ་ཆེ་བར་བྱེད་སྲོལ་ཡོད་འདུག དེ་ཡང་ནང་གི་མི་ཞིག་ན་བའི་ཚེ་ཐོག་མར་རང་རང་གི་མཆོད་གནས་སུ་ཡིན་དེའི་དྲུང་དུ་བཅར་ནས་ནད་པ་དེ་ལ་གཏོ་བཅོས་དང་སྨན་བཅོས་གང་དགོས་པ་འདུག་ཅེས་ཕྱ་མོ་ཞུ་ཞིང་། སྨན་བཅོས་བྱ་དགོས་སུ་བབས་ན་སྨན་པ་འཚོལ་ཞིང་གཏོ་བཅོས་དགོས་ན་རང་གི་མཆོད་གནས་གདན་འདྲེན་ཏེ་གཏོ་སྒྲུད་གང་འོས་བསྒྲུབ་པར་བྱེད་སྲོལ་ཡོད་འདུག དེ་ཡང་གཏོ་བཅོས་ཀྱི་དགོས་དོན་གཙོ་བོ་ནི་ནད་པ་དེ་ལ་གནོད་བྱེད་གང་ཙུང་ཞིག་གི་གནོད་པ་བཏང་བ་སྟེ་དེ་ཉིད་

སེལ་བའི་ཐབས་དང་། ཡང་ན་ནད་པ་དེས་སྔོན་བསགས་པའི་ལས་ངན་པ་ཞིག་གམ་ལན་ཆགས་པ་གང་རུང་དངོས་སུ་སྨིན་པ་སྟེ་དེ་དག་སེལ་བའི་ཐབས་ནི་གཙོ་བོ་གཏོ་བཅོས་བྱེད་དགོས་པ་ལས་སྨན་གྱིས་བཅོས་མི་ནུས་པ་དང་། ནད་གང་ཞིག་གློ་བུར་གྱི་རྐྱེན་འདུ་བ་འཁྲུགས་པ་དང་། བཟའ་བཏུང་གི་ཕན་གནོད་སོགས་ལ་བརྟེན་ནས་བསྐྱེད་པའི་རིགས་ལ་ནི་གཏོ་བཅོས་ལས་ཀྱང་སྨན་བཅོས་ཟབ་པའི་དོན་རེད།

འབྲུག་ཡུལ་གྱི་དགོན་པ་དག་ཏུ་དཀར་ནག་གི་རྩིས་ལ་མཁས་པའི་རྩིས་པ་མང་དུ་ཡོད་འདུག་པ་དེ་དག་གིས་ལོ་ཟླ་ཞག་དུས་གཟའ་སྐར་འཕྲོད་སྦྱོར་སོགས་བྱེད་རྩིས་ཀྱི་དགོངས་པ་ལྟར་བརྩི་སྲོལ་ཡོད་འདུག་ཅིང་། གཞན་ཡང་གཤིན་རྩིས་དང་བག་རྩིས་སོགས་མི་སྡེའི་དགོས་དོན་མཐའ་དག་བསྒྲུབ་པའི་རྩིས་ནག་གི་སྐོར་འགོ་རྣམས་ཀྱང་གཏན་ལ་འབེབས་ཤིང་། མི་སྡེས་རྩིས་ཀྱི་ཁ་དམར་བླང་དོར་བྱ་དགོས་པའི་རིགས་ལ་དོ་སྣང་ཆེན་པོས་ལག་བསྟར་བྱེད་ཀྱི་ཡོད་པ་རེད། ཡ་མཚན་འོས་པ་ཞིག་ལ། འབྲུག་མི་ཕལ་པ་ཡི་གེ་འབྲི་ཀློག་མི་ཤེས་ཤིང་། རྩིས་ཀྱི་རིག་གཞུང་ལ་སློབ་གཉེར་གང་ཡང་བྱེད་མ་མྱོང་བ་མང་དག་གིས་དགོང་མོར་ཟླ་བ་ལ་བལྟས་ནས་ཚེས་གྲངས་གང་ཡིན་དང་། ཟླ་བ་དང་འགྲོགས་པའི་སྐར་མ་ལ་བལྟས་ནས་ཉིན་སྐར་གང་ཡིན་དང་། ཉིན་སྐར་གང་ལ་བརྟེན་པའི་བྱ་བ་ལེགས་ཉེས་ཀྱི་ཁ་དམར་དག་ཀྱང་རྩིས་ཀྱི་གཞུང་ནས་བཤད་པ་དང་མི་འགལ་བ་རྗེས་དཔག་བྱེད་ཐུབ་ཀྱི་ཡོད་འདུག

འབྲུག་མིས་ཡོངས་གྲགས་སུ་བརྩི་སྲོལ་ཡོད་པའི་ཟླ་བ་བཅུ་གཉིས་ནི།

བྱ་ཟླ་བ། = ཟླ་བ་དང་པོ།

ཁྱི་ཟླ་བ། = ཟླ་བ་གཉིས་པ།

ཕག་ཟླ་བ། = ཟླ་བ་གསུམ་པ།

བྱི་ཟླ་བ། = ཟླ་བ་བཞི་པ།

གླང་ཟླ་བ། = ཟླ་བ་ལྔ་པ།

སྟག་ཟླ་བ། = ཟླ་བ་དྲུག་པ།

ཡོས་ཟླ་བ། = ཟླ་བ་བདུན་པ།

འབྲུག་ཟླ་བ། = ཟླ་བ་བརྒྱད་པ།

སྤྱུལ་ཟླ་བ། = ཟླ་བ་དགུ་པ།

ཧ་ཟླ་བ། = ཟླ་བ་བཅུ་པ།

ལུག་ཟླ་བ། = ཟླ་བ་བཅུ་གཅིག་པ།

སྤྲེལ་ཟླ་བ། = ཟླ་བ་བཅུ་གཉིས་པ།

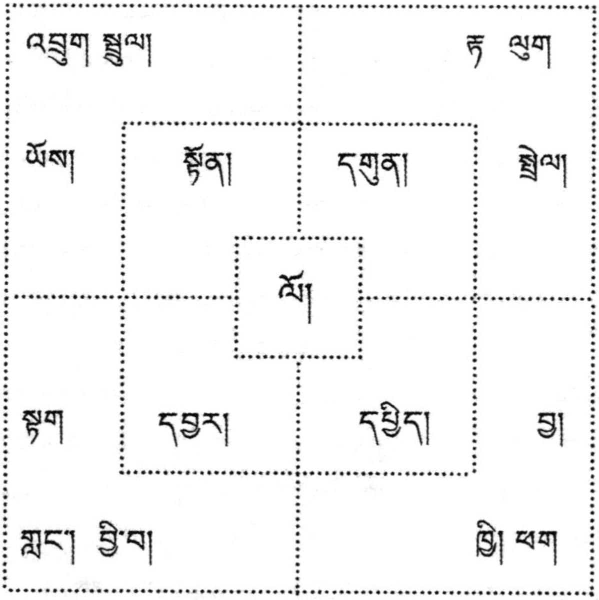

འབྲོག་མི་ཚོས་ཉི་ཟླ་གཟའ་སྐར་ཀུན་གྱི་ནང་ནས་བྱ་བ་ལེགས་ཉེས་ཀྱི་རྩིས་གཞི་གཙོ་བོ་ཉིན་སྐར་ལ་བྱེད་ཅིང་། དེ་དག་དགོང་མོར་ཟླ་བ་དང་འགྲོགས་ནས་མཁའ་རུ་ཤར་བ་ལས་ངོས་འཛིན་བྱེད་པ་སྟེ།

༡ སྨིན་དྲུག

༢ བེའུ་ཛི།

༣ སྨལ་པོ།

༤ ལག
༥ ནབས་སོ།
༦ རྒྱལ།
༧ བ།
༨ ཧྲ་ཆེན།
༩ ཧྲ་ཆུང།
༡༠ ཁྲ།
༡༡ བྲ་མ།
༡༢ བྲུཙུ།
༡༣ ཉིས་རི།
༡༤ ས་ག
༡༥ ལག་སོར།
༡༦ ལྷེཙུ།
༡༧ སྒྲིག་པ།
༡༨ ཆུ།
༡༩ ཕུལ།
༢༠ གྲོ་བཞིན།
༢༡ བྲི་བཞིན།
༢༢ མོན་གྲེ

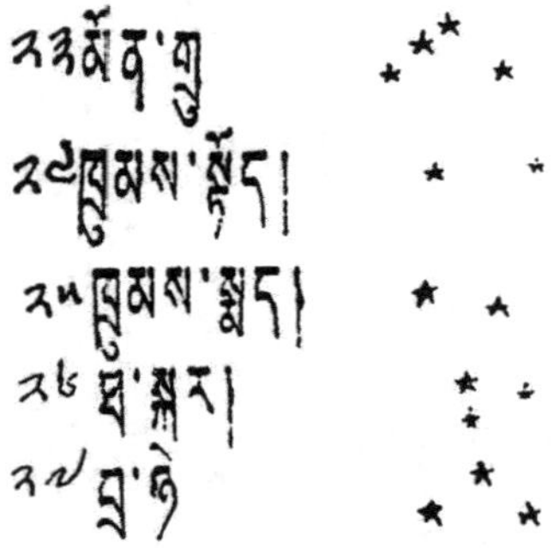

འཕྲོག་མིས་གཟའ་སྐར་ངོས་འཛིན་སྟངས་ནི་ཕལ་ཆེར་བྱེད་གྲུབ་ཀྱི་རྩིས་གཞུང་རྣམས་དང་མཐུན་པར་སྣང་ཞིང་། དེ་དག་ནི་འཕྲོག་མི་རྣམས་ཀྱིས་རྩིས་གཞུང་ལས་བླངས་པའི་ཤེས་རིག་རྒྱུན་རིང་དུ་གོམས་འདྲིས་སུ་བྱིན་པ་ཞིག་ཡིན་པར་མངོན་ནོ།།

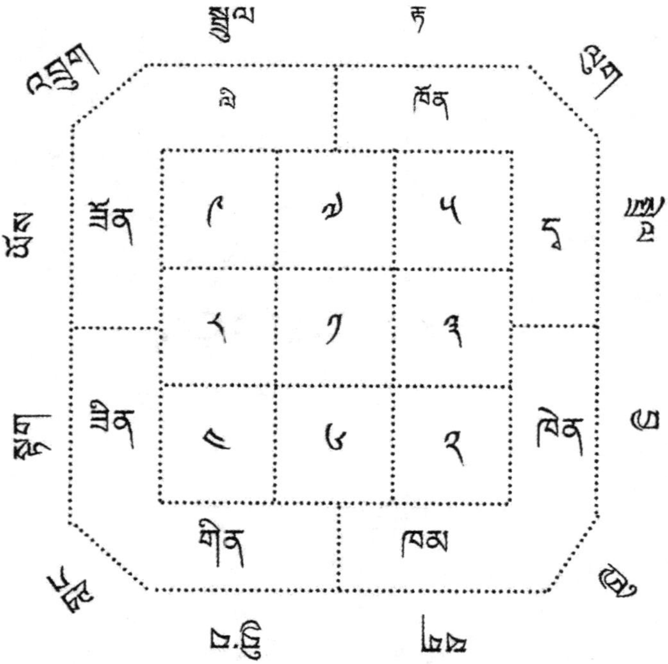

འབྲུག་མི་རྒྱན་གཞོན་ཕལ་མོ་ཆེས་ལིའམ་རག་གིས་ལུགས་བརྒྱབ་པའི་མེ་ལོང་གི་ངོས་གཅིག་ཏུ་ལོ་འཁོར་བཅུ་གཉིས་མཚོན་པའི་སེམས་ཅན་བཅུ་གཉིས་ཀྱི་གཟུགས་རིས་གཡོན་ནས་གཡས་སུ་བསྐོར་བ་དང་། དབུས་སུ་ལིང་ཚེ་དགུ་ལྡན་གྱི་ནང་དུ་སྨེ་བ་དགུ་མཚོན་པའི་ཨང་གྲངས་དགུ་དང་། དེའི་ཕྱི་རིམ་གྱི་ལིང་ཚེ་བརྒྱད་ཀྱི་ནང་དུ་སྤར་ཁ་བརྒྱད་ཀྱི་ཕྱག་རྒྱ་བརྒྱད་གཡོན་ནས་གཡས་སུ་བསྐོར་ཏེ་བཀོད་པ་འདི་ལྟར་དང་།

ཡང་ན་ལོ་འཁོར་བཅུ་གཉིས་ཀྱི་གཟུགས་རིས་འཀོད་པའི་དབུས་སུ་གཡུང་དྲུང་གི་རི་མོ་ཙམ་བཀོད་པ་གང་རུང་སྐེད་རྒྱུན་དུ་འདོགས་སྲོལ་ཡོད་འདུག་ཅིང་། དེས་ནི་ལོ་ཟླ་ཞག་དུས་ཀྱི་གེག་ངན་པ་དག་བཟློག་པ་དང་། ནང་མི་ཕན་ཚུན་རྣམས་སྤར་ཁ་དང་སྨེ་བ་མི་མཐུན་པའི་རྐྱེན་ངན་དག་སེལ་བ་དང་། མེ་ལོང་དུ་ཕྱི་རོལ་གྱི་གཟུགས་སྣ་ཚོགས་འཆར་བ་ལ་བརྟེན་ནས་གནོད་བྱེད་དག་གིས་མི་མཐོང་ཞིང་བསྒྲིབ་ཐུབ་པ་ཡིན་ཞེས་ཤོད་སྲོལ་ཡོད་འདུག །

འབྲོག་མིའི་ཆོས།

འབྲོག་མི་ནི་རྒན་གཞོན་སུ་འདྲ་ཞིག་ཡིན་ཡང་རུང་། ཆོས་ལ་དད་མོས་དང་དག་སྣང་ཧ་ཅང་ཆེ་ཞིང་། འབྲོག་མི་རྒན་གཞོན་ཕལ་མོ་ཆེས་ཀློག་ཤེས་མིན་ལ་མ་ལྟོས་པར་སྐྱབས་འགྲོ་དང་། སྒྲོལ་མ། མ་ནི། སི་དྷི། བསམ་པ་ལྷུན་གྲུབ་དང་། ལེའུ་བདུན་མ་སོགས་ཁ་བཏོན་མང་དུ་བྱེད་ཤེས་ཀྱི་ཡོད་འདུག་པ་དང་། དེར་མ་ཟད་ཁོ་པོ་ཅག་གིས་དཔེ་གཏན་ནས་མཐོང་མ་མྱོང་བའི་གསོལ་འདེབས་དང་སྨོན་ལམ་སོགས་སྣ་མང་ཞིག་ཀྱང་ཁ་བཏོན་བྱེད་དུ་ཡོད་འདུག དེ་དག་ལས་དཔལ་ཀརྨ་པའི་གསོལ་འདེབས་སུ་གྲགས་པ་ཞིག་ཁོ་བོས་འབྲོག་མི་འགའ་ཞིག་གི་ངག་ནས་ཐོས་པ་གཤམ་གསལ།

རྒྱ་ད་བུ་རེ་ལ་ད་བུ་རེ། །
རྒྱ་ད་བུར་ཆོས་ཀྱི་འཁོར་ལོ་བསྐོར། །
རྒྱ་ཡར་འགྲོ་ཆོས་ལ་བསླུལ་མི་དེ། །
རྣལ་འབྱོར་ཀརྨ་པཀྵི་རེད། །
ཇོ་ཀརྨ་པ་ལ་གསོལ་བ་འདེབས། །
ཕ་ཡབ་ལ་ཅི་མཚན་མ་ཤེས་ན། །
ཕ་ཡབ་ལ་དམ་པ་རིག་པ་མཚན། །
མ་ཡུམ་ལ་ཅི་མཚན་མ་ཤེས་ན། །
མ་ཡུམ་ལ་སྒྲོལ་མ་དཀར་མོ་མཚན། །
ཆུང་ལོ་གཅིག་སྐྱང་ལ་ཀ་ཁ་སྦྱངས། །
ལོ་གཉིས་སྐྱང་ལ་དར་མ་འབུམ། །
ལོ་གསུམ་སྐྱང་ལ་ཆིབས་པ་ཆིབས། །
ཆིབས་ཁ་ཡར་གྱུ་དབུས་ལ་གྱུས། །

འབྲུལ་བ་ཁ་བ་བབས་བབས་རེད། །
ཆིབས་ཁ་མར་གྱུ་རྒྱུ་ལ་གྱུས། །
འབྲུལ་ཚོགས་བུ་ཡུག་འཚུབ་འཚུབ་རེད། །
རྗེ་ཀརྨ་པ་ལ་གསོལ་བ་འདེབས། །
བྲག་དཀར་དཀྱིལ་ནས་འཕེན་དུས་དེར། །
བྱ་རྒྱལ་རྒོད་པོར་སྤྲུན་གྱིས་གྲུབ། །
རྗེ་ཀརྨ་པ་ལ་གསོལ་བ་འདེབས། །
སྔོན་མོའི་ཆུ་ལ་བསྐྱུར་དུས་དེར། །
ཆུ་བྱ་རང་བཞིན་སྤྲུན་གྱིས་གྲུབ། །
རྗེ་ཀརྨ་པ་ལ་གསོལ་བ་འདེབས། །
ཚེར་དོང་ནང་ལ་འཕེན་དུས་དེར། །
དར་དཀར་འཇམ་པོའི་སྲིད་གདན་འགྲུབ། །
རྗེ་ཀརྨ་པ་ལ་གསོལ་བ་འདེབས། །
མེ་དམར་ནང་ལ་འཕེན་དུས་དེར། །
མེ་ལྷ་དམར་པོར་སྤྲུན་གྱིས་གྲུབ། །
རྗེ་ཀརྨ་པ་ལ་གསོལ་བ་འདེབས། །
ཁང་ཆུང་ནང་ལ་བཙུད་དུས་དེར། །
བཀྲ་ཤིས་སྒྲོ་མོ་སྤྲུན་གྱིས་གྲུབ། །
རྗེ་ཀརྨ་པ་ལ་གསོལ་བ་འདེབས། །
མུན་ནག་ནང་ལ་བཙུད་དུས་དེར། །
འོད་ཟེར་ལྷ་ཡི་ཉི་མ་ཤར། །
རྗེ་ཀརྨ་པ་ལ་གསོལ་བ་འདེབས། །
འབྲུ་དོང་ནང་ལ་འཕེན་དུས་དེར། །
འབྲུ་ཆེ་ཆེས་བསྐོར་བ་གྱི་ལི་ལི། །
ཆུང་ཆུང་ཕྱུག་རྒྱ་ཚུབས་སེ་ཚུབ།

ཇོ་ཀརྨ་པ་ལ་གསོལ་བ་འདེབས། །
ཉིན་རེ་ཚར་རེ་མ་བརྗེད་ན། །
ཤི་དམྱལ་བ་མི་ཡོང་ཁས་ལེན་ཡིན། །
ངན་སོང་མི་འགྲོ་ཐག་ཆོད་ཡིན། །
ཇོ་ཀརྨ་པ་ལ་གསོལ་བ་འདེབས། །

ཞེས་སོགས་རྣམ་པ་མི་འདྲ་བ་མང་དུ་སྣང་ངོ་། །

འབྲོག་མི་བྲིངས་ནི་ཆོས་ལུགས་ཀྱི་ཕྱོགས་ཞེན་ཆུང་ཞིང་། དམ་པའི་ཆོས་ལ་དད་མོས་དང་དག་སྣང་ཧ་ཅང་ཆེ་བ་ཙམ་ལས་ཆོས་ཀྱི་གནས་ཚུལ་ཇི་བཞིན་ཤེས་མཁན་ཧ་ཅང་ཉུང་ངུར་སྣང་། འོན་ཀྱང་འབྲོག་ཡུལ་གྱི་ཆོས་ཀྱི་གཙོ་བོ་ནི་ཡུལ་སོ་སོའི་དགོན་པ་ཁག་ཏུ་གནས་ཤིང་། དེ་དག་ཏུ་བཤད་སྒྲུབ་ཀྱི་བསྟན་པ་ཡང་དག་བཞུགས་པ་དང་། འབྲོག་ཡུལ་དེ་དག་ཏུ་སྟོན་ཐུན་གྱི་གྲུབ་ཆེན་ཁྲིའུ་རིག་འཛིན་ཆེན་མོ་དང་། མཁས་གྲུབ་གཉིས་ལྡན་གྱི་སྐྱེས་བུ་ཇ་དཔལ་སྤྲུལ་རིན་པོ་ཆེ་དང་། མཁས་པའི་ཁྲུ་མཆོག་འཇམ་མགོན་མི་ཕམ་སོགས་ཡོངས་སུ་གྲགས་པ་མང་དུ་བྱུང་བ་དག་གིས་བསྟན་པ་འཛིན་སྐྱོང་སྤེལ་གསུམ་གནང་བའི་མཛད་རྗེས་བཟང་པོར་བརྟེན་ནང་དོན་དང་རིག་པའི་གནས་ཀུན་མཁྱེན་པའི་མཁས་གྲུབ་ཀྱི་སྐྱེས་བུ་དམ་པ་མང་དུ་བཞུགས་ཤིང་། དེ་དག་གིས་དུས་སྐབས་སོ་སོར་འབྲོག་མི་དག་ལ་དམ་པའི་ཆོས་ཀྱི་སྤང་བླང་གི་གནས་སྟོན་གྱི་ཡོད་འདུག །

འབྲོག་མི་བྲིངས་ཀྱི་རྒྱུན་ཁྱེར་ཆོས་སྤྱོད་ཀྱི་གཙོ་བོ་ནི། མི་རེ་རེ་བཞིན་ནང་མོ་མལ་ནས་ལངས་པའི་རྗེས་སུ་སྐྱབས་འགྲོ་དང་གསོལ་འདེབས་སོགས་ཀྱི་ཁ་བཏོན་ཤུར་ཤུར་དུ་བྱེད་ཅིང་སོ་སོའི་འཁུར་དུ་བབས་པའི་ལས་ཀ་དག་བྱེད་པ་དང་། ཕོ་མོ་རྒན་གཞོན་ཚང་མ་རི་ལ་འགྲོ་བའི་ཚེ་མ་ཎི་དང་། སིདྡྷི་བཅས་སྒྲུ་དབྱངས་རྣམ་པ་མི་འདྲ་བ་དུ་མའི་ཁ་ལ་དྲངས་ནས་འདོན་སྲོལ་འདུག་ཅིང་། དེ་ལས“ཤ་རྫ་མ་ཎི”ཞེས་བྱ་བའི་གདངས་སྙན་པོ་ཞིག་ཡོད་འདུག་པ་དེ་ནི་འབྲོག་ཡུལ་ཁག་ཚང་མའི་ནང་དུ་དར་སྲོལ་ཆེ་ཞིང་། ཁོ་བོ་ཅག་གང་དུ་ཕྱིན་པའི་འབྲོག་ཡུལ་ཐམས་ཅད་ནས་ལྷང་ལྷང་དུ་ཐོས་ཐུབ་ཀྱི་འདུག དགོང་མོར་བཟའ་བཏུང་གི་རྗེས་སུ“དགོང་འདོན”ཞེས་བྱ་བ་ནང་

མི་ཚང་མ་ལྷན་དུ་འདུས་ནས་སྒྲོལ་མ་དང་བསམ་པ་ལྷུན་གྲུབ་བཅས་ཚར་གསུམ་རེ་ཙམ་འདོན་སྲོལ་འདུག་ཅིང་། ཁ་བཏོན་དེའི་དབུ་མཛད་ནི་ནང་གི་ཕ་དང་། ཡང་ན་བུ་ཆུང་བ་དེས་བྱེད་དགོས་སྲོལ་འདུག དེ་རྗེས་ནང་མི་གཞན་པོ་དག་གི་ཟས་སྐལ་དུ་དམིགས་པའི་ཕྱུར་ར་དང་མར་ཁྲན་བུ་བཅས་སྤྲའི་ཕྱི་ལོགས་སུ་མེར་བསྲེགས་ཏེ་ནང་མི་དག་གིས་མ་ཧི་ཕྲེང་སྐོར་རེ་ཙམ་བསགས་ཤིང་བསྔོ་བ་གང་ཤེས་བྱེད་ཀྱི་ཡོད་འདུག དཀོན་མཆོག་ལ་བསྙེན་བཀུར་གྱི་ཆེད་དུ་དགོང་མོ་རེ་བཞིན་"མཚན་ཐུབ"ཅེས་བྱ་བའི་མར་མེ་རེ་ཐབ་ཀྱི་ཡ་ཐོད་དུ་སྦར་དགོས་ཀྱི་ཡོད་འདུག་ཅིང་། མར་མེ་དེ་ནི་དགོང་མོ་ས་ནུབ་ནས་སང་ཉི་མ་འཆར་བའི་བར་དུ་རྒྱུན་མ་ཆད་པར་འབར་ཐུབ་པ་ཞིག་དགོས་ཀྱི་ཡོད་པ་རེད།

འབྲུག་མི་གཞོན་ནུ་དག་ནི་རང་རང་གི་ཕ་མ་ལ་བརྩི་གུས་ཏ་ཙང་ཆེ་ཞིང་། ཕ་མ་རྣམས་རྒན་རྒོན་དུ་གྱུར་པའི་ཚེ་ཁྱིམ་ནང་གི་ལས་ཀ་བྱེད་སྲོལ་མེད་པ་དང་། དེ་དག་ནི་དགོན་པའམ་ཆོས་སྒར་ཁག་ཏུ་ཕྱིན་ཏེ་བླ་མ་རྣམས་ཀྱི་དྲུང་ནས་བཀའ་ཆོས་ཞུ་ཞིང་འབུམ་ལྷ་བསགས་ཀྱི་ཡོད་པ་རེད། འབུམ་ལྷ་ཞེས་པ་ནི། ཆོས་ལ་འཇུག་པའི་སྒོ་སྐྱབས་འགྲོ་འབུམ་ཐེར། སྡིག་སྒྲིབ་སྦྱོང་བའི་སྒོ་རྡོ་རྗེ་སེམས་དཔའི་བཟླས་པ་ཡིག་བརྒྱ་འབུམ་ཐེར། ལུས་ཀྱི་སྒྲིབ་པ་སྦྱོང་བའི་སྒོ་ཕྱག་འབུམ་ཐེར། ཚོགས་བསགས་པའི་སྒོ་མཎྜལ་འབུམ་ཐེར། བྱིན་རླབས་དབང་གི་སྒོ་བླ་མའི་རྣལ་འབྱོར་འབུམ་ཐེར་བཅས་ཡིན་པ་རེད། དེ་དག་གྲུབ་རྗེས་འཕོ་བའི་མན་ངག་དང་། དངོས་གཞི་ཁྲིགས་ཆོད་ཀྱི་ཉམས་ལེན་སོགས་ལ་བསླབས་ནས། རྒན་རྒོན་དེ་དག་ཆོས་སྒར་ཁག་ཏུ་གཏན་གནས་འཆའ་བའམ་མང་ཤོས་ནི་ནང་མི་དང་ཉེ་བའི་སར་སྒྲ་གྲུར་ཆུང་ངུའི་ནང་དུ་གནས་ཤིང་ཁ་བཏོན་དང་དགེ་སྦྱོར་ལ་བརྩོན་གྱི་ཡོད་པ་རེད།

འབྲོག་ཡུལ་དེ་དག་ཏུ་ཆོས་ལུགས་རྣམ་པ་མི་འདྲ་བ་དུ་མའི་དགོན་སྡེ་ཆེ་ཆུང་དང་། ལྷག་པར་གསང་སྔགས་རྙིང་མ་པའི་ཆོས་སྒར་མང་དུ་ཡོད་འདུག་ཅིང་། དེ་དག་ཕལ་ཆེ་བ་ནི་རོང་ཡུལ་གྱི་དགོན་པ་ལྟར་རྗོ་བ་དང་ཤིང་ཆས་ལས་གྲུབ་པའི་གཙུག་ལག་ཁང་དང་། བླ་བྲང་དང་། སྒྲུབ་གྲྭ་དང་། གྲྭ་ཤག་སོགས་མཛེས་བརྗིད་དང་ལྡན་པ་ཡོད་འདུག་ཅིང་། དབྱར་དགུན་གྱི་དུས་རྣམས་སུ་སྒྲོ་འཛོག་བྱེད་ཚོག་པའི་"ནག

དགོན"ཞེས་བྱ་བ་སྡེ་གུར་ཅན་གྱི་དགོན་པའང་མི་ཞུང་བ་ཡོད་པ་རེད།

ཛ་ཆུ་ཁའི་ཕྱོགས་ཀྱི་དགོན་པ་དག།

དགོན་པའི་མིང་། ཆོས་ལུགས།

ཛ་རྒྱལ་དགོན…………རྙིང་མ།

སེར་ཤུལ་དགོན…………དགེ་ལུགས།

དགེ་མོང་དགོན…………རྙིང་མ།

གུ་ལུང་དགོན…………རྙིང་མ།

བ་གྲོད་དགོན…………དགེ་ལུགས།

བཀའ་བཞི་དགོན…………བཀའ་བརྒྱུད།

ལྷུང་མ་རི་ཁྲོད…………རིས་མེད།

བ་ཐུལ་དགོན…………རྙིང་མ།

འབའ་ཆུང་དགོན…………ས་སྐྱ།

དཔོན་རུ་དགོན…………རྙིང་མ།

འཇུ་ཞུང་དགོན…………རྙིང་མ།

ཛོ་ཕོ་དགོན…………དགེ་ལུགས།

འགོ་ཚ་དགོན…………རྙིང་མ།

འཁྲོ་འགབ་དགོན…………རྙིང་མ།

འཁྲོ་གོང་དགོན…………རྙིང་མ།

དཔོན་པོ་དགོན…………དགེ་ལུགས།

དྲིལ་དཀར་དགོན…………རྙིང་མ།

ཕུ་ཁུང་དགོན…………རྙིང་མ།

སླང་ནག་དགོན…………ས་སྐྱ།

ནོར་གླིང་དགོན…………རྙིང་མ།

ཕྱུག་རྩ་དགོན…………བཀའ་བརྒྱུད།

ཐར་ཤུལ་དགོན…………བཀའ་བརྒྱུད།

ཨ་ཆེ་དགོན…………སྙིང་མ།

མོང་དགེ་དགོན…………བཀའ་བརྒྱུད།

ཐོ་རོད་དགོན…………བཀའ་བརྒྱུད།

འཛུ་པ་དགོན…………སྙིང་མ།

འབུམ་གསར་དགོན…………དགེ་ལུགས།

འབུམ་སྙིང་དགོན…………སྙིང་མ།

གཞན་ཡང་ཁྲིའུ་རིག་འཛིན་གྱི་ཆོས་སྐར་སོགས་ཆོས་སྐར་དང་ནག་དགོན་ཆེ་ཆུང་མང་དུ་སྣང་ངོ་།།

གསེར་ཐའི་ཕྱོགས་ཀྱི་དགོན་པ་དག།

དུང་དཀར་དགོན…………སྙིང་མ།

སྟག་རྩེ་དགོན…………སྙིང་མ།

ཡར་ལུང་དགོན…………སྙིང་མ།

རྟོར་ཤུལ་དགོན…………སྙིང་མ།

རག་ར་དགོན…………སྙིང་མ།

སྤ་སྤུག་དགོན…………སྙིང་མ།

སྟག་ལུང་དགོན…………བཀའ་བརྒྱུད།

རག་ཁྲམ་དགོན…………སྙིང་མ།

དཀྱིལ་སློང་དགོན…………སྙིང་མ།

གཞན་ཡང་ཆོས་སྐར་དང་ནག་དགོན་གྱི་རིགས་མི་ཉུང་བ་དག་ཀྱང་ཡོད་པ་རེད།

འབྲོག་ཡུལ་གྱི་དགོན་པ་དེ་དག་གི་འཚོ་བའི་གཞི་རྟེན་གལ་ཆེ་ཤོས་ནི་“གྲྭ་མང་གི་སྒྱི་”ཞེས་བྱ་བ་དག་ཡིན་འདུག་ཅིང་། དེ་ཡང་དགོན་པ་གཞུང་གི་སྒྱི་དང་། བླ་བྲང་ཁག་གི་སྒྱི་དང་། དམིགས་བསལ་གྱི་སྒྱི་སོགས་མང་དུ་ཡོད་འདུག

གྲྭ་སྒྱི་(གྲྭ་མང་གི་སྒྱི་)ནི་སྒྱིའི་ནང་ནས་ཆེ་ཤོས་ཡིན་འདུག་ཅིང་། དེ་དག་ལ་འབྲི་གཡག་བརྒྱ་ཕྲག་མང་པོའི་ནོར་འབྲོག་དང་། འབྲོག་འབངས་ཀྱི་ཁྲོད་དུ་བཀྲམས་པའི་འབྲི་ཤེ། འབྲུ་བུན། ཚོང་འགྲུལ་གྱི་མ་དངུལ་མང་དུ་ཡོད་འདུག་ཅིང་། སྒྱིའི་

ལས་འཁུར་ནི་དགོན་པ་སོ་སོའི་ནང་གི་བླ་བྲང་ཆེ་ཆུང་ཁག་དང་། རྒྱུ་འབྱོར་ལྡན་པའི་སྦྱིན་བདག་ཁག་གིས་ལོ་གསུམ་མམ་ལྔ་རེ་ཙམ་གྱི་རིང་དུ་འཁུར་དགོས་ཤིང་། སྤྱི་པ་དེ་དག་གིས་སྤྱི་གཡོག་ཏུ་གྲྭ་བ་དཀྲུས་མ་འགའ་ཤས་བསྐོས་སྟེ་མ་རྩ་འཕེལ་སྐྱེད་ཀྱི་ཐབས་ཤེས་གང་དྲག་ལག་བསྟར་ཐོག་ལོ་ལྟར་གྱི་ཐོན་འབྲས་ཇི་ཙམ་བྱུང་བ་དེའི་སྟེང་ནས་ལོ་དུས་ཀྱི་སྒྲུབ་ཆེན་ཁག་དང་དུས་སྟོན་སོགས་ཚོགས་དགོས་ཀྱི་ཡོད་པ་རེད།

གྲྭ་པ་སོ་སོའི་འཚོ་རྟེན་ནི་དགོན་དུ་སྒྲུབ་མཆོད་སོགས་ཡོད་པའི་རིང་གྲྭ་སྤྱི་ནས་ཞབས་ཏོག་བྱེད་པ་དང་། དུས་གཞན་དག་ཏུ་ཡུལ་མི་མི་དག་གིས་དགོན་པ་ལ་སྣ་རིམ་ཞུ་ཡོན་གང་བྱུང་དང་། གྲྭ་བ་སོ་སོར་དགོན་གྱི་ལས་འཁུར་གང་ཡོད་ཀྱི་འབབ་སྒོ་ལས་གཞན་པ་གང་ཡང་མེད་པ་རེད། འོན་ཀྱང་གྲྭ་གསར་ཆུང་གྲས་རྣམས་ལ་རྟག་པར་རང་རང་གི་ནང་མིས་རྒྱུག་གསོལ་སྐྱེལ་གྱི་ཡོད་པ་རེད།

འབྲོག་དགོན་འགའ་ཤས་སུ་བཤད་གྲྭ་དང་སྒྲུབ་གྲྭ་གཉིས་ཀ་དང་། མང་ཤོས་ལ་སྒྲུབ་གྲྭ་ཡག་པོ་རེ་ཡོད་འདུག་པ་དེ་དག་ཏུ་བཞུགས་མཁན་དག་ནི་ལོ་གྲངས་ལྔའམ་བདུན་སོགས་དུས་ཚོད་ངེས་པ་ཅན་ཞིག་ལ་གཏན་བཞུགས་གནང་དགོས་པར་བརྟེན་དགོན་པ་དེའི་བསྟན་བདག་སྤྲུལ་པའི་སྐུའམ་མཁན་པོ་སོགས་གང་ཡིན་པ་དེའི་བླ་སྤྱི་(བླ་བྲང་གི་སྤྱི་)ནས་གསོལ་ཐོགས་འདངས་ངེས་འབུལ་དགོས་ཀྱི་ཡོད་དུག བླ་སྤྱིའི་ཡོང་འབབ་ཀྱི་ཆེད་དུ་བསྟན་བདག་དེ་ཉིད་ལོ་རེ་བཞིན་དབྱར་དུས་སུ་འབྲོག་ཡུལ་ཁག་དང་། དགུན་དུས་སུ་རོང་ཡུལ་ཁག་སོགས་ལ་འབུལ་སྡུད་དུ་ཐེབས་པ་དང་། གལ་ཏེ་བསྟན་བདག་དེ་སྤྲུལ་པའི་སྐུ་ཆེ་ཁག་ཅིག་ཡིན་ན་བླ་བྲང་ནས་"སྤྱི་བླ"ཞེས་བྱ་བ་མཁན་པོའམ་སྒྲུབ་གྲྭ་ནས་ཐོན་པའི་སྒྲུབ་བླ་གཉིས་སམ་གསུམ་སོགས་བསྟན་བདག་དེའི་བླ་ཚབ་ཏུ་བསྐོ་ཞིང་། དེ་དག་ལ་བླ་སྤྱི་ནས་སྣར་ཆས་ཆ་ཚང་སྒྲིག་བཀོད་བྱས་ཏེ་དབྱར་དུས་སུ་འབྲོག་ཡུལ་ཁག་དང་དགུན་དུས་སུ་རོང་ཡུལ་ཁག་ལ་འབུལ་སྡུད་དུ་གཏོང་སྲོལ་ཡོད་པ་རེད། གྲྭ་སྤྱི་དང་བླ་སྤྱི་ཙམ་དུ་མ་ཟད་སྒྲུབ་མཆོད་ཆེ་ཁག་ཁ་ཤས་ལ་དམིགས་བསལ་གྱི་སྤྱིའང་མང་དུ་ཡོད་འདུག་ཅིང་། སྤྱི་དེ་རིགས་ཀྱི་སྤྱི་པ་མང་ཤོས་ནི་འབྲོག་སྡེ་ནང་ཁུལ་གྱི་ཁྱིམ་བདག་འབྱོར་ལྡན་གྱི་གྲས་རྣམས་ཡིན་པ་རེད། དེ་དག་ལའང་གྲྭ་སྤྱི་དང་བླ་སྤྱི་ཁག་ལྟར་ཕྱུགས་ཙ་དང་། དབྱར་ས་དགུན་མཚེར་རྒྱ་ཆེན་པོ་

ཡོད་འདུག་པ་དང་། འབྲོག་སྡེའི་ཁྲོད་ཏུ་འབྲི་ཤ་མང་པོ་གསོག་འཇོག་བྱས་ཡོད་པ་དང་། རོང་འབྲོག་ཕན་ཚུན་ཚོང་ལས་ཀྱི་མ་རྩ་རྒྱ་མི་ཆུང་བ་དག་ཀྱང་ཡོད་པ་རེད། དེར་བརྟེན་སྤྱི་པ་དེ་དག་གིས་སྤྱིའི་ཕྱུགས་ཟུའི་བདག་གཉེར་བྱེད་པ་དང་། ལོ་ཤ་བསྡུ་ལེན་བྱེད་པ་དང་། ཡུལ་འབྲོག་ཚོང་ལས་ཀྱི་བྱ་བའི་ཡོང་འབབ་བཅས་ལ་བརྟེན་ནས་སྐྱབས་མཆོད་ཁག་འཛུགས་པ་དང་། ཡོང་འབབ་ལྷག་པོའི་སྟེང་ནས་ཚོགས་མང་ལ་སྐྱུ་འགྱེད་ཀྱང་འབུལ་གྱི་ཡོད་པ་རེད། སྤྱི་པ་འདི་རིགས་ཀྱིས་ཀྱང་སྤྱི་ལྷ་ཞིག་གདན་དྲངས་ཏེ་ལོ་གསུམ་གྱི་རིང་དུ་སྐྱབས་མཆོད་ཀྱི་ཚོགས་དབྱར་སྤྱན་དྲངས་པ་དང་། དབྱར་དགུན་གཉིས་སུ་རོང་འབྲོག་ཁག་ཏུ་འབུལ་སྐྱུད་དུ་ཕེབས་བསྐྱལ་བྱེད་ཅིང་། སྤྱི་ལྷ་དེ་དག་གིས་འབུལ་སྐྱུད་ནས་གང་འཚོར་བའི་དངོས་པོ་མཐའ་དག་སྤྱི་ལ་རྩིས་སྤྲོད་གནང་དགོས་པ་དང་། སྤྱི་དེས་སྤྱི་ལྷ་དེ་ལ་ལོ་རེ་བཞིན་ན་བཟའ་ཆ་ཚང་རེ་དང་གསོལ་ཐོགས་འདེངས་ངེས་བཅས་འབུལ་སྲོལ་ཡོད་པ་རེད།

སྤྱི་གང་ཞིག་ཡིན་ཡང་ཟུང་སྤྱིའི་མ་དངུལ་དང་སྤྱི་མར་རྒྱ་མི་ཆུང་བ་ཡོད་པ་དེ་དག་སྤྱི་པ་སོ་སོར་བགོས་ཏེ་ཚོང་ལས་ཀྱི་སྒོ་ནས་འཕེལ་སྐྱེད་བྱེད་པའམ། ཡང་ན་མི་སྡེའི་ཁོངས་སུ"བཞི་ལ་ལྔ་འབྱར"ཞེས་པའི་བུན་བསྐྱར་ཐོག་འཕེལ་སྐྱེད་བྱེད་དགོས་ཤིང་། སུ་ཞིག་གིས་འཕེལ་སྐྱེད་ཀྱི་བྱ་བ་མ་ནུས་ན་རང་ཉིད་ཀྱིས་ལོ་སྐྱེད་འབུལ་དགོས་ཀྱི་ཡོད་པ་རེད།

དགོན་པའི་སྤྱི་ཁག་གི་སྒྲིག་ཁྲིམས་ཆེ་ཕྲ་མཐའ་དག་ནི་དགོན་དཔོན་དང་ཆོས་ཁྲིམས་ཐུན་མོང་ནས་བལྟ་རྟོག་བྱེད་ཅིང་། དགོན་པའི་རྒྱུན་གྱི་ཕྱི་ནང་གི་བཅའ་ཁྲིམས་ཆེ་ཕྲ་དག་ཀྱང་དགོན་དཔོན་དང་ཆོས་ཁྲིམས་བཅས་པའི་ལག་ཏུ་ཡོད་པ་རེད། འོན་ཀྱང་དགོན་པའི་བསྟན་དོན་གལ་ཆེའི་རིགས་བྱུང་བའི་ཚེ་བླ་སྤྱི་དང་། གྲྭ་སྤྱི། ཚོགས་པའི་དབུ་མཛད་དང་། དགོན་དཔོན་དང་ཆོས་ཁྲིམས་བཅས་ལྷན་རྒྱས་འདུ་འཚོགས་ཀྱི་སྟེང་ནས་ཐག་གཅོད་བྱེད་པ་དང་། དེ་ལས་གལ་ཆེ་རིགས་དག་བྱུང་བའི་ཚེ་དགོན་པའི་བསྟན་བདག་ཀྱང་ཚོགས་དབུར་སྤྱན་དྲངས་ནས་ཐག་གཅོད་བྱེད་སྲོལ་ཡོད་པ་རེད། སྤྱིར་བཏང་བསྟན་བདག་ནི་དགོན་པ་དེའི་མངའ་བདག་དང་། བླ་སྤྱི་དང་གྲྭ་སྤྱི་དག་ནི་དགོན་པའི་རྒྱུ་ནོར་ལག་ལེན་བྱེད་མཁན་དང་། དགོན་དཔོན་ནི

དགོན་པའི་ཕྱི་ནང་གི་བཅའ་ཁྲིམས་ཀྱི་བདག་པོ་དང་། ཆོས་ཁྲིམས་གཉིས་སམ་གསུམ་རེ་ཡོད་པ་དེ་དག་ནི་དགོན་དཔོན་གྱི་ལས་ཆ་དང་། ལྷག་པར་སྒྲུབ་ཆེན་ཁག་གིས་གཙོས་པའི་མང་ཚོགས་ཀྱི་བཅའ་ཁྲིམས་དང་། མང་ཚོགས་ཀྱི་གསོལ་ཐབ་བཅས་པར་ཞིབ་འཇུག་བྱེད་མཁན་དང་། མཁན་པོ་དག་ནི་དགེ་འདུན་པ་རྣམས་དབྱར་གནས་བཞུགས་དུས་ཀྱི་མཁན་པོ་དང་། འགའ་ཤས་ཀྱིས་ནམ་རྒྱུན་བཤད་གྲྭའི་མཁན་པོ་བྱེད་ཅིང་གྲྭ་བཙུན་རྣམས་ལ་ཆོས་ཁྲིད་གནང་བ་དང་། སློབ་དཔོན་ནི་དུས་མཆོད་ཁག་གི་རྡོ་རྗེ་སློབ་དཔོན་དང་། སྒྲུབ་དཔོན་ནི་སྒྲུབ་གྲྭར་རྩ་ལྟུང་དང་། འཕྲུལ་འཁོར། བསྐྱེད་རྫོགས་ཀྱི་རིམ་པ་དག་ལག་ཁྲིད་གནང་མཁན་དང་། དབུ་མཛད་ནི་ཚོགས་ཆེན་གྱི་དབུ་མཛད་དང་། ཚོགས་ཆུང་ཁག་གི་རྡོ་རྗེ་སློབ་དཔོན་དང་། དབུ་མཛད་ཆུང་བ་དག་ནི་རྒྱུན་ཚོགས་དག་གི་དབུ་མཛད་དང་སློབ་དཔོན་གྱི་ཚབ་ཀྱང་གནང་གི་ཡོད་པ་རེད།

གྲྭ་བ་དཀྱུས་མ་དག་ལ་བརྒྱལ་ལམ་གྱི་རིམ་པ་མི་འདྲ་བ་གསུམ་ཡོད་འདུག་ཅིང་། དེ་ལས་བརྒྱལ་ལམ་དང་པོ་ནི། གྲྭ་བ་གང་ཞིག་གིས་དགོན་པའི་ཚོ་ག་དང་ཕྱག་ལེན་གྱི་སྔོར་སློབ་གཉེར་གྲུབ་རྗེས་སྒྲུབ་གྲྭར་ཞུགས་དགོས་ཤིང་། ལོ་བདུན་ནས་སྒྲུབ་གྲྭ་ལས་ཐོན་པ་དང་། དེའི་གོ་གནས་སུ་ཞྭ་མོ་ཞིག་དང་རྡོར་དྲིལ་ཆ་གཅིག་བཅས་དགོན་པ་དེའི་བསྟན་བདག་དང་རྡོ་རྗེ་སློབ་དཔོན་གསར་རྙིང་ལྷན་རྒྱས་ནས་གནང་སྲོལ་ཡོད་པ་རེད། དེ་ནས་ཚོགས་ཆེན་གྱི་རོལ་དཔོན་ལོ་གསུམ་དང་། དབུ་ཆུང་ལོ་གསུམ། དབུ་མཛད་ལོ་གསུམ་བཅས་གནང་དགོས་པ་དང་། དེ་ནས་ཟུར་བླ་ཞེས་པ་དེ་སློབ་དཔོན་བྱེད་ཚོག་པའི་གྲས་ཡིན་ཞིང་། སྤྱི་བླ་ཞེས་པ་དག་ཀྱང་དེའི་ཁོངས་ནས་བསྐོ་དགོས་པ་རེད། དེ་ནས་ཚོགས་ཆེན་གྱི་སློབ་དཔོན་ལོ་ལྔ་ཙམ་དུ་གནང་དགོས་ཤིང་། དེ་རྗེས་སུ་ལོ་གྲངས་ངེས་མེད་དུ་སྒྲུབ་དཔོན་གནང་དགོས་པ་དེ་ནི་དགོན་པ་གཅིག་གི་གོ་གནས་ཀྱི་མཐར་ཐུག་པ་ཞིག་རེད། བརྒྱལ་ལམ་གཉིས་པ་ནི། གྲྭ་བ་གང་ཞིག་དགོན་པའི་རིག་གནས་ཀྱི་འཛིན་གྲྭ་ནས་སློབ་གཉེར་གྲུབ་པའམ་ཡང་ན་ཐད་ཀར་བཤད་གྲྭར་ཞུགས་ཏེ། ལོ་ལྔའི་རིང་ལ་གཞུང་ཆེན་བཅུ་གསུམ་དུ་གྲགས་པ་དག་ལ་སློབ་གཉེར་གནང་དགོས་པ་དང་། དེ་ནས་དགོན་པ་གཞན་དག་གི་བཤད་གྲྭར་ལོ་མང་དུ་སློབ་

གཉེར་བྱེད་ཅིང་། སླར་ཡང་རང་དགོན་གྱི་བཤད་གྲྭའི་སྐྱོར་དཔོན་གནང་དགོས་པ་དང་། དེ་རྗེས་སུ་དགོན་གཞུང་གི་མཁན་པོ་ལོ་གསུམ་དང་། དེ་ནས་བཤད་གྲྭའི་མཁན་པོ་གནང་བའམ། བསྟན་བདག་སྤྲུལ་པའི་སྐུ་རྣམས་ཀྱི་“སྐུ་རྒྱབ་པ་”ཞེས་པ་ཡོངས་འཛིན་གནང་བའམ། མང་ཤོས་ནི་རི་ཁྲོད་དུ་ཐེབས་ནས་འཕོར་སློབ་སྐྱོང་སྤྲོལ་ཡོད་པ་རེད། བརྒྱལ་ལམ་གསུམ་པ་ནི། གྲྭ་བ་གང་ཞིག་རིག་གནས་ཀྱི་འཛིན་གྲྭ་གང་ཧྲུང་ལས་ཐོན་པའི་རྗེས་དགོན་གཞུང་གི་ཧྲུང་དཔོན་ལོ་གསུམ་དང་། ཆོས་ཁྲིམས་ལོ་གསུམ། གྲྭ་སྤྱིའི་སྤྱི་པ་ལོ་གསུམ་དང་། དེ་ནས་དགོན་དཔོན་གྱི་གོ་གནས་སུ་འགྱུར་ཏེ་ལོ་གསུམ་གྱི་རིང་ལ་དགོན་པའི་བཅའ་ཁྲིམས་ཀྱི་འགན་ལེན་དགོས་པ་དང་། དེ་རྗེས་སུ་གྲྭ་སྤྱིའི་སྤྱི་དཔོན་དང་བླ་སྤྱིའི་སྤྱི་དཔོན་བྱེད་དགོས་ཀྱི་ཡོད་པ་རེད། གོང་གསལ་དེ་དག་ནི་གཙོ་ཆེའི་བརྒྱལ་ལམ་གྱི་རིམ་པའི་དབང་དུ་བྱས་ཤིང་། དེ་དག་གི་བར་རྣམས་སུ་དམིགས་བསལ་གྱི་ལས་འགྱུར་དཔེར་ན་ཟུར་བླ་དག་གིས་མགོན་བླ་གནང་བ་དང་། ཆོས་ཁྲིམས་ནས་དགོན་གཉེར་དུ་འཕོ་བ་དང་། དམིགས་བསལ་གྱི་སྤྱི་འགྱུར་དགོས་པའི་རིགས་མང་དུ་ཡོད་འདུག་པ་དེ་དག་ནི་གཙོ་བོ་ཁེ་ཡོད་པའི་ལས་དང་སྒྲིང་འགྱུར་དགོས་པའི་ལས་འགྱུར་དག་རེས་མོས་སུ་བྱས་པ་ཙམ་ལས་ངེས་པ་ཅན་གྱི་རིམ་པ་གང་ཡང་མི་སྣང་ངོ་། །

འབྲོག་པའི་མ་ཎིའི་རྒྱ་ཞག

མ་ཎིའི་རྒྱ་ཞག་ཅེས་པ་ནི་འབྲོག་ཡུལ་མི་སྡེ་བྱིངས་ཀྱིས་ཆོས་བྱེད་པའི་དུས་ཚིགས་ཤིག་རེད། དེ་ཡང་ནག་སྐར་ཁག་གམ། དགོན་སྡེ་ཁག་ཏུ་འབྲོག་ཡུལ་སོ་སོའི་ཁོངས་ཀྱི་ཕོ་མོ་རྒན་གཞོན་དང་། དར་མ་དང་། གཞོན་ནུ་རྣམས་རེས་མོས་སུ་འདུས་ཤིང་། དགུན་དུས་སུ་ཟླ་བ་གཅིག་ཙམ་གྱི་རིང་ལ་དགོན་གྱི་སློབ་དཔོན་གང་རུང་གི་མདུན་ནས་སྨྱུང་བར་གནས་པའི་སྡོམ་པ་ལེན་ཞིང་། སྨྱུང་གནས་ཆ་རེ་བཞིན་དུ་ལུས་ཀྱི་སྒྲིབ་པ་སྦྱང་བའི་སླད་དུ་ཉིན་སྔ་མར་ཕྱི་དྲོའི་ཁ་ཟས་སྤང་བ་དང་། ཉིན་ཕྱི་མར་བཟའ་བཏུང་ཚང་མ་སྤང་ཞིང་ཕྱག་འཚལ་བ་དང་། ངག་གི་སྒྲིབ་པ་སྦྱང་བའི་སླད་དུ་ཉིན་ཕྱི་མར་གཏམ་མི་སྨྲ་ཞིང་མ་ཎི་གསོག་པ་དང་། ཡིད་སྒྲིབ་སྦྱང་བའི་སླད་དུ་སློབ་དཔོན་གྱི་མདུན་ནས་མ་ཎི་བཀའ་འབུམ་གྱི་བཀའ་ཆོས་ཞུ་ཞིང་བློ་སྦྱོང་བྱེད་ཀྱི་ཡོད་པ་རེད། མ་ཎིའི་རྒྱ་ཞག་གི་དུས་དེ་སྐྱིད་ཀྱི་རིང་ལ་དགོན་པ་སོ་སོའི་བླ་གྲྭ་ཕལ་ཆེ་བའང་ཚོགས་སུ་ཕེབས་ཤིང་། དགེ་སློང་མ་དཔལ་མོའི་ལུགས་ཀྱི་ཆོམ་བུའི་དཀྱིལ་འཁོར་ལ་བརྟེན་ནས་སྤྱན་རས་གཟིགས་སྒྲུབ་པའི་ཚོག་གཏོང་སྲོལ་ཡོད་པ་རེད། སྨྱུང་གནས་ཀྱི་སྡོམ་པ་ཡན་ལག་བརྒྱད་པ་ཇི་ལྟར་རང་ཉིད་ཀྱིས་ལེན་པ་དང་། གཞན་ལ་འབོགས་ཚུལ་དང་། སྨྱུང་གནས་ཀྱི་ཆོ་གའི་རིམ་པ་དག་ནི་ཀུན་མཁྱེན་ཀླུ་སྒྲུབ་ཤྲིས་མཛད་པའི་《ཐུགས་རྗེ་ཆེན་པོ་བཅུ་གཅིག་ཞལ་གྱི་སྨྱུང་བར་གནས་པའི་ཆོ་ག་སྙིང་པོར་བསྡུས་པ་》ཞེས་བྱ་བ(རིན་ཆེན་གཏེར་མཛོད་ར××V༡༣)ལས་གསལ་ཞིང་། ཡན་ལག་བརྒྱད་ཀྱི་སྡོམ་པ་ནི།

༡ དེང་ནས་སྲོག་གཅོད་མི་བྱ་ཞིང་། །

༢ གཞན་གྱི་ནོར་ཡང་བླང་མི་བྱ། །

༣ འཁྲིག་པའི་ཆོས་ཀྱང་མི་སྤྱད་ཅིང་། །

༤ རྟུན་གྱི་ཚིག་ཀྱང་མི་སྨྲའོ། །
༥ སྐྱོན་ནི་མང་པོ་ཉེར་བསྟེན་པའི། །
ཆང་ནི་ཡོངས་སུ་སྤང་བར་བྱ། །
༦ དེ་བཞིན་དུས་མ་ཡིན་པའི་ཟས། །
༧ ཁྲི་སྟན་ཆེ་མཐོ་མི་བྱ་ཞིང་། །
༨ དྲི་དང་ཕྲེང་བ་དང་ནི་རྒྱན། །
གར་དང་གླུ་སོགས་སྤང་བར་བྱ། །
ཞེས་བྱ་བ་དག་ཡིན་ནོ།།

སྤྱིར་བཏང་སྨྱུང་གནས་ཀྱི་སྒོམ་པ་ནི། གང་ཟག་སུ་ཞིག་གིས་དཀོན་མཆོག་གི་རྟེན་ནམ་སློབ་དཔོན་གྱི་དྲུང་ནས་སྡོམ་པ་བླངས་པའི་ནང་མོ་དེ་ནས་བཟུང་ཉིན་ཕྱི་མའི་སྐྱ་རེངས་ཤར་པའི་བར་དུ་སྡོམ་པ་རང་རྒྱུད་ལ་འགོ་ཞིང་། དེ་ནས་སླར་ཡང་སྡོམ་པ་གསར་དུ་ལེན་དགོས་པ་རེད། གང་ལགས་ཤེ་ན། གང་ཟག་དེས་ཐོག་མར་སྡོམ་པ་ལེན་པའི་སྐབས་སུ"ཇི་སྲིད་སང་གི་ཉི་མ་མ་ཤར་གྱི་བར་དུ་གསོ་སྦྱོང་ངེས་པར་ཡང་དག་པར་བླང་བར་བགྱིའོ།།"ཞེས་དམ་བཅའ་བྱས་ཡོད་པའི་ཕྱིར་རོ། །འོན་ཀྱང་བོད་ཁམས་ལ་ཡོངས་གྲགས་ཀྱི་ཕྱག་ལེན་ནི"སྨྱུང་གནས་ཆེ" ཞེས་པ་སྟེ་ཉིན་ཞག་ཕྲུག་གཉིས་ཡ་མི་འབྲལ་བར་བྱེད་དགོས་ཞིང་། དེ་ཡང་"བདེ་འགྲོ"ཞེས་བྱ་བའི་ཉིན་དང་པོའི་ནམ་ལངས་པ་ན་སྡོམ་པ་ལེན་ཞིང་། དེ་ནས་བཟུང་ཇ་དང་འོ་མ་སོགས་ལ་ལོངས་སྤྱོད་པ་དང་། ཉིན་གུང་དུ་ཤ་ཆང་སོགས་དང་མ་འདྲེས་པའི་བཟའ་བཅའ་གང་འོས་སྟན་ཐོག་གཅིག་ཏུ་བཟའ་དགོས་པ་དང་། གུང་ཚིགས་ཀྱི་རྗེས་ནས་དགོང་མོར་མལ་དུ་ཕྱིན་པའི་བར་ཇ་འོ་སོགས་ཀྱི་བཏུང་བ་ལ་སྤྱོད་ཆོག་ཅིང་། ཉིན་ཕྱི་མ"ངག་བཅད"ཅེས་བྱ་བའི་ཉི་མ་དེའི་ནང་མོར་མལ་ནས་ལངས་པ་ནས་བཟུང་གཏམ་སྨྲ་མི་ཆོག་ཅིང་། ཡན་ལག་ལྔ་ཁྲུས་གྲུབ་རྗེས་སྡོམ་པ་གསར་དུ་ལེན་དགོས་པ་དང་། ཉིན་དེར་བཟའ་བཏུང་གི་རིགས་གང་ལའང་ལོངས་སྤྱོད་མི་ཆོག་གོ །ཉིན་གསུམ་པའི་ནང་མོ་སྔ་བར་མལ་ནས་ལངས་ཤིང་ཡན་ལག་ལྔ་ཁྲུས་བྱེད་པ་དང་། དེ་ནས་དཀྱིལ་འཁོར་དུ་བསྐུལ་པའི་ཕུམ་ཆུ་བཏུང་ཞིང་ད་གཟོད་གཏམ་སྨྲ་ཆོག་པ་དང་། "ཐོར་ཐུག"ཅེས་

པ་འོ་མ་དང་། ཕྱུར་བ་དང་། སྤྲུས་ཕྱེ་དང་། མར་བཅས་ལྷན་དུ་བསྐོལ་བའི་ཐུག་པ་ཞིག་བཏུང་སྲོལ་ཡོད་པ་དེས་ཟས་བཅད་ནས་གྲོལ་བར་བྱེད་དོ།། དེ་ལྟ་བུའི་ཉིན་ཞག་ཕྲུག་གཉིས་ལ་སྨྱུང་གནས་ཆ་ཞེས་བྱ་བ་དང་། སླར་ཡང་ཉིན་དང་པོ་ལྟར་སྡོམ་པ་ལེན་པ” སོགས་རྣམ་གྲངས་བསགས་པ་ལ་སྨྱུང་གནས་ཆ་གཉིས་དང་གསུམ་སོགས་ཟེར་ཞིང་། ཉིན་ཞག་ཕྲུག་བཅུ་དྲུག་ལ་“སྨྱུང་གནས་དཀར་པོ་ཆ་བརྒྱད་” ཅེས་པ་སྤྱིར་བཏང་སྨྱུང་གནས་ཀྱི་ཚད་ལྟ་བུ་ཞིག་ཡིན་པ་རེད། དེ་ལྟར་སྡོད་མི་ནུས་པའི་རྒན་རྒོན་དང་གཞོན་ནུ་དག་གི་ཆེད་དུ་“བསྙེན་གནས” ཞེས་པ་ཞིག་ཀྱང་ཡོད་འདུག་པ་དེ་ནི་ངག་བཅད་ཀྱི་ཉིན་ལ་ཀུང་ཚོགས་ཀྱི་བཟའ་བཏུང་བྱེད་པ་ཙམ་ལས་གཞན་པའི་ཁྱད་པར་གང་ཡང་མི་སྣང་ངོ་། །

མ་ཧིའི་རྒྱ་ཞག་གི་མཇུག་ཏུ་འབྲོག་མི་རྒན་རྒོན་དག་གིས་སློབ་དཔོན་བཟང་པོ་དག་གི་དྲུང་ནས་བདུན་ཕྲག་གཉིས་སམ་གསུམ་ཙམ་གྱི་རིང་དུ་འཕོ་ལུང་ལ་སྦྱོང་བརྩོན་བྱེད་ཅིང་། སྐབས་དེར་རྒན་རྒོན་འགའ་ཤས་ཀྱི་མགོ་བོ་ལ་རྩེ་ཐུར་ཟུག་པ་དང་། མགོ་དཀྱིལ་ནས་སྐྲ་ཐོན་པའམ་ཆུ་སེར་ཐོན་པ་སོགས་ཀྱི་འཕོ་རྟགས་ཀྱང་འགྲུབ་ཐུབ་ཀྱི་ཡོད་པ་རེད། དེ་དག་གིས་ལག་ལེན་དུ་བསྟར་བའི་འཕོ་ཁྲིད་ཀྱི་ཡིག་ཆ་ནི་རིན་ཆེན་གཏེར་མཛོད་“ཞ་× ×། ༢༤;༢༥;༢༦;༢༧;༢༨” ལས་གསལ་བ་ཡིན་ནོ།།

འབྲོག་པའི་གླང་གླུའི་བཞི་རྒྱལ།

གླང་གླུའི་བཞི་རྒྱལ་ཞེས་པ་ནི་འབྲོག་པའི་ལྷ་གསོལ་གྱི་དུས་སྟོན་ཆེ་ཤོས་ཤིག་རེད། དུས་སྟོན་དེའི་ཆེད་དུ་འབྲོག་མི་དག་གིས་རས་ཁ་དོག་སྣ་ཚོགས་པར་རླུང་རྟའི་རིགས་པར་བཏབ་པའམ། ཡང་ན་དར་གྲོད་ཀྱི་སྣེ་རྣམས་སུ་རས་དཀར་དམར་ལྗང་སེར་སྔོན་པོ་དག་གིས་བརྒྱན་པ་མང་དུ་བཟོ་སྲོལ་ཡོད་པ་རེད། གླང་གླུའི་ཚེས་བཞིའི་ཉིན་འབྲོག་མི་སྐྱེས་པ་རྣམས་ཀྱིས་པོག་རྣ(མེ་མདའི་རྣ)ལ་དར་གྲོད་ཀྱིས་བརྒྱན་པའི་རྩེ་མོར་གོས་ཆེན་གྱིས་བཟོས་པའི་བསང་ཁུག་ཆུང་ངུ་རེ་བཏགས་ཏེ་དུས་སྟོན་དུ་འགྲོ་གི་ཡོད་པ་རེད། བསང་ཁུག་གི་ནང་དུ"བསང་རྫས"ཞེས་བྱ་བ་རྩམ་པ་དང་། མར། ཐུ། ཡོས་ཁྲ་དཀར་ནག འབྲུ་སྣའི་རིགས། ཕྱུར་ར། གྲོ་མ་དང་། རིན་ཆེན་ཕྱེ་མ་བཅས་གང་འཛོམས་ལྟར་དུ་བསྲེས་པ་ཙུང་ཟད་རེ་ཡོད་པ་རེད། སྐྱེ་བོ་དེ་དག་ལྷ་རིའི་རྩེའམ་གཞི་བདག་ཆེ་ཁག་གི་ཞོལ་སོགས་ལྷ་གསོལ་གྱི་འདུ་གནས་གང་ཡིན་དེར་འགྱུར་རྗེས་ཡུལ་དེའི་བླ་གྲྭ་རྣམས་ཀྱིས་ལྷ་བསང་གི་ཚོ་ག་དང་འབྲེལ་བའི་བསང་མཆོད་རྒྱས་པར་འབུལ་ཞིང་། དམིགས་བསལ་ཡུལ་ལྷ་ལ་བསང་མཆོད་འབུལ་བའི་མཚམས་དེར་འབྲོག་མི་རང་རང་གིས་ཁྱེར་ཡོད་པའི་བསང་རྫས་དག་བསང་ནང་དུ་འབུལ་བ་དང་ལྷན་དུ་ཀི་བསྭོ་ཆ་སྒྲ་དེར་དེར་གྱི་སྒོ་ནས་སོ་སོའི་འདོད་པ་ལྟར་ཁ་སྨོན་མི་འདྲ་བ་སྣ་ཚོགས་རྒྱག་སྲོལ་ཡོད་པ་རེད།

དེ་ཡང་གསེར་ཐར་བའི་ཁ་སྨོན་ཕོ་བོས་ཡུལ་མི་ཚོའི་ངག་ལས་ཐོས་པ་གཤམ་གསལ།

ཀི·ཧོ·ཧོ·ཧོ·ཧོ·ཧོ·ཧོ·ཧོ·ཧོ·ཧོ། །

མཆོད་མགོ་༡、༢、༣、༤༥、༦、༧、༨、༩། །

གསེར་སྟོད་ཀྱི་འབྲོང་རི་སྨུག་པོ། །

འབྲོང་འཁོར་སྐོར་དང་དགུ་བརྒྱ། །
དམག་དཔོན་ཏ་ལང་གདོང་ར། །
དམ་ཅན་རྡོ་རྗེ་ལེགས་པ། །
རྫ་ཆེན་ར་རྫ་ཕྲུན་བདུན། །
ཨ་ཙོའི་སིལ་པོ་སིལ་མ། །
གསེར་སྨད་ཀྱི་ལྷ་ལེ་སྟག་རྩེ། །
ལྷ་ལེའི་དངུལ་ཕྲུག་ཕྲུག་མོ། །
ཐོར་པོའི་རི་བཀྲ་རྫ་བཀྲ། །
སྒྲུ་བདུད་སྒོ་ར་ནག་པོ། །
བསེ་ཡི་བསེ་སླག་སྟག་རྩེ། །
འཛི་ཆུང་ལྷ་རྩེ་ཕྲུག་མོ། །
མཆོད་མཆོད་བསྟོད་བསྟོད་ཀྱི་སྲུང་མ། །
མ་མཆོད་རང་འཁོར་གྱི་སྲུང་མ། །
དཔེན་གནས་གཉན་གྱི་སྲུང་མ། །
ཕ་མྱེས་བརྒྱུད་ཀྱི་སྲུང་མ། །
ཡུལ་ལྷ་དྲག་རྩལ་ཅན། །
ཅོ་སོ་བསྟོད་རྒྱུ་པོ། །
རྟེན་པོའི་སོ་འོག་མ་གཏོང་། །
བཙན་པོའི་དབང་འོག་མ་གཏོང་། །
ཚོན་པོ་ཚིལ་ཅན་སྲིད་དང་ཚིལ་གྱིས་མཆོད། །
གཙན་གཟན་ཁྲ་ཅན་སྲིད་དང་ཁྲ་ཡིས་མཆོད། །
དགྲ་བྱུང་ན་བྱ་ཐོངས། །
ཁ་ལས་དགེ་ཁ་ཆུགས། །
རླུང་ཧ་དར་ཁ་ཆུགས། །
མང་མང་ནང་གི་དགེ་དང་སྲིད། །

ཁྱུང་ཁྱུང་ནང་གི་དོན་དང་སྦྲོད། །
མི་ལ་ན་ཚ་མ་གཏོང་། །
ཕྱུགས་ལ་གྱུ་གོད་མ་གཏོང་། །
ངོ་སོ་བསྟོད་རྒྱུ་བོ། །
བསམ་བསམ་པོ་ལམ་ལ་ཐོངས། །
འདོད་འདོད་པོ་ལག་ཁར་སྤྲོད། །
ཁ་ལས་དགེ་ཁ་ཆུགས། །
གླིང་ཧ་དར་ཁ་ཆུགས། །
ཀི་ཧོ་ཧོ་ལྷ་རྒྱལ་ལོ། །
ཞེས་སོགས་མང་དུ་འདུག་ནའང་དཔེར་བཀོད་པ་ནི་མ་མཐོང་ངོ་། །དེ་ལྟར་བསང་མཆོད་ཕུལ་ཟིན་མ་ཐག་ཏུ་སྐྱེ་བོ་དེ་དག་གིས་རྟ་བཞོན་ཏེ་ལབ་ཙེའི་དྲུང་དུ་འགྲོ་ཞིང་།
དེར་གླིང་ཧ་རྣམས་སྤྲོན་པ་དང་ལྷན་དུ་སྐད་གསང་མཐོན་པོས་ཁ་སློན་འདི་སྐད་དུ།
ལྷ་གསོལ་ལོ། ལྷ་གསོལ་ལོ། །
གཡས་ཀྱི་སྟག་ལྷ་ཁྲ་བོ། །
གཡོན་གྱི་གཟིག་ལྷ་ཁྲ་མོ། །
བར་གྱི་ལབཙས་ཁྲ་བོ། །
སྲིད་པ་ཆགས་པའི་ལྷ་རབས། །
སྐྱེས་པ་ཕོ་ཡི་དགྲ་ལྷ། །
དཔའ་བོ་ཁྲ་སླག་སྤྱང་གསུམ། །
འབྱུང་བ་ལྔ་ཡི་ལྷ་བོ། །
གླིང་ལྷའི་མི་བོ་མཆེད་ལྔ། །
གཡས་རི་སྟག་གི་མདེལ་རྫི། །
གཡོན་རི་ཟ་མའི་བུ་རྫི། །
ཉིན་སྲིབ་སོ་ཁའི་བདག་པོ། །
མཐོན་པོ་གནམ་ཕྱི་གུང་རྒྱལ། །

དམའ་པོ་ན་དམར་དུང་ཆུང་། །
ཕྲུག་པོ་རྫ་ཡི་རྣ་མང་། །
སྲ་བ་བྲག་གི་བཙན་རྒན། །
དྭངས་མ་རྫ་ཆབ་སིལ་མོ། །
མགྱོགས་པ་རླུང་གི་ཟེར་མ། །
འབར་བ་མེ་ཡི་འབྲུག་གྲུ། །
པ་སྤྱིས་ཀྱི་རིགས་འཚོ་བ། །
ཞིག་ཞིག་གི་རྫེ་རོགས། །
བྱམས་བྱམས་ཀྱི་ཕ་མ། །
སྣང་དཀྲ་པོའི་གཤིད་མ། །
ཉིན་སྣང་བའི་འོད་གསལ། །
མཚན་མུན་པའི་སྨག་སེལ། །
སྐུ་རླུང་ལྷའི་རྒྱལ་པོ། །
རླུང་དམག་བྱ་བ་འབུམ་སྡེ། །
བཟང་བཟང་ཕུད་ཀྱིས་མཆོད་དོ། །
རྟག་རྟག་ལ་བཙས་གསོལ་ལོ། །
གཙང་གཙང་རླུང་རྟ་འབུལ་ལོ། །
མ་གོ་མ་ཆོར་མེད་པར། །
གསོལ་མཆོད་དང་ངོ་སོ་བསྟོད། །
ཁ་ལས་དགེ་ཁ་ཆུགས། །
རླུང་རྟ་དར་ཁ་ཆུགས། །
བསམ་བསམ་པོ་འགྲུབ་ཏུ་ཆུགས། །
དཔའ་པོ་དགྲ་ལ་འགྲོ་དུས། །
ངར་ཆེན་མཆོན་གྱི་རྩེ་ལ་སྦྱོན། །
རིང་པོ་ཆོང་ལ་འགྲོ་དུས། །

ཁེ་དང་གྲིམ་གྱི་རྩལ་ལ་བྱོན། །
རྫོད་དང་ཁ་མཆུ་བྱུང་དུས། །
དམར་པོ་ལྕེ་ཡི་རྩེ་ལ་བྱོན། །
ཉིན་མོའི་འོད་ལ་ཁག་མ་འཇོག །
མཚན་མོའི་སྨག་ལ་སྐྲ་མ་གཡེལ། །
ལུས་དང་གྲིབ་བཞིན་མ་འབྲལ། །
སྐྱབས་དང་སྐྱོབ་མ་མཛོད། །
མགོན་དང་མེལ་ཚེ་མཛོད། །
ཀི་ཧོ་ཧོ་ལྷ་གསོལ་ལོ། །

ཞེས་སོགས་མི་འདྲ་བ་མང་དག་ཡོད་འདུག་ཅིང་། འདི་ནི་ཕོ་བོས་ཟ་ཆུ་ཁའི་མི་དག་གི་ངག་ལས་ཐོས་པ་ལྟར་བཀོད་པ་ཡིན་ནོ། །

དེ་ལྟར་རླུང་རྟ་ཐུལ་ཟིན་མ་ཐག་ཏུ་མགྱོགས་པོར་བསང་ཁྲིའི་དྲུང་དུ་ལོག་ཅིང་། རྟ་རྣམས་ཁྲིད་པ་དང་། གྲི་དང་མེ་མདའ་རྣམས་ལག་པར་ཁྱེར་ཏེ་ཀི་བསོ་ཆ་སྒྲ་དང་བཅས་པས་ལྷ་བསང་ལ་གཡས་བསྐོར་ལན་གསུམ་ནས་བདུན་གྱི་བར་སོགས་བྱེད་དོ། །
དེ་ནུབ་ལྷ་རིའམ་གཞི་བདག་དེའི་ཉེ་འགྲམ་གྱི་སྤང་ཐང་ཞིག་ཏུ་སྡར་བབས་ཤིང་། དེའི་ཚེ་འགྲོག་མོ་དག་གིས་གཟབ་མཆོར་སྤྲས་ནས་ཤ་མར་ཐུད་གསུམ་གྱིས་གཙོས་པའི་བཟའ་བ་དང་། འོ་ཞོ་སོགས་བཏུང་བའི་རིགས་དག་ཁྱེར་ཏེ་དེར་འཁོར་ཞིང་། དེ་ནས་འགྲོག་མི་གཞོན་ནུ་དག་གིས་རྟ་ལ་སྒ་མེད་པར་“སྤུ་ལི་མ”ཞེས་བྱ་བའི་རྟ་རྒྱུག་བྱེད་ཀྱི་ཡོད་པ་རེད།

རྟ་རྒྱུག་གི་སྤྱོད་ཚུལ་ལའང་“རྟ་རྩལ”ཞེས་བྱ་བ་ཞོན་པ་པོའི་ལུས་རྩལ་འགྲན་པ་དང་། “བང་ཚད”ཅེས་པ་རྟའི་མགྱོགས་རྩལ་འགྲན་པ་བཅས་གཉིས་སུ་བྱེད་ཅིང་། དེ་ལས་རྟ་རྩལ་ནི། རྟ་རྒྱུག་པ་པོ་དག་གིས་རྟ་རྒྱུག་བཞིན་དུ་འོག་འགྱུར་རྒྱུག་ཅིང་ཁས་སྤང་ཐང་ངོགས་ཀྱི་མེ་ཏོག་ལོན་པ་དེ་ནི་“མེ་ཏོག་ཁ་འཐུ”ཞེས་བྱ་བ་རྟ་རྩལ་ཨང་དང་པོ་དང་། ལག་པས་མེ་ཏོག་བཏོག་ཐུབ་པ་ལ་“མེ་ཏོག་རྩེ་བྲེག”ཅེས་པ་ཨང་གཉིས་པ་དང་། རྟའི་མགྲིན་འོག་ནས་འོག་འགྱུ་རྒྱུག་ཐུབ་པ་ལ་ཨང་གསུམ་པར་བརྩི་བ་དང་།

བང་ཚད་ནི་རྒྱ་མི་གཉིས་རེ་ཁ་གཤིབས་ནས་ལྷན་དུ་རྒྱུག་ཅིང་། རྒྱུག་ཐག་རིང་ཐུང་གང་དུ་ཚད་བྱས་པའི་ས་དེར་མི་གཉིས་ཀྱིས་ཐག་པ་ཞིག་བརྒྱངས་ནས་ཡོད་པ་དེ་ལས་བརྒལ་མ་ཐག་ཏུ་སླར་ཡང་ཕྱིར་གྱི་གནས་སུ་ལོག་ཅིང་། དེར་མདུང་ཁྲ་ཏུ་དར་དང་བཅས་པ་ཞིག་གི་མགུལ་དུ་ཁ་དར་ཞིག་དཔྱངས་ནས་ཡོད་པ་དེ་འཐོབ་དགོས་པ་རེད། དེ་ལས་རྒྱལ་ཁ་ཐོབ་པའི་གྲས་རྣམས་ལ་རྟ་རྒྱུག་གི་འོས་ཐོབ་པ་ཡིན་འདུག་ཅིང་། ཉིན་ཕྱི་མར་འོས་ཐོབ་པའི་རྟ་དག་བརྒྱད་གཤིབས་སུ་འགྲན་པ་དེ་ལས་རྒྱལ་ཁ་ཐོབ་པ་དག་ནི་རྟ་རྒྱལ་ཨང་གསུམ་པ་དང་། ཨང་གསུམ་པའི་གྲས་རྣམས་བཞི་གཤིབས་སུ་འགྲན་པའི་རྒྱལ་ཁ་ནི་ཨང་གཉིས་པ་དང་། ཡང་ཨང་གཉིས་པའི་གྲས་རྣམས་ལྷན་གཤིབས་སུ་འགྲན་པའི་རྒྱལ་ཁ་ནི་ཨང་དང་པོ་སྟེ། དེ་ལ་ཐུན་མོང་ནས་རྟ་རྒྱལ་གང་བཞག་པ་དེ་འཐོབ་ཀྱི་ཡོད་པ་རེད། "རྟ་རྒྱལ" ཞེས་པ་ནི་མི་ཚོགས་ཀྱིས་བཞག་པའི་རྒྱན་པོའམ་རྒྱལ་ཁའི་མཐར་ཐུག་ཅིག་ཡིན་འདུག་ཀྱང་། རྟ་རྒྱུག་གི་རྒྱན་དུ་དངོས་པོ་གང་ཞིག་འཇོག་པ་དང་། རིན་ཐང་ཇི་ཙམ་པ་ཞིག་དགོས་པའི་སྐོར་ངེས་བཟུང་གང་ཡང་མི་སྣང་ཞིང་། དེ་ནི་འབྲོག་སྡེའི་ཚོ་ཁག་རྒྱ་ཆེ་ཆུང་དང་། རྟ་རྒྱུག་གི་སྤྲོས་པ་ལ་དགའ་ཞེན་བཅས་ལ་རག་ལས་ཀྱི་ཡོད་པ་རེད། གང་ལྟར་ཡང་རྟ་རྒྱལ་ཐོབ་པའི་རྟ་དེ་དག་ནི་གྲགས་གཡེར་ཆེ་ཞིང་ཀུན་གྱིས་རྗེས་སུ་བྱེད་པ་དང་། མ་ཟད་ནམ་དུས་ངེས་མེད་དུ་ཡུལ་དེ་ལ་དགྲ་སོགས་བྱུང་ཞིང་ར་མདའ་འགྲོ་དགོས་པའི་ཚེ་རྟ་རྒྱལ་ཨང་དང་པོ་དང་གཉིས་པའི་གྲས་དག་གིས་འཁུར་ལེན་གྱི་གཙོ་བོར་བྱེད་དགོས་ཀྱི་ཡོད་པ་རེད།

དེ་རྗེས་སུ་རྟ་རྩལ་གྱི་རྒྱལ་ཁ་ཐོབ་པ་དག་གིས "བོག་རྩེད" ཅེས་བྱ་བ་རྟ་རྒྱུག་གི་སྟེང་དུ་མེ་མདའ་གཡས་བསྐོར་དང་གཡོན་བསྐོར་ལ་སོགས་པའི་གར་སྟབས་དང་བཅས་པས་མེ་མདེལ་འཕེན་ཐོག་ཏུ་རྒྱུག་པའི་རྩལ་རྩེད་ཡག་པོ་ཞིག་ཀྱང་ཡོད་པ་རེད།

ཉིན་གསུམ་པར་ཡུལ་གྱི་རྒན་རིམ་དག་ལྷན་དུ་ཚོགས་ནས "འདུས་པ" ཞེས་བྱ་བའི་གྲོས་ཚོགས་ཤིག་འཛུགས་སྲོལ་ཡོད་པ་དེ་ནི་ལོ་གཅིག་གི། རིང་ལ་དགོས་ངེས་པའི་ཡུལ་ཁྲིམས་དང་། ཡུལ་ནང་གི་བདེ་འཇགས་སླད་ཀྱི་འཆར་གཞི་འགའ་ཞིག་གཏན་འབེབས་བྱེད་པ་བཅས་ཡིན་པ་རེད། དེ་ལས་ཡུལ་ཁྲིམས་དང་། ཡུལ་ནང་གི་བདེ་འཇགས་ཀྱི་སྐོར་ནི་གཤམ་དུ་འབྲོག་པའི་ཡུལ་ཁྲིམས་འཆད་པའི་སྐབས་སུ་གསལ་

ཞིང་། སྨད་ཀྱི་འཆར་གཞི་འགའ་ཞིག་ནི་དབྱར་སྟོན་གྱི་འབྲོག་རྫ་གནས་སྐངས་དང་། དགུན་མཚོར་དུ་འབབ་ལུགས་སོགས་ཡིན་འདུག་ཅིང་། འོན་ཀྱང་གྲོས་གཞི་དེ་དག་གི་སྐོར་གཏན་ཚིགས་སུ་བཀོད་ནས་གཏན་འབེབས་བྱས་པའི་ཡིག་ཆ་ནི་བཟོ་སྒྲོལ་བྱུང་མི་འདུག འདུས་པ་དེའི་དུས་ཚོད་ནི་ཡུལ་གྱི་གནས་ཚུལ་དང་བསྟུན་ཏེ་ཉིན་གསུམ་མམ་ལྔ་སོགས་ཀྱི་རིང་ལ་འདུ་འཚོགས་བྱེད་པ་ཙམ་ལས་ངེས་པ་ཅན་གྱི་དུས་ཚོད་གང་མང་མེད་དོ། །

འབྲུག་པའི་སློབ་གསོའི་སྐོར།

འབྲུག་ཡུལ་གྱི་སློབ་གསོའི་རྨང་གཞི་ནི་སངས་རྒྱས་པའི་ཆོས་ལ་བརྟེན་པ་ཞིག་ཡིན་འདུག་ཅིང་། དེ་ཡང་འབྲུག་སྤེ་སོ་སོར་ནག་དགོན་ཞེས་བྱ་བ་སྦྲ་གུར་དུ་གནས་ཆགས་པའི་དགོན་པ་དང་། ཡང་ན་མཁས་པའམ་གྲུབ་པའི་རྣལ་འབྱོར་པ་དག་གི་དྲུང་དུ་འཁོར་སློབ་མང་དག་འདུས་ནས་ཆགས་པའི་ཆོས་སྒར་ཆེ་ཆུང་སྣ་ཚོགས་ཡོད་པ་དེ་དག་གིས་འབྲུག་ཡུལ་གྱི་སློབ་གསོའི་ཁང་འཛིན་གྱི་ཡོད་པ་རེད། འབྲུག་མི་ཚོས་རང་རང་གི་བྱིས་པ་ཕོ་མོ་གང་ཡིན་ཡང་ཅུང་ཟླ་བ་དྲུག་གམ་ལོ་གཅིག་ལོན་པའི་ཚེ་རང་གི་མཆོད་གནས་སློབ་དཔོན་བཟང་ཤོས་དེའི་དྲུང་དུ་ཁྱེར་ཏེ། "སྐྲ་ཕུད་འབུལ" ཞེས་བྱ་བའི་ལས་ཆོག་ཅིག་བྱེད་སྲོལ་ཡོད་པ་རེད། ལས་ཆོག་དེའི་སྒྲུབ་ཚུལ་ནི། སློབ་དཔོན་དེས་བྱིས་པར་དཀོན་མཆོག་གསུམ་སྐྱབས་གནས་སུ་ངོ་སྤྲོད་མཛད་ཅིང་། དེ་ཡང་སངས་རྒྱས་དཀོན་མཆོག་ནི་སྐྱབས་གནས་དང་། ཆོས་དཀོན་མཆོག་ནི་ལམ་དང་། དགེ་འདུན་དཀོན་མཆོག་ནི་ལམ་སྒྲུབ་པའི་གྲོགས་སུ་འཛིན་དགོས་པ་དང་། གཞན་ཡང་སྐྱབས་འགྲོའི་ཕན་ཡོན་སོགས་ཀྱི་ཆོས་བཤད་གནང་བའི་མཐར "དཀར་ཕྱོགས་ལ་དགའ་བའི་ལྷ་རྣམས་དགའ་བར་ཕྱོས་ཤིག" ཅེས་བརྗོད་པ་དང་ལྷན་དུ་བྱིས་པའི་གཙུག་ཕུད་ནས་སྐྲ་ཉག་མ་ཁ་ཤས་བཅད་པ་ལྷ་རྟེན་གྱི་དྲུང་དུ་ཕུལ་ཏེ། བྱིས་པ་དེ་ལ་རང་ཉིད་ཀྱི་མིང་ནས་འབྱོས་པའི་མིང་ཞིག་གནང་གི་ཡོད་པ་རེད། དཔེར་ན་སློབ་དཔོན་དེའི་མཚན་ལ "རིག་འཛིན་རྡོ་རྗེ" ཞེས་བྱ་བ་ཡིན་ན། བྱིས་པ་ཕོ་རྣམས་ལ་རིག་འཛིན་མགོན་དང་། རིག་འཛིན་དབང་ལྡན། རིག་འཛིན་བཟང་པོ་སོགས་དང་། མོ་རྣམས་ལ་རིག་འཛིན་ལྷ་མོ། རིག་འཛིན་མཚོ། རིག་འཛིན་དབང་མོ། རིག་འཛིན་བཟང་མོ་སོགས་འདོགས་སྲོལ་ཡོད་པ་རེད། འོན་ཀྱང་འབྲུག་མི་དག་གིས་ནམ་རྒྱུན་དུ་བྱིས་པ་རང་གི་མིང་དངོས་ཀྱི་ཚིག་དང་པོར། ཚིག་འགོར "ཨ" བཏགས་པ་དཔེར་ན

“ཨ་རིག” ཅེས་པ་ལྟ་བུའམ། ཡང་ན་ཚིག་མཇུག་ཏུ་“ལུ” ཞེས་པའམ། “དགའ” ཞེས་སམ། “གཡང་”ཞེས་བཏགས་པ་དཔེར་ན་རིག་ལུ། རིག་དགའ། རིག་གཡང་ ཞེས་སོགས་གཅེས་མིང་དུ་འབོད་ཅིང་། མི་རྒན་པའི་དུས་སུའང་མིང་དེ་བཞིན་དུ་ཆགས་ཀྱི་ཡོད་འདུག་པ་དེ་རིགས་ནི་ཕོ་མོའི་མིང་སོ་སོར་དབྱེ་འབྱེད་བྱེད་དཀའ་བ་ཞིག་ཏུ་སྣང་ངོ་། །

འབྲོག་མིས་དམིགས་བསལ་དུ་ཆུང་ངུའི་དུས་ནས་ཆོས་སྐོར་ཞུགས་པའི་ཨ་ནེ་བཙུན་མ་རེ་ཟུང་ཙམ་ལས་གཞན་པའི་བུད་མེད་ཀྱི་རིགས་ལ་ཡི་གེ་འབྲི་ཀློག་སློབ་བསྐུལ་བྱེད་སྲོལ་མེད་ཅིང་། དེ་དག་ལ་འཁུར་དུ་བབས་པའི་བྱ་བ་ནི་ནང་གི་ལས་ཀ་དག་ཡིན་པ་ལྟར། སོ་སོའི་མ་དང་སྲུ་མོ་སོགས་ཀྱིས་ཉམས་མྱོང་གི་གཞི་རྩའི་སྟེང་ནས་གཞོན་ནུ་མ་རྣམས་ལ་ནང་གི་བྱ་བ་བྱེད་སྟངས་དང་། ཕྱུགས་ལུག་གསོ་སྐྱོང་དང་འཕེལ་རྒྱས་བྱེད་ཐབས་སོགས་སློབ་བསྐུལ་བྱེད་ཅིང་བྱ་བ་ལ་ཡུན་རིང་དུ་གོམས་འདྲིས་བྱེད་དུ་འཇོག་གི་ཡོད་པ་རེད། འབྲོག་མི་དག་ཆོས་དད་ཧ་ཅང་ཆེ་བར་སོང་གཤིས་འབྲོག་པའི་ཕ་མ་ཆོས་འབད་བརྩོན་ཆེན་པོའི་སྒོ་ནས་རང་གི་ཕྲུ་གུ་དག་ཆོས་པར་འགྱུར་བའི་རེ་བ་རྒྱ་ཆེན་པོར་བྱེད་ཅིང་། དེར་བརྟེན་ཕྲུ་གུ་དག་ནི་ལོ་ན་ཆུང་ངུའི་དུས་ནས་བཟུང་རང་གི་མཆོད་གནས་སམ། རང་རང་གི་གཉེན་ཚན་དུ་གཏོགས་པའི་བླ་གྲྭ་གང་ཡོད་དག་གི་དྲུང་དུ་བཞག་ནས་ཡི་གེ་འབྲི་ཀློག་སློབ་བསྐུལ་བྱེད་ཀྱི་ཡོད་པ་རེད། གལ་ཏེ་ཕྲུ་གུ་དེ་ཆོས་ལ་མོས་པ་དང་ལྡན་པ་ཞིག་ཡིན་པར་མཐོང་ན་རིམ་བཞིན་རང་ཁོངས་ཀྱི་དགོན་པར་གྲྭ་བ་བྱེད་དེ་ད་གཙོད་ཆོས་དང་རིག་གནས་ལ་སློབ་གཉེར་བྱེད་པའི་གོ་སྐབས་འཐོབ་ཀྱི་ཡོད་པ་རེད། གལ་ཏེ་དེ་ལས་ལྡོག་པ་ཞིག་ཡིན་ན་སོ་སོའི་ནང་དུ་ལོག་ནས་འབྲོག་ཡུལ་གྱི་འཚོ་བ་སྐྱེལ་ཕྱོགས་ཀྱི་བྱ་བ་ལ་ཞུགས་ཀྱི་ཡོད་པ་རེད། དེ་ཡང་འབྲོག་མི་དག་ཆོས་སྐོར་མ་ཞུགས་ན་དགོན་པ་དང་ཆོས་སྒར་ཁག་ནས་ཆོས་དང་རིག་གནས་སོགས་ལ་སློབ་གཉེར་བྱེད་མི་ཆོག་པ་ཞིག་མ་རེད། འོན་ཀྱང་སྤྱིར་བཏང་འབྲོག་མི་དག་གི་ལྷན་སྐྱེས་ཀྱི་བསམ་པར་ཡི་གེ་འབྲི་ཀློག་གི་བྱ་བ་དེ་ནི་ཆོས་གནང་མཁན་ཚོའི་དམིགས་བསལ་གྱི་བྱ་བ་ཞིག་ཏུ་ངོས་འཛིན་གྱི་ཡོད་པ་རེད། ཇི་ལྟར་འབྲོག་མི་དེ་དག་གིས་ངོས་འཛིན་པ་ལྟར་འབྲོག་ཡུལ་དེ་དག་ཏུ་ཡི་གེ་འབྲི་ཀློག་གི་སྤྱོད་ཡུལ་ཡང་ཤིན་ཏུ

ཕྱུང་ཞིང་། འབྲོག་མི་ཚོས་ཡུལ་ཕན་ཚུན་དུ་འཕྲིན་གལ་ཆེན་ཞིག་གཏང་དགོས་པའི་ཚེ་སོ་སོའི་བླ་མཆོད་ཀྱི་དྲུང་དུ་ཕྱུས་ནས་འཕྲིན་ཡིག་འབྲི་དགོས་པ་དང་། དེར་འཕྲིན་ཡིག་སྐྱེལ་འགྲུལ་གྱི་སྨྲག་དང་སྨྲག་ཁང་ཡང་མེད་པས་རང་ཁོངས་ནས་མི་མངགས་བྱེད་དགོས་ཀྱི་ཡོད་པ་རེད། འོན་ཀྱང་གནད་དོན་གལ་ཆེའི་རིགས་ལ་ནི་མི་དངོས་ཕན་ཚུན་ངོས་འཕྲད་ཀྱི་སྟེང་ནས་གོ་བསྡུར་བྱེད་པ་མ་གཏོགས་འཕྲིན་གྱི་སྟེང་ནས་གོ་བསྡུར་བྱེད་སྲོལ་ཆེར་མེད་པ་དང་། ནམ་རྒྱུན་གྱི་འཕྲིན་མང་ཤོས་ནི་“ཁ་ཆ”ཞེས་བྱ་བ་ཡུལ་ཕན་ཚུན་གྱི་འགྲུལ་མི་དག་ལ་ངག་འཕྲིན་གཏང་བ་དེ་ཙམ་གྱིས་འཐུས་ཀྱི་ཡོད་པ་རེད། གནས་ཚུལ་དེ་དག་ལ་བརྟེན་ནས་འབྲོག་ཡུལ་དུ་དགོན་པ་ཁག་ཏུ་ཡོད་པའི་ཚོས་དང་རིག་གནས་ཀྱི་སློབ་གྲྭ་ཁག་མ་གཏོགས་པའི་སློབ་གྲྭའི་དར་སྲོལ་མི་འདུག་ཅིང་། ལག་ཤེས་ལ་སོགས་པའི་ཤེས་རིག་དག་ཀྱང་སོ་སོའི་ནང་མི་དག་གིས་ཡུན་རིང་དུ་མཐོང་རྟོགས་དང་གོམས་འདྲིས་བྱས་ཤིང་། གལ་ཆེའི་ཐབས་གནད་དག་ཉམས་མྱོང་གསལ་འདོན་གྱི་སློབ་སྦྱོང་ལ་བརྟེན་ནས་ཕ་ཤུལ་བུས་འཚོབ་ཐུབ་པ་མ་གཏོགས་དམིགས་བསལ་གྱི་འཛིན་གྲྭ་དང་སློབ་སྦྱོང་གི་རིམ་པ་སོགས་གང་ཡང་མི་སྣང་ངོ་།།

འབྲོག་པའི་མཆོར་ས།

འབྲོག་པ་རྣམས་ལ་དབྱར་དགུན་སྟོན་དཔྱིད་ཀྱི་དུས་སོ་སོར་མཆོར་ས་སོ་སོར་ཡོད་འདུག་ཅིང་། དེ་ཡང་དབྱར་དུས་སུ་འབྲོག་སྡེ་རུ་ཤོག་སོ་སོས་རུ་སྐོར་ཆེ་ཆུང་སྣ་ཚོགས་བྱས་ཏེ་སྤང་ཐང་དང་། རིའི་སྒང་སོགས་རྩྭ་ཁ་གང་བཟང་གི་གནས་རྣམས་སུ་སྤོ་སྡོད་བྱེད་ཅིང་། དེ་ནི་སྤྱིར་བཏང་ཡུལ་ཁག་སོ་སོའི་ཁོངས་གཏོགས་ཀྱི་ས་མཚམས་སམ། འགའ་ཤས་ལ་རུ་ཤོག་སོ་སོར་སྒེར་དབང་གི་ས་མཚམས་ཡོད་འདུག་པ་ཙམ་ལས་མི་ཚང་སོ་སོར་སྒེར་དབང་གི་ས་ཆ་ཡོད་སྲོལ་མི་འདུག སྟོན་དུས་ནི་འབྲོག་མིའི་ཁ་དཔེར་"སྟོན་འོ་བྱེད་མར་བྱེད"ཅེས་སུ་གྲགས་པ་བཞིན་འབྲོག་པ་ཚོས་ཤེ་གསོག་འཛོག་བྱེད་པའི་དུས་ཚིགས་ཁྱད་པར་ཅན་ཞིག་ཡིན་པར་བརྟེན། སྒོ་ཕྱུགས་རྣམས་གཟས་བུངས་ཆེ་ཞིང་གཟས་ཐག་ཐུང་བའི་གནས་ཡུལ་དག་ལ་བརྟེན་དགོས་པ་ལྟར། རུ་ཤོག་སོ་སོར་"སྟོན་མཆོར"ཞེས་བྱ་བ་དབྱར་དུས་སུ་རྩ་ཁ་མ་བཅད་པ་དང་། ས་ཆའི་བབས་ཀྱང་དབྱར་ས་ལས་ཅུང་ཟད་དམའ་ཞིང་། ཆར་རླུང་གིས་མི་སྣང་བའི་རྫོད་ཁུང་ཅན་དག་ཡོད་པ་རེད།

དེ་དག་གི་ནང་ནས་གལ་གནད་ཆེས་ཆེ་ཤོས་ནི་"དགུན་མཆོར"ཞེས་བྱ་བ་དགུན་དུས་ཀྱི་གནས་ཡུལ་དག་ཡིན་ཏེ། དེ་ནི་ཤོག་ཁག་སོ་སོར་སྒེར་བདག་གི་མཆོར་ས་ཡོད་པར་མ་ཟད་མི་ཚང་ཕལ་ཆེ་བར་སྒེར་དབང་གི་མཆོར་ས་བཟང་པོ་རེ་ཡོད་པ་རེད། དབྱར་སྟོན་གྱི་དུས་གཉིས་སུ་རང་གཞན་མཆོག་དམན་གཞིས་བྱེས་སུ་ཞིག་གིས་ཀྱང་དགུན་མཆོར་གྱི་རིགས་རྣམས་སུ་སྒོ་ཕྱུགས་ཆེ་ཕྲ་མཐའ་དག་མངགས་གཏོང་བྱེད་མི་ཆོག་ཅིང་། གལ་ཏེ་སུ་ཞིག་གིས་དེར་སྒོ་ཕྱུགས་ཤིག་མངགས་གཏོང་བྱས་པ་ཡིན་ན། དཔྱིད་དུས་སུ་དགུན་མཆོར་དེར་གནས་པའི་མི་ཚང་དེའི་སྒོ་ཕྱུགས་ཇི་ཙམ་ནུབ་ཤིར་འགྱུར་བ་དེ་སྙེད་ཀྱི་རྒྱུན་འགན་འཁུར་དགོས་པ་དང་། འགའ་ཤས་ཀྱིས་སྒོ་ཕྱུགས་ཤི

གོད་གྱུར་པའི་སྟོང་འཇལ་དུ་ཕྱུགས་ལུག་དུ་མ་ཤོར་བའི་ལོ་རྒྱུས་ཀྱང་མང་དུ་སྣང་ངོ་། ། དགུན་མཚོར་གྱི་ས་ཆའི་བབས་ནི་སྤང་ཐང་གི་གོབ་དང་། རིའི་འདབ་བམ། ལུང་པའི་ཉིན་ཁུག་སོགས་རྡོད་ཁུང་ཆེས་ཆེ་ཞིང་། ཁ་ཆར་དང་བུ་ཡུག་གིས་སྣང་ཟུག་ཆུང་བའི་གནས་རྣམས་སུ་ཆགས་ཡོད་འདུག་ཅིང་། དེ་དག་ཏུ་ཕྱུགས་ལྷི་བརྩེགས་པའི་ར་བ་མཐོ་དམན་དུ་སྐྱེས་བུ་ཆེ་ཚད་ཙམ་པ་རྒྱ་མི་ཆུང་བ་དག་ཀྱང་བཟོས་འདུག་པ་དེ་དག་ནི་སྒོ་ཕྱུགས་ལ་རླུང་སེར་དང་བུ་ཡུག་གི་གནོད་པ་སྐྱོབ་ཆེད་ཡིན་པར་མ་ཟད་དགུན་དུས་གྲང་ངར་ཆེས་ཆེ་བའི་དུས་སྒོ་ཕྱུགས་ལ་ལྷོ་སྲུང་གི་འཚོ་བ་ལྷག་ཙམ་འབྱུང་བ་ལས་བསྲུང་སླ་བའི་ཆེད་དུའང་ཡིན་པ་རེད།

དཔྱིད་དུས་ནི་འབྲོག་པ་རྣམས་དཀའ་ངལ་ཆེ་བའི་དུས་ཤིག་ཡིན་ཏེ། འབྲོག་པའི་སྒོ་ཕྱུགས་ཤ་ཤེད་ཏ་ཙང་ཞན་པས་གཟུས་ཐག་རིང་པོར་འགྲོ་མི་ནུས་ཤིང་། སྐབས་འགར་“དཔྱིད་ཞོད་”ཅེས་བྱ་བ་ཁ་ཆར་ཉིན་མང་དུ་བབས་ཏེ་སྒོ་ཕྱུགས་བརྒྱ་ཕྲག་མང་པོ་ཤུག་ཤིར་ཤོར་གྱི་ཡོད་པ་རེད། དེར་བརྟེན་དཔྱིད་ཀྱི་གནས་ཡུལ་“དཔྱིད་མཚོར”ནི་དགུན་མཚོར་དང་ཤིན་ཏུ་ཁད་ཉེ་བའི་ས་ཆ་དགུན་དུས་གངས་འོག་ཏུ་ཡོད་པའི་རྩ་ཁ་རིམ་གྱིས་གངས་ཁར་ཐོན་པའི་གནས་རྣམས་སུ་ཆགས་ཡོད་པ་རེད།

འབྲོག་པའི་སྦྲ་ཁྱིམ།

འབྲོག་མི་དག་གི་རྒྱུན་གྱི་སྡོད་གནས་ནི་རྩིད་རེས་བཟོས་པའི་སྦྲ་ཆེ་ཆུང་དག་ཡིན་ཞིང་། ཡུལ་དེ་དག་ཏུ་རོང་ཡུལ་ལྟ་བུའི་མཁར་ཁང་ནི་གོང་གསལ་དགོན་སྡེ་ཁག་མ་གཏོགས་སུ་ལའང་མེད་པ་རེད། དེའི་དོན་ནི། སྤྱིར་འབྲོག་ཡུལ་དུ་ཤིང་ཆའི་རིགས་ཧ་ཅང་དཀོན་ཞིང་། དགོས་ངེས་པའི་སྦྲའི་ཀ་བ་སོགས་ཀྱང་ཧ་ཅང་ས་ཐག་རིང་ཞིང་འགྲུལ་བཞུད་བྱེད་དཀའ་བའི་ཡུལ་ཁག་ནས་འདྲེན་དགོས་ཀྱི་ཡོད་པ་དང་། མ་ཟད་འབྲོག་དམངས་ཀྱི་འཚོ་རྟེན་གཙོ་བོ་ནི་དེ་དག་ལ་གང་ཡོད་པའི་སྒོ་ཕྱུགས་དག་ཡིན་ཞིང་། སྒོ་ཕྱུགས་ནི་རྟག་པར་གཟས་ཁ་གང་བཟང་གི་གནས་ལ་བརྟེན་དགོས་པ་ལྟར། དབྱར་དགུན་སྟོན་དཔྱིད་ཀྱི་དུས་སོ་སོར་སྡོད་ཡུལ་སྒྱུ་དགོས་པས་ཁང་ཁྱིམ་གྱིས་ཕན་ཐོགས་མེད་པ་རེད།

འབྲོག་པའི་སྦྲ་ཕལ་ཆེ་བ་ནི་ཧ་ཅང་ཆེ་ཞིང་སྤུས་དག་པོ་ཤ་སྟག་ཡོད་འདུག་ཅིང་། དེ་དག་ནི་འབྲོག་མི་རང་ཉིད་ཀྱི་ལག་ཤེས་ལ་བརྟེན་ནས་འཁལ་འཐག་བྱས་པའི་རྩིད་རེ་ནག་པོ་འབའ་ཞིག་གིས་བཟོས་པ་རེད། སྦྲ་ཆེན་པོ་འགའ་ཤས་ཀྱི་ནང་དུ་ཀ་བ་བཅུ་གཉིས་དང་། ཡང་ན་བཅུ་དྲུག་ཙམ་ཡོད་འདུག་པ་དང་། སྦྲའི་ཕྱི་ལོགས་སུ་ཆོན་ཐག་རིང་ཐུང་ཧ་ཅང་མང་པོ་ཞིག་ཡོད་པ་རེད། འབྲོག་པའི་གཞོན་ནུ་དག་གིས་ཁེད་རྩོད་པའི་ཚེ། "གཡག་ཡུ་བརྒྱ་ལ་སྣ་ཐག་གཅིག——ཅེས་པའི་དོན་གང་རེད" ཅེས་དྲིས་པའི་ལན་དུ། "དེ་ནི་ཕྲེང་བ་རེད" ཅེས་དང་། ཡང་ "གཡག་ཡུ་གཅིག་ལ་སྣ་ཐག་བརྒྱ——ཅེས་པའི་དོན་གང་རེད" ཅེས་དྲིས་པའི་ལན་དུ། "དེ་ནི་སྦྲ་ཆེན་རེད" ཅེས་ཤོད་སྲོལ་ཡོད་འདུག་པ་དེ་བདེན་པ་འདྲ་ཞིག་སྣང་།

སྤྱིར་བཏང་སྦྲ་ཕུག་ནས་སྒོར་ཁ་བལྟས་པའི་གཡས་ཕྱོགས་ཀྱི་མིང་ལ་ "མོ་སྦྲ" ཞེས་བྱ་སྟེ། དེའི་ནང་དུ་རྟག་པར་བུད་མེད་ཀྱི་རིགས་རྣམས་གནས་ཤིང་། ཞོ་མར་ལ་

སོགས་པ་དཀར་ལས་ཀྱི་རིགས་གཙོ་ཆེ་བའང་དེའི་ནང་དུ་བྱེད་ཅིང་། སྨྲ་ཆེན་འགའ་ཤས་ལ་མོ་སྨྲའི་ནང་དུ་གཉེར་ཁང་ཟུར་ཚོད་བཟོས་པའང་སྣང་ངོ་། །གཡོན་ཕྱོགས་ལ་"ཕོ་སྨྲ" ཞེས་བྱ་སྟེ། རྟག་པར་ཕོའི་རིགས་དེར་གནས་ཤིང་། འགྲིམ་པའི་སྡོད་གནས་ཀྱང་དེར་བྱེད་པ་དང་། ཤ་སོགས་དམར་ལས་གང་བྱེད་དགོས་པའང་དེར་བྱེད་ཆོག་གི་ཡོད་པ་རེད། སྨྲ་ཆེན་ཕལ་ཆེ་བའི་ཕོ་སྨྲའི་ནང་དུ་མཆོད་ཁང་ཆུང་ངུ་རེ་ཟུར་ཚོད་བཟོས་འདུག་པ་དེ་དག་ཏུ་རྒྱུན་གྱི་མཆོད་གནས་འབྲེལ་ཆེ་བ་དག་བཞུགས་སྲོལ་ཡོད་པ་རེད། འབྲོག་མི་དག་གིས་མོ་སྨྲའི་ནང་དུ་ཤ་དམར་རྗེན་གཏན་ནས་ཁྱེར་སྲོལ་མེད་ཅིང་། གལ་ཏེ་ཁྱེར་བ་ཡིན་ན་གུང་ལྷ་འཁྲུགས་ནས་མི་ཕྱུགས་ལ་གནོད་ཁ་འབྱུང་བར་བཤད་དོ། །དེ་ཡང་མོ་སྨྲའི་ནང་དུ་གུང་ལྷ་ཞེས་བྱ་བའི་ལྷ་རྟེན་སོགས་ཕོ་སྨྲ་ལས་ཐ་དད་པ་ནི་གང་ཡང་མི་སྣང་ཞིང་། གུང་ཞེས་པའི་མིང་འདོགས་ཡུལ་དངོས་ནི་སྨྲའི་ཐད་ཁུང་སྟེ། དེས་མཚོན་བྱེད་དུ་བྱས་པའི་མཚོན་བྱའི་ལྷ་ཞིག་ལ་ཡིད་བརྟན་བྱས་པའམ་ཡང་ན་གནའ་དུས་ཀྱི་ལོ་རྒྱུས་འགའ་ཞིག་ལ་ལྟོས་པ་གང་ཡིན་མ་ངེས་ཤིང་། ཡང་ཡ་མཚན་འོས་པ་ཞིག་ལ། འབྲོག་མི་དག་གིས་ཁ་ཆར་ཏ་ཅང་དྲག་པོ་འབབ་པའི་དུས་སུ་མ་གཏོགས་ཉིན་མཚན་གང་གི་དུས་ཡིན་ཡང་ཏུང་སྨྲའི་གུང་ཡོངས་རྫོགས་བསྲུམ་སྲོལ་མི་འདུག སྐབས་འགར་གཞོན་ནུ་དག་གིས་གུང་ཐག་འཐེན་ཆེས་པས་ཡོངས་རྫོགས་བསྲུམས་པའི་ཚེ། ཕ་མ་དག་ན་རེ། "གུང་ནག་མ་བྱེད། དམུ་གབ་ཡོང་ངོ་གི་" ཅེས་ཟེར་ཞིང་གུང་ཙུང་ཟད་ཕྱེ་ནས་འཛོག་སྲོལ་འདུག

འབྲོག་མི་ཕྱུག་པོ་དག་གི་སྨྲ་ཆེན་གྱི་གཡས་གཡོན་དུ་"ནག་ཚང་" ཞེས་བྱ་བ་སྨྲའི་བཟོ་དབྱིབས་ཐ་དད་པ་ཆུང་ངུའི་གུར་འགའ་རེའང་ཡོད་འདུག་པ་དེ་དག་ནི་ནང་གི་ཕ་མའི་སྡོད་ཁང་ངམ། བླ་མཆོད་ཀྱི་ཆེད་དམ། འགྲིམ་པའི་ཆེད་དམ། ལག་བཟོ་བ་སོགས་དགོས་པ་མི་འདྲ་བ་དག་གི་ཆེད་དུ་ཡིན་འདུག་པ་དང་། ཡང་"གུར་ར" ཞེས་བྱ་བ་ཆུང་ངུ་དག་ཕྱུགས་ལྷས་ཀྱི་མཐའ་བསྐོར་རྣམས་སུ་ཡོད་འདུག་པ་དེ་དག་ནི་ཕྱུགས་སྲུང་བ་དག་གི་ཆེད་དུ་ཡིན་པ་རེད།

གཞན་ཡང་"གཡབ" ཅེས་པ་ཚོང་འགྲུལ་པའི་ཆེད་དང་། རས་ཀྱིས་བཟོས་པའི་གུར་དང་། ཁྲ་གུར། ཅོག་གུར་སོགས་བཟོ་དབྱིབས་མི་འདྲ་བ་མང་དག་སྣང་བ་

དེ་དག་ཀྱང་ གནས་ དུས་ ཀྱི་ དགོས་ པ་ མི་ འདྲ་ བ་ དག་ ལ་ བརྟེན་ ནས་ བཟོས་ པ་ སྟེ། མདོར་ན་རོང་ཡུལ་ གྱི་ གྲོང་ དང་ གྲོང་ གསེབ་ ན་ གནས་ པའི་ མི་ དག་ གི་ མཁར་ ཁང་ ཆེ་ ཆུང་སྣ་ཚོགས་པ་དག་དང་འདྲ་བ་ཡིན་ནོ།།

འབྲོག་པའི་འཚོ་བ།

འབྲོག་མིའི་འཚོ་བའི་གཞི་བརྟེན་ནི་དེ་དག་ལ་གང་ཡོད་པའི་སྒོ་ཕྱུགས་ཀྱི་རིགས་རྣམས་ཡིན་འདུག་ཅིང་། དེ་དག་ལ་ཡོད་པའི་སྒོ་ཕྱུགས་ཀྱི་གཙོ་བོ་ནི་འབྲི་གཡག་དང་ལུག་སོགས་ཡིན་པ་རེད། གཡག་ནི་འབྲོག་མི་ལ་ཕན་ནུས་ཁྱད་པར་ཅན་གྱི་སྒོ་ཕྱུགས་ཤིག་རེད། སྤྱིར་བཏང་འབྲི་གཡག་གང་ཡིན་ཡང་ཙུང་དགུན་དུས་སུ་འབྲོག་ཡུལ་གྱི་གྲང་ངད་དྲག་པོ་དག་བཟོད་ཐུབ་པ་དང་། གངས་དང་ཆབ་རོམ་གྱིས་ཁེངས་པའི་ཡུལ་ཕན་ཚུན་དུ་འགྲུལ་བཞུད་བྱེད་ཐུབ་པ་དང་། དེ་དག་ལས་འབྲོག་མིའི་སྦྲ་བཟོ་བྱེད་ཀྱི་རྩིད་པ་འཐོན་ཐུབ་པ་དང་། མ་ཟད་འབྲི་གཡག་ནི་གསོ་སྐྱོང་སླ་ཞིང་འཕེལ་སྟོབས་ཆེ་བའི་སྒོ་ཕྱུགས་ཤིག་ཡིན་པ་རེད། འབྲིའི་འོ་མ་ནི་བ་ཕྱུགས་ཀྱི་འོ་མ་ལས་ཤིན་ཏུ་ཞུང་ནའང་། འབྲི་འོའི་རོ་བཅུད་ནི་འོ་མ་གཞན་དག་ལས་ཆེས་བཟང་བ་དང་། འབྲི་འོ་ཞུང་ངུ་ལས་མར་མང་དུ་འབྱུང་ཐུབ་པ་དང་། དེ་ཡང་རོ་བཅུད་ཕུན་སུམ་ཚོགས་པ་ཞིག་ཡོད་པ་རེད། དེ་ཙམ་དུ་མ་ཟད་འབྲི་གཡག་གི་ཤ་ཡང་འབྲོག་མིའི་བཟའ་བ་གལ་ཆེ་ཤོས་ཤིག་ཡིན་འདུག་པ་དང་། འབྲི་གཡག་གི་ཀོ་བའང་ལྷམ་གྱི་རྡོག་པ་དང་། "ཁམ"ཞེས་བྱ་བ་ཀོ་བའི་གོས་སྣམ་དང་། ཀོ་སྒྲོ་ཆེ་ཆུང་སྣ་ཚོགས་དང་། རྟ་འདོག་སོགས་རྒྱུན་གྱི་ཉེར་སྤྱོད་བཟོ་བ་ལ་ཕན་ནུས་ཧ་ཅང་ཆེ་བ་ཞིག་ཡིན་པ་རེད། ལུག་ནི་འབྲོག་ཡུལ་དུ་རྣམ་གྲངས་ཧ་ཅང་མང་ཞིང་འཕེལ་སྟོབས་ཆེས་ཆེ་བའི་སེམས་ཅན་ཞིག་ཡིན་འདུག་པར་མ་ཟད་འབྲོག་མིའི་རྒྱུན་གྱི་བཟའ་བའི་གཙོ་བོ་ནི་ལུག་ཤ་དང་། བཏུང་བའི་གཙོ་བོ་ནི་ལུག་ཞོ་དང་། གྱོན་པའི་གཙོ་བོ་ནི་ལུག་ལྤགས་ཡིན་འདུག་པ་ལྟར་འབྲོག་མིའི་འཚོ་བའི་ཐོག་ཏུ་ཕན་ནུས་ཁྱད་པར་ཅན་གྱི་སེམས་ཅན་ཞིག་ཏུ་ངོས་འཛིན་བྱེད་འོས་པ་ཞིག་རེད། གཞན་ཡང་འབྲོག་པའི་སྒོ་ནོར་དུ་མཛོ་དང་། མཛོ་མོ། ར་བཅས་མི་ཉུང་བ་ཡོད་འདུག་ནའང་། དེ་དག་ནི་འབྲོག་མི་ལ་ཕན་ནུས་ཆེ་

བའི་སྒོ་ཕྱུགས་མིན་པ་དང་། བ་ཕྱུགས་ནི་ས་གཉིས་དམའ་བར་འཚོ་ཐུབ་པའི་སེམས་ཅན་ཞིག་ཡིན་པ་ལྟར་འབྲོག་ཡུལ་དུ་གཏན་ནས་མེད་ཅིང་། འབྲོག་མི་ཕལ་ཆེ་བས་བ་ཕྱུགས་ཞེས་པ་གང་ཡིན་ངོ་མི་ཤེས་པ་རེད།

འབྲོག་མིའི་རྒྱུན་གྱི་བཟའ་བཅའི་རིགས་གཙོ་བོ་ནི་འབྲོག་ཡུལ་རང་གི་དངོས་པོ་ཤ་དང་། མར། ཕྱུར་ར། ཐུད་དང་གྲོ་མ་བཅས་ཡིན་འདུག་པ་དང་། གཞན་ཡང་རོང་ཡུལ་ནས་ཐོན་པའི་འབྲུ་རིགས་ནས་དང་། གྲོ། འབྲས། སྲན་མ་དང་། ཡུང་མ་དང་། ཤིང་ཏོག་སྐམ་པོའི་རིགས་རྣམས་ཀྱང་གང་འཚམ་བེད་སྤྱོད་བྱེད་སྲོལ་ཡོད་འདུག་ནའང་། དངོས་པོ་དེ་དག་ནི་ཧ་ཅང་ས་ཐག་རིང་ཞིང་རི་ལུང་བརྒྱ་ཕྲག་མང་པོ་བརྒལ་བའི་རོང་ཡུལ་ཁག་ནས་གཡག་ལ་བརྟེན་ནས་སྐྱེལ་འདྲེན་བྱེད་དགོས་པར་བརྟེན་མོད་པོ་རང་མི་འདུག བཏུང་བའི་གཙོ་བོ་ནི་ལུག་ཞོ་དང་འོ་མ་བཅས་ཡིན་འདུག་ཅིང་། འབྲོག་མི་ཁན་རིགས་རྣམས་ནས་ཇ་འཐུང་སྲོལ་འདུག་ནའང་། ཇ་ནི་རྒྱ་ནག་ནས་འཐོན་དགོས་པར་བརྟེན་ཇ་ཡི་རིན་ཐང་ཆེ་ཞིང་ཆེས་དཀོན་པར་སྣང་ངོ་།། མདོར་ན་འབྲོག་མིའི་ཉིན་དུས་ཀྱི་བཟའ་བ་གལ་ཆེ་ཤོས་ནི་མར་ཕྱུར་དང་། བཏུང་བ་གལ་ཆེ་ཤོས་ནི་ལུག་ཞོ་སྟེ་དཔེར་ན་བོད་ཀྱི་རོང་ཡུལ་ཁག་གི་རྒྱུན་གྱི་བཟའ་བཏུང་གི་གཙོ་བོ་རྩམ་པ་དང་། ཇའམ་ཆང་བཅས་དང་འདྲ་བར་སེམས་སོ། །

འབྲོག་མི་ཚོས་དཔྱར་དུས་ཀྱི་ཆེད་དུ"ཤ་བམ"ཞེས་བྱ་བ་ཞིག་ཀྱང་བཟོ་སྲོལ་ཡོད་འདུག་ཅིང་། དེ་ནི་སྟོན་དུས་སྒོ་བཤས་བྱེད་སྐབས་སུ་གཡག་ཤ་བཟང་གྲས་གཟུག་ཁ་ཤས་སམ། ཡང་ན"ཕྲུ་ཁོག"ཅེས་བྱ་བ་ལུག་ཁོག་ལྷུ་གཟུག་ཚང་བའི་ནང་དུ་ནང་ཆ་རྣམས་གཙང་མར་བཀྲུས་ཤིང་སླར་བཙུགས་ཏེ། མི་ཚང་སོ་སོའི་དགུན་མཚོར་རྣམས་སུ"ཕྱི་འབམ"ཞེས་བྱ་བ་ཕྱུགས་ཀྱི་ཕྱི་པ་རླུམ་པོར་བརྩིགས་པའི་ནང་དུ་ཤིང་སྤྲིན་དམར་གྱི་བར་འཚང་དང་བཅས་ཏེ་འཇོག་གི་ཡོད་པ་རེད། དེ་ནི་དཔྱིད་སྨད་དམ་དབྱར་སྟོད་དུ་བེད་སྤྱོད་བྱེད་ཅིང་། འབྲོག་ཡུལ་གྱི་ས་གཤིས་མཐོ་ཞིང་རྟག་པར་ཧྲུང་སེར་གྱི་ངད་དང་ལྡན་པ་ཡིན་སྟབས་ཤ་བམ་དུ་བཞག་པའི་ཤ་དེ་རིགས་ལ་དྲི་ངན་སོགས་མི་འབྱུང་ཞིང་། ཕྱིར་ཚུར་ཟད་རིད་ཅིང་ནང་དུ་ཤ་སྨུག་རོ་བཅུད་དང་ལྡན་པ་ཞིག་ཏུ་ཆགས་ཡོད་པ་རེད།

ཡང་འབྲོག་མི་ཁ་ཤས་ཀྱིས་སྟོན་དུས་སུ“ཞོ་རྒན”ཞེས་བྱ་བ་ཞོ་བཟང་པོར་འོ་མའི་ཁ་སྤྲིས་མང་ཙམ་བླུགས་པ་ཟོ་བ་ཆེན་པོ་ཞིག་ཏུ་བསགས་ཤིང་འཕྱིང་བའི་གཡོགས་དང་བཅས་ཏེ་སྟོན་མཆོར་གྱི་ལྕི་འབམ་ནང་དུ་འཇོག་སྲོལ་ཡོད་འདུག་ཅིང་། དེ་ནི་དགུན་སྨད་དང་དཔྱིད་སྟོད་བཅས་འོ་ཞོ་དཀོན་པའི་དུས་སུ་བེད་སྤྱོད་བྱེད་སྲོལ་ཡོད་པ་རེད།

འབྲོག་ཡུལ་གྱི་བུད་ཤིང་གི་གཙོ་བོ་ནི་ཕྱུགས་ཀྱི་ལྕི་བ་ཡིན་འདུག་ཅིང་། དེ་ཡང་སྟོན་དུས་སུ་འབྲོག་པའི་བུ་དང་བུ་མོ་གཞོན་ནུ་དག་གིས་དགུན་མཆོར་ཁག་ཏུའམ། སྟོན་མཆོར་རྣམས་སུ་ཕྱུགས་ལྕི་སྐམ་པོ་སྤུད་གསོག་བྱེད་ཅིང་ལྕི་འབམ་མང་དུ་འཇོག་གི་ཡོད་འདུག དེས་ནི་དགུན་དུས་འབྲོག་ཡུལ་གྱི་རི་ལུང་ཚང་མ་ཁ་བས་ཁེངས་ཤིང་བུད་ཤིང་འཚོལ་ཐབས་བྲལ་བའི་ཚེ་ཕན་ཐོགས་ཤིང་། བུད་ཤིང་ཐོག་གི་དཀའ་ངལ་བསལ་ཐུབ་ཀྱི་ཡོད་པ་རེད། དགུན་དུས་སུ་ནང་མ་རེ་བཞིན་འབྲོག་མོ་དག་གིས“ཨ་སྐྱང”ཞེས་བྱ་བ་ཕྱུགས་ཀྱི་ལྕི་བ་ལྷགས་པས་འཁྱགས་ཏེ་རྡོ་ལྟར་མཁྲང་པོར་གྱུར་པ་དེ་རིགས་ཕྱུགས་ལྷས་ནས་ཕྱིར་བཏོན་ཏེ། སྐབས་འགར་ཕྱུགས་ཀྱི་ར་བར་བརྩིགས་པ་དང་། སྐབས་འགར་ལྷས་ཀྱི་ཉེ་འདབས་ཐང་ཞིག་ཏུ་བཀྲམས་ཏེ། རིམ་བཞིན་སྐམ་པོར་གྱུར་པ་དག་གིས་ལྕི་འབམ་བཟོ་དགོས་ཀྱི་ཡོད་འདུག་པ་དེ་དག་གིས་དབྱར་དུས་ཆར་ཞོད་ཆེ་བས་བུད་ཤིང་འཐོབ་དཀའ་བའི་ཚེ་ཕན་ཐོགས་ཀྱིན་ཡོད་པ་རེད།

འབྲོག་མིའི་རྒྱུན་གྱི་གྱོན་ཆས་གཙོ་ཆེ་བ་ནི་ལུག་ལྤགས་དང་། ལུག་ཚར། ལུག་བལ་གྱིས་བཟོས་པའི་འཕྱིང་བ་རྣམས་ཡིན་འདུག་ཅིང་། དར་གོས་དང་ལྭ་བ་སོགས་ནི་དམིགས་བསལ་གྱི་གཟབ་མཆོར་སྤྲོད་ཆས་ཙམ་ལས་དར་སྲོལ་མེད་པ་མ་ཟད་ཕྱི་ཡུལ་ནས་ཐོན་པའི་དངོས་པོ་དེ་དག་འཐོབ་ཐུབ་པའང་དཀའ་བ་དང་། རྒྱུན་གྱི་སྤྱོད་ཆས་ཐོག་ཕན་པའང་ཆུང་བར་མཐོང་ངོ་།།

འབྲོག་པའི་ཕྱུགས་ལས།

འབྲོག་མི་ཚོས་དབྱར་སྟོན་དཔྱིད་གསུམ་གྱི་དུས་སྐབས་སོ་སོར་སྒོ་ཕྱུགས་ལ་ཚྭ་སྐྱེར་དགོས་ཀྱི་ཡོད་འདུག་ཅིང་། དེ་ཡང་དབྱར་དུས་སུ་ཕྱུགས་རྫི་ཚོས་སྤང་ཐང་ངོས་འཛམ་ཞིང་རྒྱ་ཆེ་བའི་ངོགས་སུ་ལན་ཚྭས་མ་ཏིའམ། གཡུང་དྲུང་དང་དཔལ་བེའུ་སོགས་བཀྲ་ཤིས་པའི་རི་མོར་བྲིས་པ་ན་སྒོ་ཕྱུགས་རྣམས་ཀྱིས་ས་ནག་ལ་ཐུག་གི་བར་དུ་གཙང་མར་བལྡགས་ཤིང་། རྗེས་སུ་སྒོ་ཕྱུགས་ལ་ལན་ཚྭ་སྐྱེར་ཤུལ་གྱི་རི་མོ་དེ་དག་ས་ཐག་ཏ་ཅང་རིང་པོ་ནས་གསལ་པོར་མཐོང་ཐུབ་པ་མ་ཟད་རི་མོ་དེ་དག་ལོ་གྲངས་མང་པོར་གནས་ཀྱི་ཡོད་པ་རེད། དེའི་ཚེ་ཕྱུགས་རྫི་རྣམས་ཀྱིས་ཀྱང་རང་རང་གི་གྲོགས་དགའ་བོས་ཏེ་ཕྱུགས་ཚྭ་སྐྱེར་ཡུལ་གྱི་ཉེ་འགྲམ་ཞིག་ཏུ་"རྫི་ལུམ"ཞེས་བྱ་བ་དམིགས་བསལ་རྫིའུ་ཚོའི་ཐུགས་སྤྲོ་ཞིག་གཏོང་སྲོལ་ཡོད་པ་རེད། སྐབས་དེར་ཕྱུགས་རྫི་རྣམས་ལ་དགོས་ངེས་ཀྱི་བཟའ་བཅའ་ནི་"གྲོ་ཞོ"ཞེས་པ་གྲོ་མ་དང་ལུག་ཞོ་བསྲེས་པ་དང་། དགའ་སྤྲོ་ཆེ་བའི་ལྟད་མོ་ནི་ཏུ་སྐོར་ཕན་ཚུན་གྱི་"ཁྱུ་རྫི"ཞེས་པའི་གཡག་ཆེན་པོ་རྣམས་ཀྱིས་རྟུང་ཁ་འགྱེད་པ་དེ་དག་ཡིན་པ་རེད། སྟོན་དཔྱིད་ཀྱི་དུས་གཉིས་སུ་"ར་ཚྭ"ཞེས་བྱ་བ་ལན་ཚྭ་དང་ཞོ་བསྲེས་པ་ཞིག་གཡག་རྣས་འབྲི་གཡག་རེ་རེ་བཞིན་གྱི་ཁར་བླུགས་དགོས་ཀྱི་ཡོད་འདུག་པ་འདི་ནི་འབྲོག་མིའི་ལས་དུས་གལ་ཆེ་བ་ཞིག་ཀྱང་ཡིན་པ་རེད།

འབྲོག་ཡུལ་གྱི་ལུག་དག་ནི་རྟག་པར་ལུག་རྫིའམ་སྒྲིན་བདག་གི་ངག་ལ་ཏ་ཅང་ཉན་པོར་ཡོད་འདུག་ཅིང་། དེའི་རྒྱུ་མཚན་ནི། འབྲོག་མི་དག་གིས་ནམ་རྒྱུན་ལུག་ལ་སྐད་གཏོང་བའི་ཚེ། ཚྭ་དང་ཞོ་ལྷན་དུ་བསྲེས་པ་ཕྲན་བུ་རེ་སྐྱེར་གྱི་ཡོད་པ་རེད། དེ་ཡང་ལུག་འོ་འཛོ་རན་པའི་དུས་སུ་བཞོན་མ་ཚོས་"ཅེ་ཅེ་ཅེ"ཞེས་ལུག་རྣམས་ལ་སྐད་གཏོང་བའི་ཚེ། ལུག་རྣམས་ས་ཐག་རིང་ཐུང་གང་དུ་ཡོད་ནའང་མྱུར་བར་བཞོན་མ

ཚོའི་དྲུང་དུ་འདུས་པ་དང་། དེ་ནས་བཞོན་མ་ཚོས་ཐག་པ་རིང་པོ་ཁ་ཤས་ཁྱེར་ནས“ཐག་ཀ——ཐག་ཀ——ཐག་ཀ”ཞེས་བརྗོད་པའི་ཚེ། བཞོན་ལུག་གི་རིགས་རྣམས་ཕྱོགས་གཅིག་ཏུ་བྱེར་བ་དང་། ཀུན་གྱིས་མགྲིན་པ་བརྒྱངས་ནས་ཕྲེང་སྒྲིག་ཏུ་སྡོད་པ་དཔེར་ན་དམག་དཔོན་གྱིས་དམག་མིར་བརྡ་སྦྱར་བ་བཞིན་ཉན་འཛོག་བྱེད་ཤེས་ཀྱི་ཡོད་འདུག དེ་ནས་བཞོན་མ་ཚོས་བཞོན་ལུག་བརྒྱ་ནས་ལྔ་བརྒྱ་རེ་ཙམ་གྱི་མགོ་པོ་རྣམས་ཕན་ཚུན་དུ་བསྡོལ་ཏེ་ཐག་པས་རིམ་བཞིན་ཐག་ཀ་བྱེད་ཅིང་། བཞོན་མ་འགའ་ཤས་ནས་གཡས་གཡོན་གྲལ་དབུ་ནས་བཟུང་རིམ་བཞིན་འོ་མ་འཛོ་སྲོལ་ཡོད་འདུག་པ་འདི་ནི་ཁོ་བོ་ཅག་ལ་ལྟད་མོ་ཡ་མཚན་པ་ཞིག་ཏུ་གྱུར་ཏོ། །འབྲོག་ཡུལ་དུ་བཞོན་འཛོ་བའི་བྱ་བ་ནི་དམིགས་བསལ་བུད་མེད་ཀྱི་ལས་ཤིག་ཏུ་བརྩི་ཞིང་། སྐྱེས་པ་ཚོས་བཞོན་ལས་བྱ་སྲོལ་གཏན་ནས་མི་འདུག འབྲོག་སྡེ་འགའ་ཤས་སུ་ཆུང་མ་ལ་བཞོན་མ་ཞེས་བརྗོད་སྲོལ་ཡོད་འདུག་པའང་གཙོ་ཆེར་བུད་མེད་ཀྱི་བྱེད་ལས་ལ་བརྟེན་ནས་མིང་དེ་སྐད་དུ་བརྗོད་ཡོད་པར་མངོན་ནོ། །

འབྲོག་མི་དག་ལ་ཕྱུགས་ལུག་གི་རྒན་གཞོན་རྟོག་དཔྱོད་བྱེད་པའི་སྦྱོང་ཚད་མཐོན་པོར་ཡོད་པ་ལྟར་དེ་དག་གིས་འབྲི་གཡག་གི“གྲུས”ཞེས་པར་ན་རིས་དང་། ལུག་གི“ཕྱུགས”ཞེས་པའི་ན་རིས་བཅས་ལ་བརྟེན་ནས་རྒྱུས་མེད་པའི་ཕྱུགས་ལུག་གི་ལོ་གྲངས་ཀྱང་གསལ་པོར་ཤོད་ཐུབ་ཀྱི་ཡོད་འདུག་ཅིང་། དེ་ཡང་སྤྱིར་བཏང་འབྲི་གཡག་གི་ལོ་རྩིས་ནི།

ལོ་གྲངས།	ཕོ།	མོ།
དང་པོ་——	བིས = བེའུ།	བིས་བེ = བེའུ།
གཉིས་པ——	ཡ་རུ།	མོ་ཡར།
གསུམ་པ——	ཤད = སོ་གཉིས།	ཤད་མོ།
བཞི་པ་——	སོ་བཞི།	སོ་བཞི་མ།
ལྔ་པ་——	སོ་དྲུག	སོ་དྲུག་མ།
དྲུག་པ་——	ཁ་ཚང་།	ཁ་ཚང་མ།
བདུན་པ་——	གྲུས་གཅིག	གྲུས་ཆིག་མ།

བརྒྱད་པ་——　གྲུས་གཉིས།　གྲུས་ཉིས་མ།

དགུ་པ་——　གྲུས་གསུམ།　གྲུས་སུམ་མ།

ཞེས་སོགས་གྲུས་གྲངས་བརྩི་ཞིང་། འབྲི་གཡག་ཕལ་ཆེ་བའི་ཚེ་ཚད་ནི་གྲུས་བཅུ་ཕྲག་ཡན་མན་ཏེ་ལོ་གྲངས་བཅུ་བདུན་རེ་ཙམ་ཡིན་པ་རེད།

ལུག་གི་ལོ་རྩིས་ནི།

ལོ་གྲངས།　ཕོ།　མོ།

དང་པོ་——　ལུ་གུ　ལུ་གུ

གཉིས་པ་——　ལ་ག　ལ་ག

གསུམ་པ་——　འཚོ་ཏུ།　འཚོ་མོ།

བཞི་པ་——　སྐྱིག་པ།　སྐྱིག་མོ།

ལྔ་པ་——　ཀྲིག་པ།　ཀྲིག་མོ།

དྲུག་པ་——　ཁྲུགས་དང་པོ།　ཁྲུགས་ཆིག་མ།

བདུན་པ་——　ཁྲུགས་གཉིས་པ།　ཁྲུགས་ཉིས་མ།

བརྒྱད་པ་——　ཁྲུགས་གསུམ་པ།　ཁྲུགས་སུམ་མ།

དགུ་པ་——　ཁྲུགས་བཞི་པ།　ཁྲུགས་བཞི་མ།

ཞེས་སོགས་ཁྲུགས་གྲངས་འདྲེན་ཞིང་། ལུག་ཕལ་མོ་ཆེས་ཁྲུགས་བདུན་པ་སྟེ་ལོ་གྲངས་བཅུ་གཉིས་ཙམ་རེ་ཐུབ་ཀྱི་ཡོད་པ་རེད།

འབྲོག་མིས་སྒོ་ཕྱུགས་ཀྱི་ལོ་གྲངས་བརྩི་ཚུལ་དང་དེ་དག་གི་མིང་བརྟའི་ཐ་སྙད་རྣམས་ནི་འབྲོག་མིའི་གནའ་གཏམ་དང་། ཁ་དཔེ། གླུ་སོགས་ལས་མང་དུ་འབྱུང་བར་བརྟེན་དགོས་གནད་ཆེ་བར་བསམ་ནས་འདིར་བཀོད་པ་ཡིན་ཞིང་། དེ་ཡང་དཔེར་ན་ཁོ་བོས་མཐོང་ཐོར་བྱུང་བའི་གསེར་ཐའི་གླུ་ཆུང་ཞིག་གཤམ་གསལ།

ལུག་འཚོ་ཏུ་འཚོ་མོ་མཉམ་སྐྱེས་རེད། །
བཤའ་དགོས་ན་འཚོ་ཏུ་སྙིང་རེ་རྗེ། །
ལུག་འཚོ་མོ་མ་ལུའི་སེམས་རྟེན་རེད། །
ནོར་ཤད་ཆུང་ཤད་མོ་མཉམ་སྐྱེས་རེད། །

འགེལ་དགོས་ན་ཤད་ཆུང་སྙིང་རེ་རྗེ། །
ཇོར་ཤད་མོ་མ་ལུའི་སེམས་རྗེན་རེད། །
དགའ་ཞིག་ལུ་ཞིག་མོ་མཉམ་སྐྱེས་རེད། །
འགྲོ་དགོས་ན་ཞིག་མོ་སྙིང་རེ་རྗེ། །
དགའ་ཞིག་ལུ་མ་ལུའི་སེམས་རྗེན་རེད། །

ཅེས་པ་ལྟ་བུའོ།།

འབྲོག་མི་རོང་ཡུལ་དང་ཧ་ཅང་མི་རིང་བར་གནས་པ་དག་ལ་དཀར་ལས་ཀྱི་ཡོ་བྱད་བཙོན་ཟོ་དང་། ཞོ་ཟོ། འོ་ཟོམ་དང་། དར་ཟོམ་སོགས་ཤིང་གི་ཡོ་ཆས་གང་བཟང་ཡོད་འདུག་ཅིང་། དེ་དག་ལ་བརྟེན་ནས་ཞོ་མར་སོགས་གང་ལེགས་བཟོ་བསྐྲུན་བྱེད་ཐུབ་ཀྱི་ཡོད་འདུག་པར་མ་ཟད་རོང་ཡུལ་དང་ཤིན་ཏུ་ས་ཐག་རིང་བའི་འབྲོག་སྡེ་དག་ལ་བཙོན་ཟོ་དང་ཞོ་ཟོ་སོགས་ཤིང་གི་ཡོ་ཆས་ངན་ངོན་ཙམ་ལས་མེད་ཅིང་། ལྷག་པར་འོ་ཟོམ་དང་དར་ཟོམ་ཆེ་རིགས་གཏན་ནས་མེད་པར་བརྟེན། འབྲི་ཀོས་བཟོས་པའི་“འོ་རྒྱལ”ཞེས་པ་དང་། དེ་ལས་ཆེ་བ་“དར་རྒྱལ”ཞེས་བྱ་བའི་རྒྱལ་པའི་ནང་དུ་འོ་མ་དཀྲུགས་དགོས་ཀྱི་ཡོད་འདུག་པ་དེ་དག་གིས་ཀྱང་ལས་སླའི་ངང་ནས་འབྲི་མར་གང་ལེགས་བཟོ་ཐུབ་ཀྱི་ཡོད་པ་རེད།

འབྲོག་པའི་ཤེ་ཆོར།

འབྲོག་མིའི་སྒོ་ཕྱུགས་ཀྱི་ནང་དུ་ཤེ་ཆོར་ཞེས་བྱ་བའི་འབྲི་གཡག་གི་རྭ་ལ་རྭ་ཐམ་མི་འདྲ་བ་རྩི་རིགས་ཡོད་པ་མང་དུ་སྣང་ཞིང་། དེ་དག་ནི་འབྲོག་སྡེ་སོ་སོའི་ཁུལ་ཀྱི་དགོན་སྡེ་ཁག་གམ། ལྷ་སྡེ་ཁག་གམ། འབྲོག་སྡེ་དེའི་ཁོངས་ཀྱི་སྡེ་གང་རུང་ནས་བཞག་པའི་ཤེ་ཆོར་ཏེ། ནོར་བདག་སོ་སོས་ལོ་རེ་བཞིན་ཤེ་བདག་ལ་"ཤེ"ཞེས་བྱ་བའི་མར་ཞིག་འབུལ་དགོས་ཀྱི་ཡོད་པ་རེད། ཤེ་ཚད་ནི། འབྲི་"གྲུས་མ"ཞེས་པ་བེའུ་ཡོད་པ་རེ་ལ་ཡུལ་ནང་གི་མར་རྒྱ་བཅུ་རེ་དང་། "ཡར་མ"ཞེས་པ་ཡ་རུ་ཡོད་པའི་བཞོན་འབྲི་ལོ་གཉིས་མ་རེར་མར་རྒྱ་ལྔ་རེ་བཅས་ལོ་ཤེར་འབུལ་དགོས་པ་དང་། འབྲི་མ་ཤི་གོད་ཤོར་ན་དེའི་ཤ་ཀོ་རྣམས་ཤེ་བདག་ལ་རྩིས་འབུལ་ཐོག་འཕེལ་བརྒྱུད་གང་ཡོད་ངོས་སྤྲོད་དང་འབྲེལ་རྭ་ཐམ་ཞུ་དགོས་ཀྱི་ཡོད་པ་རེད། གཡག་གི་རིགས་ལ་ཤེ་ཁྲལ་དམིགས་བསལ་གང་ཡང་མི་འདུག་ཅིང་། འོན་ཀྱང་ཤི་གོད་ཤོར་བའི་ཚེ་གཡག་དེའི་ཤ་ཀོ་དང་རྭ་རྭ་ཐམ་དང་ལྡན་པ་ཤེ་བདག་ལ་རྩིས་འབུལ་བྱེད་དགོས་པ་རེད།

ཤེ་བདག་རྣམས་"ཤེ་རྩིས"ཞེས་བྱ་བ་འབྲི་ཤེ་བསྡུ་བ་དང་། ཤེ་ཆོར་གྱི་འཕེལ་སྐྱེད་ངོས་ལེན་བྱེད་པའི་ཆེད་དུ་ལོ་རེ་བཞིན་དབྱར་དུས་སུ་ཤེ་ཆོར་གང་དུ་ཡོད་པའི་གནས་རྣམས་སུ་འགྲུལ་བཞུད་བྱེད་ཅིང་། སྐབས་དེར་ཤེ་བདག་སོ་སོའི་ཤེ་ཆོར་གྱི་རྭ་ཐམ་ལའང་ཞིབ་འཇུག་བྱེད་ཀྱི་ཡོད་པ་རེད། རྭ་ཐམ་ནི་ཤེ་བདག་དགོན་སྡེ་དང་ལྷ་སྡེ་སོགས་གང་ཡིན་དེའི་མིང་ཡིག་བཀོད་པའི་ལྕགས་ཀྱི་ཐམ་ཁ་ཞིག་ཡོད་འདུག་པ་དེ་མེར་བསྲེགས་ནས་སེམས་ཅན་གྱི་རྭ་ལ་གཏིང་ཟབ་ཏུ་བརྒྱབས་པ་ཞིག་རེད།

འབྲོག་པའི་ཚེ་ཐར།

འབྲོག་པའི་སྒོ་ཕྱུགས་ཀྱི་ནང་དུ་“ཚེ་ཐར”ཞེས་བྱ་བའི་འབྲི་གཡག་དང་ལུག་སོགས་རྣ་ཚར་ལྡན་པ་མང་དུ་ཡོད་འདུག་ཅིང་། དེ་དག་ནི་སྲོག་འཕྲོག་པའི་འཇིགས་པ་ལས་ཐར་བའི་སྒོ་ནོར་དག་ཡིན་པ་རེད། དེ་ཡང་འབྲོག་མི་ཚོས་ནམ་རྒྱུན་དུ་ཚེ་རིང་པོ་འབྱུང་བའི་ཆེད་དུ་སྒོ་ཕྱུགས་མང་པོ་ཚེ་ཐར་གཏོང་སྲོལ་ཡོད་འདུག་པ་དང་། ཁྱད་པར་ནང་མི་འགའ་ཞིག་གི་ཚེ་ལ་བར་ཆད་འབྱུང་ཉེན་ཆེ་བའི་ན་ཚ་སོགས་བྱུང་བའི་ཚེ་སྒོ་ཕྱུགས་དུ་མ་ཚེ་ཐར་གཏོང་སྲོལ་ཡོད་པ་རེད། ཚེ་ཐར་གཏོང་ཚུལ་ནི། གཡག་དང་ལུག་སོགས་ཚེ་ཐར་གཏང་བྱ་གང་ཡིན་དེ་རང་རང་གི་བླ་མཆོད་ཀྱི་དྲུང་དུ་ཁྲིད་དེ་ཚེ་ཐར་གནང་རོགས་ཞེས་ཞུ་དགོས་ཤིང་། བླ་མཆོད་དེས་མགོན་པོ་ཚེ་དཔག་མེད་ཀྱི་མཚན་གཟུངས་དུད་འགྲོ་དེའི་རྣ་བར་བསྒྲགས་ཏེ། དུས་དེ་ནས་བཟུང་སེམས་ཅན་དེ་སྲོག་འཕྲོག་པའི་འཇིགས་པ་ལས་གྲོལ་བ་ཡིན་པ་དང་། དེའི་བདེན་མཐུ་ལ་བརྟེན་ཏེ་སྦྱིན་པའི་བདག་པོའི་ཚེ་གེགས་ཀྱི་བར་ཆད་མཐའ་དག་ཞི་ཞིང་། ཚེ་བསོད་རྒྱས་པ་དང་། སྦྱིན་བདག་དང་དུད་འགྲོ་བཅས་མཐར་ཐུག་མངོན་མཐོ་དང་ངེས་ལེགས་ཀྱི་གོ་འཕང་འཐོབ་པའི་སྨོན་ལམ་དང་ཤིས་བརྗོད་མང་དུ་མཛད་མཐར་“ཚེ་སྐུད”ཅེས་པ་རས་སྣའམ་བལ་སྐུད་གང་རུང་ཚོན་དམར་ཅན་གྱི་རྣ་ཚར་ཞིག་གནང་བ་དང་། སྦྱིན་བདག་དེས་རྣ་ཚར་དེ་དག་ཚེ་ཐར་གྱི་རྣ་བ་གཡས་གཡོན་དུ་འདོགས་ཀྱིན་ཡོད་པ་རེད། སྒོ་ཕྱུགས་གང་ཞིག་ཚེ་ཐར་བྱས་ཟིན་པའི་རྗེས་སུ་སྦྱིན་བདག་དེ་ལ་འཚོ་བའི་ཐོག་གི་དཀའ་ངལ་ཅི་འདྲ་ཞིག་བྱུང་ནའང་གསོད་སྲོལ་མེད་པ་མ་ཟད་གཡག་ཡིན་ན་ལོ་ན་རྒན་པའི་དུས་སུ་དོར་ས་མི་འགེལ་ཞིང་། “ཚེ་གཡོག”ཅེས་པ་ཚེ་ཐར་གྱི་རིགས་རྣམས་ལ་དམིགས་བསལ་གྱིས་རྒན་གཡོག་བྱེད་ཀྱི་ཡོད་པ་རེད།

འབྲོག་པའི་ཆས་ལུགས།

འབྲོག་ཡུལ་དུ་དབྱར་དུས་བྱུང་ཙམ་ཞིག་ལས་ནམ་རླུ་ཁྱིངས་ནི་གྲང་ངད་དང་ལྡན་པ་ཁོ་ན་ཡིན་པར་བརྟེན་འབྲོག་མིའི་གྱོན་ཆས་ཀྱི་གཙོ་བོ་ནི་ལུག་ལྤགས་ཤ་སྐྱག་ཡིན་པ་རེད། དབྱར་གཞུང་དུ་འབྲོག་པའི་གཞོན་ནུ་འགའ་ཤས་ཀྱིས་ལྭ་བའི་གོས་སམ་རས་གཡོགས་ལྡན་པའི་ལུག་ཚར་གྱི་གོས་སོགས་གྱོན་སྲོལ་འདུག་ནའང་དེས་ནི་ཉིན་ཁ་ཤས་ཙམ་ལས་གྲང་ངད་སེལ་མི་ནུས་ཤིང་ཕན་ཐོགས་མེད་པ་རེད། འབྲོག་མི་ཚོའི་གྱོན་པ་ནི་ལུག་ལྤགས་ཀྱིས་བཟོས་པའི་“པགས་སླག”ཅེས་པའི་མཐར་རས་དམར་གྱི་མཐའ་གོང་ཤན་ཡོད་པ་དང་། འགའ་ཤས་ནི་རས་དམར་གྱི་མཐར་གཟིག་ལྤགས་ཀྱི་མཐའ་གོང་ཤན་ཡོད་པ་དང་། ཡང་དེ་ལས་བཟང་བའི་གྲས་ནི་ལུག་ཚར་གྱི་གྱོན་པར་དགོ་ལྤགས་སམ་ཤྭ་ལྤགས་ཀྱི་གཡོགས་དང་རས་དམར་གཟིག་ལྤགས་ཀྱི་མཐའ་གོང་ཤན་ལྡན་པ་དང་། ལུག་ཚར་གྱི་སྟོད་ཐུང་དང་དོར་མ་ལ་དགོ་ལྤགས་ཀྱི་ཕྱི་གཡོགས་ལྡན་པའམ་སྦྱང་ལྤགས་ཀྱི་དོར་མ་དང་། འཕྱིང་ལྷམ་མམ་ཀོ་བའི་ལྷམ་དང་། དབྱར་དུས་སུ་འཕྱིང་ཞྭ་དང་དགུན་དུས་སུ་ཕ་ཞྭ་བཅས་གྱོན་སྲོལ་ཡོད་པ་རེད། བུད་མེད་རྣམས་ནས་ཀྱང་གོང་གསལ་ལྟར་གྱི་པགས་སླག་གམ་ཚ་སླག་གང་རུང་གི་མཐའ་ནས་དཔུས་སུ་རིམ་བཞིན་རས་སྔོ་ལྗང་དམར་སེར་དཀར་པོ་བཅས་ཕྲེང་སྒྲིག་གི་མཐའ་གོང་ཤན་ཡོད་པ་དང་། འགའ་ཤས་ཀྱིས་དེའི་ཕྱི་མཐར་གཟིག་ལྤགས་སམ་སྲམ་ལྤགས་ཀྱི་ཤན་ཆུང་ཡོད་པ་དག་གྱོན་སྲོལ་ཡོད་འདུག་ཅིང་། དབྱར་དགུན་སོ་སོའི་ཞྭ་ལྷམ་དག་ནི་སྐྱེས་པ་དང་ཕྱོགས་ཀུན་ནས་འདྲ་བར་སྣང་ངོ་།།

དེ་དག་ནི་འབྲོག་མིའི་རྒྱུན་གྱི་གྱོན་ཆས་ཏེ་གཟབ་མཚོར་གྱི་གོས་ཆས་དག་ནི་ཕ་ལྤགས་སམ་སྲེ་ལྤགས་སོགས་རིན་ཐང་ཅན་གྱི་པགས་རིགས་ཀྱིས་བཟོས་པའི་སླག་པར་གོས་ཆེན་སོགས་དར་ཟབ་རིན་ཐང་ཅན་གྱིས་གཡོགས་པ་ཙམ་ལས་བཟོ་སྐྲངས་མཐའ་དག་འདྲ་བར་སྣང་ངོ་།།

འབྲོག་པའི་རྫོན་བདའ།

དབྱར་སྨད་དུ་བྱང་འབྲོག་གི་མི་གཞོན་མང་ཙམ་ཞིག་སྒྲིལ་གྱིས་ཁལ་གཡག་མང་དུ་འདེད་དེ་འབྲོག་ཐང་ཐག་རིང་ན་གནས་པའི་འབྲོང་བརྫོན་དུ་འགྲོ་སྲོལ་ཡོད་པ་རེད། དེ་ཡང་འབྲོག་ཐང་ཕལ་མོ་ཆེར་“རྒྱ་ལུ”ཞེས་བྱ་བའི་འབྲོང་རྒོད་ཁེར་རྐྱང་དུ་གནས་པ་མང་དུ་ཡོད་འདུག་པ་དེ་རིགས་ནི་གཟུགས་པོངས་ཧ་ཅང་ཆེ་ཞིང་ཤ་ཧ་ཅང་མཁྲེགས་པོ་ཡོད་པར་བརྟེན་གསོད་སྲོལ་མེད་ཅིང་། ཁོང་ཚོར་དགོས་པའི་འབྲོང་ནི་འབྲོང་ཁྱུའི་ནང་དུ་གནས་པའི་འབྲོང་ཤད་དམ་འབྲོང་འབྲི་མ་གཞོན་རིགས་རྣམས་ཡིན་པ་རེད། འབྲོང་གསོད་མཁན་ཚོ་འབྲོང་ཁྱུའི་གནས་ཕྱོགས་སུ་སླེབས་པའི་ཚེ། ཐོག་མར་སྒྲོ་བརྩེགས་ཀྱི་གབ་ཁུང་འགའ་ཤས་བཟོ་ཞིང་། དེའི་ནང་དུ་རྫོན་པ་འགའ་ཤས་ཀྱིས་མེ་མདའ་ཐོགས་ཏེ་སྡོད། རྫོན་པ་གཞན་དག་གིས་རྟ་ཞོན་ཏེ་འབྲོང་ཁྱུ་གང་དུ་གནས་ཕྱོགས་དངོས་ཀྱི་མཐའ་བསྐོར་ནས་འབྲོང་རྣམས་རྫོན་པའི་གབ་ཁུང་གི་ཕྱོགས་སུ་འགྲོ་ཐབས་བྱེད་ཀྱི་ཡོད་པ་རེད། ནམ་འབྲོང་རྣམས་གབ་ཁུང་དང་ཉེ་བའི་སར་སླེབས་པའི་ཚེ། འབྲོང་འདེད་མཁན་གྱི་རྫོན་པ་ཚོ་མྱུར་བར་ས་ཐག་རིང་པོར་འབྲོས་ཤིང་། དེའི་ཚེ་གབ་ཁུང་ན་གནས་པའི་རྫོན་པ་ཚོས་འབྲོང་གཞོན་གྱི་རིགས་རྣམས་འདེམས་ནས་གསོད་སྲོལ་ཡོད་པ་རེད། འོན་ཀྱང་འབྲོང་ཁ་ཤས་ལ་མེ་མདའ་ཐེབས་ནས་ཁྲག་ཐོན་པའི་ཚེ། འབྲོང་ཁྱུ་དག་དེར་འདུས་ཤིང་“ཁྲག་འཐོད”ཅེས་བྱ་བའི་ཝུར་ཙོ་དྲག་པོར་སྒྲོག་ཅིང་རྫོན་པ་སོགས་མཐོང་ན་ཀུན་ཀྱང་དེ་ཕྱོགས་སུ་རྒྱུག་གི་ཡོད་པ་རེད། སྐབས་དེར་ཐག་རིང་དུ་བྲོས་ཕྱིན་པའི་རྫོན་པ་ཚོས་ཀི་སྒྲ་དང་མེ་མདའི་སྒྲ་བཏོན་པ་ན་འབྲོང་ཁྱུ་རྣམས་དེ་ཕྱོགས་སུ་འགྲོ་ཞིང་། དེ་ནས་གནས་གཞན་དུ་འགྲོ་བ་ལས་སླར་གབ་ཁུང་གི་ཕྱོགས་སུ་ཡོང་གི་མེད་པ་རེད། སྐབས་འགར་རྫོན་པ་ཚོའི་ལས་སྟབས་ཉེས་པའི་དབང་གིས་འབྲོང་ཁྱུས་རྫོན་པའི་གབ་ཁུང་རྙེད་དེ་རྫོན་པ་བསད་

པའི་ལོ་རྒྱུས་ཀྱང་མང་དུ་སྣང་ངོ་། །འབྲོག་པའི་རྗོན་པ་ཚོའི་ངག་སྒྲོས་སུ"འབྲོང་ནི་གཟུགས་པོ་ངས་ཏ་ཙང་མཐོན་པོ་ཡིན་སྟབས་འབྲོང་གིས་རྣ་རྗོན་པ་ཚོ་གསད་ཐུབ་ཀྱི་མ་རེད། འོན་ཀྱང་ཉེན་ཆེ་བ་ནི་འབྲོང་གིས་མིའི་སྟེང་དུ་བྲོ་འཁྲབ་པའམ་ཡང་ན་འབྲོང་གིས་ལྕེས་བལྡགས་ནས་མི་གསོད་ཀྱི་ཡོད་པ་རེད"ཅེས་ཟེར་རོ། །སྤྱིར་བཏང་འབྲོང་ནི་མིའི་རིགས་ལ་གནོད་འཚེ་གང་ཡང་མི་བྱེད་པའི་སོག་ཆགས་ཤིག་རེད། ང་ཚོ་འབྲོང་ཁྱུ་གནས་པའི་འབྲོག་ཐང་དུ་འགྲོ་བའི་ཚེ། འབྲོང་རྣམས་དལ་བུར་འབྲོག་ཐང་གཞན་དག་ཏུ་འགྲོ་བའམ། འགའ་ཤས་ནི་ང་ཚོ་དང་ཏ་ཙང་ཉེ་བའི་སར་སྡོད་ཅིང་ང་ཚོ་ལ་ཡ་མཚན་པའི་རྣམ་པས་བལྟས་ཏེ་སྡོད་པོར་ང་ཚོའི་དྲི་སྣོམ་གྱི་འདུག འབྲོག་མིའི་གནས་ཡུལ་དང་ཉེ་བའི་འབྲོག་ཐང་རྣམས་སུའང་འབྲོང་ཁྱུ་དུ་མ་ཡོད་འདུག་ཅིང་། འོན་ཀྱང་དེ་དག་ནི་འབྲོག་ཡུལ་སོ་སོའི་རྗོན་ཁྲིམས་ཀྱི་ཁོངས་སུ་ཚུད་ཡོད་པར་བརྟེན་རང་གཞན་སུས་ཀྱང་གསོད་ཆོག་གི་མེད་པ་རེད། འབྲོག་མི་ཚོའི་བསམ་པར་རི་སྐྱེས་སྲོག་ཆགས་ཀྱི་རིགས་རྣམས་ནི་ཡུལ་ལྷ་སོ་སོའི་སྒོ་ནོར་ཡིན་པ་དང་། ལྷག་པར་དུ་འབྲོང་ནི་འབྲོག་མི་ཚོའི་གཡག་དང་འདྲ་ཞིང་། དགོ་བ་དང་གནའ་བ་དག་ནི་འབྲོག་མིའི་ར་ལུག་དང་འདྲ་ལ། རྐྱང་ནི་འབྲོག་མིའི་རྟ་དྲེལ་དང་འདྲ་བ་སྟེ། དེ་དག་ནི་ཡུལ་ལྷའི་སྒོ་ཕྱུགས་གནད་ཆེན་ཡིན་པར་བརྟེན་སུས་ཀྱང་གསོད་མི་ཆོག་ཅིང་། སུ་ཞིག་གིས་བསད་ན་དེ་ནི་ཡུལ་ལྷ་དང་འཁོན་གཞིར་འགྱུར་བ་དཔེར་ན་འབྲོག་མི་ཕན་ཚུན་གྱི་རྗོད་གཞི་ལ་བརྟེན་ནས་ཉིས་རྗོད་འབྱུང་བ་ལྟར་ཏ་ཙང་ཉེན་ཆེ་བར་ངེས་འཛིན་གྱི་ཡོད་པ་རེད།

ཡ་མཚན་འོས་པའི་གཏམ་ཞིག་ནི། འབྲོག་མིའི་རྗོན་པ་འགའ་ཞིག་ན་རེ། "སྐབས་ཤིག་ཏུ་ང་ཚོས་འབྲོང་གཡག་ཆེན་པོ་ཞིག་བསད་པ་ཡིན། འབྲོང་གཡག་དེའི་རྒྱབ་ཀྱི་སྤུ་རྩིད་ཀྱི་ནང་དུ་འབྲུའི་སྙེ་མ་ཁ་ཤས་འདུག"ཅེས་དང་། ཡང་རྗོན་པ་གཞན་ཞིག་ན་རེ། "འབྲོང་གཡག་གི་རྒྱབ་ཤ་དང་རྒྱབ་ཀོ་ནི་ཏ་ཙང་མཁྲེགས་པོ་དང་འཐུག་པོ་ཡོད་པ་དེས་མདའི་ཀ་བའང་བཟོ་ཆོག་གི་རེད། དེའི་རྒྱུ་མཚན་ནི་ཡུལ་ལྷ་ཚོས་འབྲོང་གཡག་གི་རྒྱབ་ཏུ་ཁལ་འགེལ་གྱི་ཡོད་པ་རེད"ཅེས་ཟེར་རོ།། དེའི་ལོ་རྒྱུས་སྐོར་ཁོ་བོས་འབྲོག་མི་རྒན་པོ་དག་ལ་འདྲི་ཞིབ་ནན་ཏན་བྱས་པས། འབྲོག་མི་རྒན་པོ་དག་ཁ་

མཐུན་པར། "ང་ཚོ་འབྲོག་ཡུལ་གྱི་ཡུལ་ལྷ་དྲག་རྩལ་ཅན་རྣམས་རོང་ཡུལ་དུ་གཤེགས་ཏེ་སོ་ཏོག་ལ་སེ་ར་དྲག་པོ་རྒྱག་ཅིང་། འབྲུ་རྣམས་ཤྭ་བའི་རྒྱབ་ཁལ་ལམ། སྙེ་མ་རྣམས་འབྲོང་གི་རྒྱབ་ཏུ་འགེལ་ནས་སླར་འབྲོག་ཡུལ་དུ་གཤེགས་ཀྱི་ཡོད་པ་རེད" ཅེས་དང་། འབྲོག་ཡུལ་གྱི་བྱིས་པ་སོ་མ་སོན་པར་ཤི་བ་དེ་དག་ནི་ཡུལ་ལྷ་དྲག་རྩལ་ཅན་རྣམས་ཀྱི་སེ་ར་དྲིལ་མཁན་དུ་འགྱུར་ཞིང་། དེ་དག་གིས་དྲིལ་བའི་སེ་ར་རྣམས་རོང་ཡུལ་དུ་དྲངས་ནས་རོང་གི་འབྲུ་རིགས་རྣམས་ལེན་གྱི་ཡོད་པ་རེད།" ཅེས་ཟེར་རོ།།
(ནམ་རྒྱུན་འབྲོག་ཡུལ་དུ་མི་ཤི་བའི་རྗེས་སུ་ཞག་བཞི་བཅུ་ཞེ་དགུ་མ་ཟིན་བར་དགེ་རྩ་རྒྱ་ཆེན་པོ་སྒྲུབ་སྲོལ་ཡོད་འདུག་ནའང་། བྱིས་པ་སོ་མ་སོན་པ་ཤི་བའི་རྗེས་སུ་བདུན་ཕྲག་གཅིག་ཙམ་གྱི་རིང་ལ་གསུར་བསྔོ་བྱེད་པ་ཙམ་ལས་དམིགས་བསལ་གྱི་དགེ་རྩ་རྒྱུན་རིང་དུ་སྒྲུབ་སྲོལ་མི་འདུག་པའང་རྒྱུ་མཚན་དེ་ལྟ་བུ་ཞིག་ཡིན་པར་སེམས་སོ།།)

རྒྱུ་མཚན་གཞན་ཞིག་ནི། ཁོ་པོ་ཅག་ཨ་རིག་རྫ་ཞེས་བྱ་བའི་འབྲོག་སྡེར་འབྱོར་བའི་ཚེ། ཡུལ་དེར་རྫ་སོ་ཞེས་བྱ་བའི་མི་ཚང་འབྱོར་པ་འབྲིང་ཙམ་པ་ཞིག་ཡོད་འདུག་པ་དེ་ཚང་གི་ཕྲིའུ་ལོ་བཅུ་གཉིས་སོན་པ་འགུ་ལུ་ཞེས་པ་དེ་རི་ལ་ལུག་རྫི་རུ་ཕྱིན་ཏེ་དེ་ནུབ་སླར་ནང་ལ་ལོག་ཏུ་མེད་ཅིང་། ཉིན་རྗེས་མར་ནང་མི་ཚང་མ་རི་ལུང་ཀུན་ཏུ་ཕྱིན་ཏེ་བཙལ་ཀྱང་མ་རྙེད། དེ་ནས་ཉིན་དྲུག་གི་རྗེས་སུ་རྫིའུ་འགའ་ཤས་ཀྱིས་ཕྲིའུ་འགུ་ལུ་ཞེས་པ་དེ་ཨ་བོ་ལྷ་ཆེན་ཞེས་བྱ་བའི་ཡུལ་ལྷ་དེའི་རི་ངོགས་སུ་འགྲོ་བར་མཐོང་ནས་རྗེས་དེད་བྱས་འདུག་ནའང་རྫ་རིའི་ནང་དུ་ཤོར་ཏེ་མ་ཐོབ། དེའི་ཉིན་རྗེས་མར་ནང་མི་དང་ཡུལ་མི་ཕལ་ཆེ་བ་རྫ་རིར་ཕྱིན་ཏེ་རྫ་གསེང་ཀུན་ཏུ་ཞུལ་བའི་མཐར་ཕྲིའུ་དེ་རྫ་རྡོ་ཆེན་པོ་གཉིས་ཀྱི་འོག་ཏུ་ཡིབས་པ་ལས་རྙེད་དོ། །འོན་ཀྱང་ཐོག་མའི་དུས་སུ་ཁོའི་རང་གཤིས་ནི་མ་འདྲིས་པའི་རི་དྭགས་ལྟར་མིའི་རིགས་ལ་འཛིགས་སྣང་ཅན་ཞིག་ཏུ་གྱུར་ཡོད་འདུག་ནའང་། ཁོ་པོ་ཅག་རྫ་སོའི་ནང་དུ་འབྱོར་བའི་ཚེ་དྲན་པ་བག་ཕེབས་ཤིང་དྲི་བ་ཚང་མ་ལ་ལན་ཤོད་ཤེས་ཀྱི་འདུག ཁོ་ན་རེ། "ངས་རྡོ་ལེབ་གཙང་མ་ཞིག་གི་ཐོག་ཏུ་རྗེ་ཉོ་སྙུགས་ཏེ་དལ་བུར་འཐུང་བཞིན་ཡོད་པའི་ཚེ་སྨྱོ་བུར་དུ་ངའི་རྒྱབ་ཕྱོགས་ནས་འཐེན་མཁན་ཞིག་འདུག་ཅིང་། ཕར་བལྟས་པས་མི་ནག་རལ་ལུ་ཅན་འཕྱིང་གོས

ཀྱིན་པ་འཛིགས་སུ་རུང་བ་ཞིག་གིས་ང་ཨ་པོ་ལྷ་ཆེན་གྱི་ རྡེའུ་ཡིན། ཁྱོད་ཀྱི་ཕས་ངའི་དགོ་བ་གཉིས་བསད་སོང་བ་དེའི་སྟོང་འཇལ་དུ་འགྲོ་ཞིག་ཟེར་ཏེ་ངའི་མགྲིན་པ་ལ་ཐག་པ་ཞིག་བཏགས་སོང་བ་དེ་ནས་བཟུང་སྐར་འདིར་ནང་དུ་འཁྱོར་བའི་བར་དུ་གནས་ཚུལ་གང་བྱུང་ཤེས་ཀྱི་མི་འདུག” ཅེས་དང་། “སྐབས་འགར་ངས་འཕྲིང་བའི་སྦྲ་ཆེན་ལ་གོས་ཆེན་གྱི་ཡོལ་བ་ཡོད་པ་ཞིག་ཏུ་བཟའ་བཏུང་གི་སྐོར་ཧ་ཅང་ཡག་པོ་ཞིག་ཡོད་པ་དྲན་གྱི་འདུག” ཅེས་པ་ཙམ་ལས་གཞན་ཁ་གསལ་གང་ཡང་ཤོད་དུ་མི་འདུག ཕོ་བོས་ཁྱིའུ་དེའི་ཕ་ལ་དགོ་བ་བསད་པ་ཡིན་མིན་དྲིས་པས། ཕ་དེས་ཡིད་ཆེས་དྲག་པོ་དང་བཅས་ཏེ་ན་རེ། “ངས་ཟླ་བ་གཅིག་གི་སྔོན་དུ་ཚ་ལེན་དུ་འགྲུལ་བཞུད་བྱེད་ཤོར་དུ་དགོ་བ་གཉིས་བསད་པ་ཡིན། འོན་ཀྱང་དེའི་གནས་ཚུལ་ངའི་ཁྱིའུ་སུས་ཀྱང་ཤེས་ཀྱི་མ་རེད། འདི་ནི་ཡུལ་ལྷ་ཨ་པོ་ལྷ་ཆེན་གྱི་བཀའ་ཆད་དངོས་བདེན་ཡིན་འདུག་ཅིང་། ད་ཕྱིན་ངས་རི་དྭགས་གཏན་ནས་མི་གསད་པའི་ཁས་ལེན་བྱེད་ཀྱི་ཡིན། མ་ཟད་ཨ་པོ་ལྷ་ཆེན་ལ་གསོལ་མཆོད་ཟབ་རྒྱས་ཤིག་བྱ་དགོས་འདུག” ཅེས་ཟེར་བས་ཕོ་བོ་ཅག་ཐུན་མོང་གིས་ལྷ་བསངས་ཀྱི་ཚོགས་རྒྱས་པ་ཞིག་བསྒྲུབས་པ་ཡིན།

འབྲོག་ཡུལ་ཁག་ཏུ་དེ་འདྲ་བའི་ལོ་རྒྱུས་མུ་ཅན་དུ་ཡོད་པར་བརྟེན་འབྲོག་མི་དག་གིས་རི་དྭགས་བརྗོན་པ་ལ་དེ་ཙམ་དགའ་པོ་མི་བྱེད་ཅིང་། གཞོན་ནུ་ཞུང་ཤས་ཀྱིས་རི་དྭགས་བཤོལ་བ་དེ་དག་ནི་རྒྱུས་མེད་པའི་ཡུལ་དག་ཏུ་འགྲུལ་བཞུད་བྱེད་དགོས་ཀྱི་ཡོད་པ་རེད།

སྤྱང་ཀི་ནི་འབྲོག་ཡུལ་གྱི་དགྲ་བོ་ཆེ་ཤོས་ཤིག་ཡིན་པ་ལྟར་འབྲོག་མི་ཕོ་མོ་སུས་མཐོང་ནའང་དེ་འཕྲལ་དུ་གསོད་ཀྱི་ཡོད་པ་རེད། དེ་ཡང་འབྲོག་མི་ཞིག་གིས་སྤྱང་ཀི་ཞིག་སོད་པའི་ཚེ། མི་དེས་སྤྱང་ལྤགས་ཁྱེར་ནས་འབྲོག་སྡེ་དེར་“སྤྱང་སློམ”ཞེས་བྱ་བའི་སློང་མོ་ཞིག་འགྲོ་སྲོལ་ཡོད་འདུག་ཅིང་། མི་ཚང་སོ་སོ་ནས་མི་དེ་ལ་མར་དང་ཕྱུར་ར་སོགས་མི་ཉུང་བ་རེ་སྤྲེར་དགོས་ཀྱི་ཡོད་པ་རེད། གལ་ཏེ་མི་ཚང་ཞིག་གིས་མི་དེ་ལ་“སྤྱང་སློམ”གང་ཡང་མ་སྤྲེར་བ་ཡིན་ན། མི་དེས་“སྤྱང་སྣ་གཏུག”ཅེས་བྱ་བ་སྤྱང་ལྤགས་ཀྱི་སྣ་དེ་མི་ཚང་དེའི་ལྷས་འདབས་ཀྱི་རྡོ་ཞིག་ལ་གཏུགས་ནས་ལོག་ཅིང་། དེའི་

དོན་ནི་ཡུལ་དེར་ལོ་གཅིག་གི་རིང་ལ་སྐྱུང་ཀའི་འཚོ་བ་གང་ཡོད་པའི་རྐྱེན་ངན་མཐའ་དག་མི་ཚང་དེའི་སྒོ་ཕྱུགས་ཀྱི་སྟེང་དུ་སྨིན་པའི་དོན་རེད། གནས་ཚུལ་དེ་ནི་འབྲོག་ཡུལ་དུ་ལོ་རྒྱུས་ཡོད་པ་ཙམ་ལས་སྐྱུང་སྒོམ་པ་སུ་ཞིག་གིས་ཀྱང་སྐྱུང་སྣ་གཏུགས་ནས་ཕྱིན་ཚུལ་ཉེ་རབས་ཀྱི་ལོ་རྒྱུས་ཐོད་འོས་མི་སྣང་ཞིང་། གང་ལྟར་ཡང་འབྲོག་མི་ཚོས་སྐྱུང་སྒོམ་པ་དག་ལ་བྱ་དགའ་ལེགས་པོར་སྟེར་གྱི་ཡོད་པ་རེད།

འབྲོག་པའི་རེ་སྟོན།

འབྲོག་མི་ཚོས་ལོ་རེ་བཞིན་དབྱར་དུས་སུ་སྦྲ་རེ་གསར་པ་བསྟན་པ་དང་། སྦྲའི་ཚོན་ཐག་བརྗེ་བ་དང་། སྐབས་འགར་སྦྲ་ཕྱི་ནང་བརྗེ་བ་སོགས་མདོར་ན་སྦྲ་ལ་རེ་གསོས་གང་དགོས་བྱེད་ཀྱི་ཡོད་འདུག་ཅིང་། སྦྲ་གསོས་གྲུབ་པའི་ཉིན་དེར"རེ་སྟོན"ཞེས་བྱ་བའི་སྟོན་མོ་ཆུང་ངུ་ཞིག་བྱེད་སྲོལ་ཡོད་པ་རེད། སྟོད་མོ་དེར་རང་རང་གི་གཉེན་ཚན་དང་། མཐའ་ཡ། ཏུ་རོགས་རྣམས་འབོད་དེ་ལུག་ཤ་བཙོས་ཧྲུག་མང་དག་དང་། གྲོ་ཕྱུད་ཆེ་ཙམ་རེ་འདྲེན་དགོས་ཀྱི་ཡོད་འདུག

ཁོ་བོ་ཅག་ཁྲོམ་རྫ་སྒང་དུ་ཡོད་སྐབས་ངའི་ཕ་ལགས་ཀྱི་གྲོགས་པོ་འབྲོག་མི་འབྱོར་ལྡན་ཞིག་གིས་ཁོ་བོ་རེ་སྟོན་དུ་བོས་བྱུང་བས། ང་དང་ངའི་གྲོགས་པོ་རྣམས་ཀྱིས་མངར་ཆའི་རིགས་ཕྲན་བུ་ལག་རྟགས་སུ་ཁྱེར་ཏེ་དེར་ཕྱིན་པ་ཡིན། ང་ཚོ་དང་ཁོང་ཚོའི་གཉེན་གྲོགས་སོགས་མི་གྲངས་སུམ་ཅུ་ལྷག་ཙམ་ཡོད་འདུག་པ་ཚང་མ་ཕོ་སྦྲར་ཕྱིན་ཏེ་གྲལ་དུ་འཁོད་ཟིན་པའི་ཚེ། ནང་གི་བུ་དང་མནའ་མ་གཉིས་ཀྱིས་འཁར་གཞོང་ཆེན་པོ་གཉིས་ཀྱི་ནང་དུ་ལུག་ཤ་བཙོ་ཧྲུག་བྱས་པས་ཕྱུར་བུར་བཀང་བ་རེ་གྲལ་དབུ་ནས་རིམ་བཞིན་འགྲིམ་གྱི་འདུག ཁོ་བོས་དེར་ཤ་དུམ་ཆུང་ཤོས་ཤིག་འདུག་པ་དེ་བླངས་ནས་བཟའ་གྲབས་བྱས་པས་ཆུང་མའི་བུ་ཆུང་སོ་དྲུག་ཙམ་པ་ཞིག་འདུག་པ་དེས་ངའི་ལག་པའི་ནང་གི་ཤ་དུམ་དེ་ལ་བལྟ་ཞིང་ངུ་སྐད་དང་བཅས་པས་ན་རེ། "ཨ་མ་ཧད་དེས་ངའི་ཤ་བཟའ་འཛོག་གི" ཞེས་ཟེར་བས་ཁོ་བོ་ནི་རྒྱུ་མཚན་མེད་པར་ཧ་ལས་པའམ་ཐུང་ཟད་ངོ་ཚ་བ་ལྟ་བུ་ཞིག་བྱུང་། དེ་ནས་ངས་ཉམས་ཞིབ་ཀྱིས་བལྟས་པས་ནང་མི་ཀྲན་གཞོན་མང་དག་གིས་ཤ་བཙོས་ཧྲུག་གི་ནང་ནས་འགའ་ཞིག་འཚོལ་གྱི་ཡོད་འདུག་པ་དང་། ཤ་དུམ་མང་དག་ལ་གྲི་རིས་དང་། ཟ་རྗེད་ཀྱིས་བརྨས་པ་སོགས་རྟགས་མང་དུ་ཡོད་འདུག ཉིན་ཕྱི་མར་ཁོ་བོས་འབྲོག་མི་གྲོགས་པོ་ཞིག་ལ་དེའི་གནས

ཚུལ་ཞིབ་ཏུ་དྲིས་པས། ནམ་རྒྱུན་འབྲོག་མི་ཚོས་ཤ་བཅོས་ཧུག་བྱེད་པའི་ཚེ། ནང་མི་སོ་སོས་རང་རང་གང་ལ་དགའ་བའི་ཤ་འདེམ་སྒྲུག་བྱས་པ་དེ་ལ་གྲི་རིས་སམ། ཤིང་ཐུར་གྱི་རྟགས་སམ། ཛ་རྩིད་དཀར་ནག་གི་རྟགས་བཀོད་དེ་ལྷན་དུ་འཚོད་ཀྱི་ཡོད་པར་ཤེས་སོ། །དེ་སྔོན་ང་དང་ངའི་གྲོགས་པོ་ཚོ་སུས་ཀྱང་གནས་ཚུལ་འདི་མཐོང་ཐོས་མ་མྱོང་བར་བརྟེན་གྲོགས་པོའི་རེ་སྐོན་གྱི་ཤ་དུམ་རྟགས་ཅན་རྣམས་བླངས་ཏེ་བཟས་པ་དང་། གྲོགས་པོའི་ནང་མི་ཚོས་རང་རང་གི་ཤ་རྟགས་ཅན་རྣམས་མ་འཐོབ་ལྟེ་ཡང་ཡང་དུ་བཙལ་ཡོད་པར་མངོན་ནོ།།

འབྲུག་པའི་ལོ་སར།

རོང་ཡུལ་རྣམས་སུ་ལོ་སར་ལ་ལོ་ཆེན་དང་ལོ་ཆུང་གཉིས་སུ་ཡོད་པ་ལྟར་འབྲུག་ཡུལ་རྣམས་སུའང་རྒྱ་ལོ་ཞེས་པ་དང་ལོ་སར་ཞེས་བྱ་བ་གཉིས་སུ་ཡོད་འདུག་ཅིང་། དེ་ལས་རྒྱ་ལོ་ནི་ཕྱིལ་ཟླའི་ཚེས་གཅིག་ཉིན་སར་བ་དང་། ལོ་སར་ནི་བྱ་ཟླའི་ཚེས་གཅིག་ནས་བཟུང་སར་གྱི་ཡོད་པ་རེད། དེ་ཡང་རྒྱ་ལོ་ཞེས་པ་ནི་རྒྱ་རྩིས་ཀྱི་ལོ་མགོར་ཁེལ་བའི་དབང་དུ་བྱས་པ་ཡིན་འདུག་ཅིང་། དེའི་སར་ཚུལ་ནི་རྒྱས་བསྡུས་ཀྱི་ཁྱད་པར་མ་གཏོགས་ལོ་སར་དང་འདྲ་བ་ཡིན་ནོ། །ཕྱིལ་ཟླའི་ཚེས་ཉེར་གསུམ་མམ་ཉེར་ལྔ་ནས་འབྲུག་པའི་དགོན་པ་ཁག་དང་ཉེ་བའི་སར་གནས་པའི་འབྲུག་མི་རྣམས་ཀྱིས་གྲོ་ཞོ་ཟོ་བ་ཁ་ཁས་ཕྱིར་ནས་དགོན་པར་འགྲོ་ཞིང་དགེ་འདུན་ལ་གྲོ་ཞོ་འབུལ་བ་དང་། དགོན་པ་ཁག་གིས་བདེ་གཤེགས་བཀའ་བརྒྱད་ཀྱི་སྒྲུབ་མཆོད་འཛུགས་ཤིང་། ཚེས་ཉེར་དགུའི་དགོང་མོར་དགུ་གཏོར་རྒྱག་གི་ཡོད་པ་རེད། དགོན་སྡེ་དང་ཐག་རིང་བའི་འབྲུག་མི་དག་གིས་ནི་ཡུལ་དེར་ཡོད་པའི་མཆོད་གནས་འགའ་ཤས་ལ་བརྟེན་ནས་ཚེས་ཉེར་དགུའི་ནུབ་མོར"གོད་སླུད"ཅེས་བྱ་བ་ཕྱུགས་ལྕིས་བཟོས་པའི་མི་ནག་གཡག་ཞོན་པ། ལག་ཏུ་ཕྱུགས་ཀྱི་རྒྱུ་མ་ཁྱེར་ཞིང་མགོ་ལ་ཕྱུགས་ཀྱི་ཐོ་ཁ་གྱོན་པ། ཕྱུགས་ཀྱི་གདང་ཚད་སྣ་མང་ལུས་རྒྱན་དུ་བཏགས་པ་ཞིག་ཏུ་བཅོས་ཏེ་རང་རང་གི་སྒོ་མི་མཐོང་བའི་སར་བསྐྱལ་གྱི་ཡོད་འདུག་པ་དེ་ནི་ཕྱུགས་ལ་ཕྱིར་བྱུང་གི་གོད་ཁའི་འཕྲོ་གཅོད་པ་དང་། ལོ་གསར་པར་གོད་ཁ་མི་འབྱུང་བའི་རྐྱེན་ཟློག་ཅིག་ཡིན་པ་རེད།

ཚེས་གཅིག་གི་ནང་མོར་འབྲུག་མི་ཚོ་སྔ་བར་ལངས་ཤིང་། སྐར་ཆུ་ཞེས་བྱ་བ་སྐར་འོད་མ་ཡལ་བའི་དུས་སུ་བླངས་པའི་ཆུས་སྣའི་ཕྱི་ལོགས་སུ་ཁྲུས་བྱེད་པ་དང་། དེ་ནས་སྐྱེས་པ་ཚོས་སྣའི་ཉེ་འཁོར་དུ་སྦྱོ་ཐོས་བཟོས་པའི་བསངས་ཁྲིའི་ཁར་འབྲུག་པའི་བསང་ཤིང་སུར་དཀར(བ་ལུ)དང་། ཤ་སྤྲིད་དང་། སྤེན་དཀར་བཅས་ཀྱིས་ལྷ་

བསང་འབུལ་ཞིང་བཀྲ་ཤིས་སྨོན་ལམ་རྒྱག་པ་དང་། བུད་མེད་ཚོས་ཡ་དོས་ཞེས་བྱ་བ་ཟླ་ཕྱུག་གི་ནོར་རྫིགས་ཀྱི་སྟེང་དུ་འཕྱིང་དཀར་གྱི་ཁེབས་དང་། དེའི་ཁར་ཕྱུར་རས་གཡུང་དྲུང་བྲིས་པའི་ཐོག་ཏུ་ཕྱེ་མར་དང་ཞལ་གྲོ། ཞོ་འོའི་ཕུད་དང་མཆོད་མེ་གང་མང་འབུལ་ཏེ་བཀྲ་ཤིས་སྨོན་ལམ་རྒྱག་གི་ཡོད་པ་རེད། ཕྱེ་མར་ནི་སྡེར་མ་ཞིག་ཏུ་རྩམ་པ་མར་དང་ལྷན་དུ་སྦྲུས་པ་ཕུང་པོར་སྤུངས་རྒྱན་པའི་རྩེར་ཤིང་གི་རྩེ་ཁྲ་ལ་མར་གྱིས་ཉི་ཟླ་དང་ནོར་བུའི་དཀར་རྒྱན་བཏགས་པ་དང་། ཞལ་གྲོ་ནི་དངུལ་སྡེར་སོགས་སྡེར་མ་དཀར་པོ་གང་རུང་གི་ནང་དུ་གྲོ་བཙོས་དང་། ཕྱུར་ར། ཐུད་སྣ་ཚོགས་ལྷན་དུ་སྤུངས་པའི་ཁར་གྲོ་ཡི་ཁ་ཟས་དཔལ་བའུ་མང་དག་སྤུངས་པ་བཅས་ཡིན་པ་རེད།

ནང་མི་ཚང་མ་སྦྲའི་ནང་དུ་འདུས་པའི་ཚེ། "གུང་བསངས" ཞེས་བྱ་བ་སྦྲའི་གུང་ཡོངས་རྫོགས་འབྲེད་ཅིང་ཐབ་ཏུ་བསང་ཤིང་གང་འཛོམས་ཀྱིས་བསང་མཆོད་ཅིག་འབུལ་བ་དེའི་ཚེ་ནང་གི་བུ་རྒན་ཕོས་དང་མནའ་མ་གཉིས་ཀྱིས་ཕྱེ་མར་དང་ཞལ་གྲོ་སོ་སོར་ཐོགས་ཏེ་ནང་གི་ཕ་མ་གཉིས་ནས་བཟུང་རྒན་རིམ་བཞིན་འགྲིམ་གྱི་ཡོད་པ་རེད། འབྲོག་མི་དག་གིས "གུང་བསངས་ཀྱི་སྐབས་སུ་སྦྲ་ནང་དུ་བསང་དུད་འཁྱུག་པོར་བྱུང་ན་ནང་ཕྱུག་པོར་འགྱུར་བ་དང་། བསང་དུད་གུང་ནས་ཐད་ཀར་གནམ་དུ་ཕྱིན་ན་ནང་དེ་ལ་བཀྲ་ཤིས་པའི་དགེ་མཚན་བཟང་པོ་ཞིག་འབྱུང་བ་དང་། བསང་དུད་གུང་ནས་རྒྱབ་ཏུ་ཕྱིན་ན་མི་བརྒྱུད་འཕེལ་བ་དང་། བསང་དུད་ཕྱོགས་ཀུན་ཏུ་ཐར་ཐོར་དུ་ཕྱིན་ན་ཕྱོགས་འཕེལ་བ་དང་། བསང་དུད་སྦྲའི་མདུན་ཕྱོགས་ནས་སར་འཁྱིལ་ན་མི་ལ་རྐྱེན་ཆག་འབྱུང་བ་དང་། བསང་དུད་གུང་ནས་གཡས་སུ་ཕྱིན་ན་མོ་ལྷ་དར་བས་དཀར་ལོ་ལེགས་པ་དང་། བསང་དུད་གུང་ནས་གཡོན་ཕྱོགས་སུ་ཕྱིན་ན་ཕོ་ལྷ་དར་བས་དགྲ་མགོ་ཐུལ་བ་དང་། བསང་དུད་གུང་ནས་གཡས་གཡོན་ཀུན་ཏུ་འཁྱིལ་འཁོར་བྱས་ན་དགྲ་མགོ་རྐོད་པ་ཡིན" ཞེས་ཤོད་སྲོལ་ཡོད་འདུག

ནང་མི་ཚོས་ཕྱེ་མར་ཕྲན་བུ་རེ་བླངས་ནས་གུང་བསངས་ཀྱི་ནང་དུ་མཆོད་ཅིང་།

"བཀྲ་ཤིས་པར་ཤོག །

ཞལ་དྲོ་བར་ཤོག །

ཚེ་རིང་བར་ཤོག །

ནད་མེད་པར་ཤོག །

ལམ་ཡག་པར་ཤོག །

གོད་མེད་པར་ཤོག །

སྐྱིད་འཛོམས་པར་ཤོག །”

ཅེས་བརྗོད་ཅིང་ཞལ་གྲོ་ནས་ཐུད་དང་གྲོ་མ་སོགས་ཅུང་ཟད་རེ་བླངས་ཏེ་རང་རང་གིས་ཟ་གི་ཡོད་པ་རེད། དེ་ནས་དམིགས་བསལ་ལོ་སར་གྱི་ཆེད་དུ་བཟོས་པའི་“རྒམ་ཁུ”ཞེས་བྱ་བ་ཞིག་འཁྱུང་སྲོལ་ཡོད་འདུག་ཅིང་། དེ་ནི་མར་ཁུ་འཚོགས་སུ་བཙུག་པའི་ནང་དུ་ཚྭ་ཅུང་ཟད་རྒྱག་ཅིང་། དེའི་ནང་དུ་རྒམ་པ་བླུགས་ནས་སླར་ཡང་ཅུང་ཟད་འཚོགས་སུ་བཙུག དེའི་ནང་དུ་ཇ་ཁུ་ཅུང་ཟད་བླུགས་ཤིང་། དེ་ནས་འོ་མ་མང་ཙམ་བླུགས་པའི་ཁར་ཕྱུར་ར་མང་ཙམ་རྒྱག་དགོས་ཀྱི་ཡོད་པ་རེད། དེ་རྗེས་སུ་“ལོ་མགོ”ཞེས་པའི་མགོ་ཤ་དང་། ཁ་ཟས་ཀྱི་རིགས་དང་། ཤིང་ཏོག་སྐམ་པོའི་རིགས་རྣམས་བཟའ་ཞིང་། བཟའ་བཅའི་རིགས་གཞན་དག་ནི་སོ་སོའི་འདོད་པ་ལྟར་འགྲིག་ཡུལ་དུ་དར་སྲོལ་ཡོད་པའི་བཟའ་བའི་སྐོར། གོ་ར——ཞེས་པ་རོང་མིའི་བག་ལེབ་ལྟ་བུ་དང་། ཚ་ལོག——ཅེས་པ་བག་ཟན་གྱི་ནང་དུ་ཤ་ཚོལ་མང་དུ་འཁྱུམས་ནས་མེར་བསྲེགས་པ་དང་། མཛོ་སྣ——ཞེས་པ་བག་ཟན་གྱིས་མཛོའི་སྣ་ལྟར་བཟོས་ཏེ་ཆུར་བཙོས་ནས། དེ་དང་མར་ཕྱུར་བཅས་ལྷན་དུ་སྦྱུས་པ་དང་། བཙོས་གོར——ཞེས་པ་འོས་སྦྱུས་པའི་བག་ཟན་གྱིས་ལེབ་ལེབ་མོའི་དཀྱིལ་དུ་ཁུང་བུ་ཡོད་པར་བཟོས་ཏེ་འོ་མར་བཙོས་པ་རྣམས་དང་། བཅའ་བའི་སྐོར། རྒྱན་ལོག——ཅེས་པ་བྱ་བ་བག་རིལ་གྱི་ནང་དུ་ཤ་འཁྱུམས་ནས་ཐུག་པར་བཟོས་པ་དང་། འབྲས་ཤ་ཁུ——ཞེས་པ་འབྲས་ཐུག་གི་ནང་དུ་ཤ་མང་དུ་བཏབ་པ་དང་། རྒྱན་ཐུག——ཅེས་པ་རོང་མིའི་བག་ཐུག་དང་འདྲ་བ་རྣམས་ཏེ། རྒྱན——ཞེས་པ་ནི་བག་ཟན་ཡིན་པར་ཤེས་དགོས་སོ། །

འཁྲིག་མིའི་མངར་ཆས་ཀྱི་གཙོ་བོ་ནི། ཞུན——ཞེས་པ་གྲོ་མ་ཡོས་སུ་བརྗོས

ཏེ་ཕྱི་མར་འཐགས་པའི་ནང་དུ་མར་ཁུ་དང་ག་རའམ་བུ་རམ་མང་ཙམ་བླུགས་ནས་ཆགས་སུ་བཅུག་པ་དང་། གྲོ་ཐུད——ཅེས་པ་གྲོ་མ་གོང་ལྟར་འཐགས་པའི་ཕྱི་མ་མར་ཕྱུར་བུ་རམ་བཅས་དང་ལྷན་དུ་སྦྲུས་པ་དང་། སོན་ཐུད——ཅེས་པ་སོན་དཀར་ཕྱི་མར་འཐགས་པའི་ནང་དུ་ཕྱུར་ར་ཙུང་ཟད་བླུགས་ནས་སྦྲང་རྩིས་སྦྲུས་པ་དང་། གཞན་ཡང་སྦྲང་རྩི་དང་འོ་མས་སྦྲུས་པའི་བག་ཟན་གྱིས་བཟོ་དབྱིབས་སྣ་ཚོགས་པའི་ཁ་ཟས་ཀྱི་རིགས་མར་ཁུར་བརྔོས་པ་སོགས་ཡོད་པ་རེད།

དེ་ལྟར་ཚེས་གཅིག་ཉིན་ལོ་སར་ཞེས་བྱ་བ་དགའ་སྟོན་གྱི་གཙོ་བོར་བྱེད་པ་དང་། ཚེས་གཉིས་ཉིན་ལོ་རྒྱབ་ཅེས་པ་རྩེད་མོའི་དགའ་སྟོན་སྣ་ཚོགས་བྱེད་པ་དང་། ཚེས་གསུམ་ཉིན་མནའ་ཡ་དང་། གཉེན་ཚན་ཕན་ཚུན་རྣམས་མགྲོན་དུ་འབོད་རེས་བྱེད་པ་དང་། ཚེས་བཞི་ཉིན་ཙ་རོགས་ཕན་ཚུན་རྣམས་མགྲོན་དུ་འབོད་རེས་བྱེད་པ་དང་། ཚེས་ལྔ་ཉིན་ཙ་སྐོར་སོ་སོ་ལྷན་དུ་འདུས་ནས་རྟ་རྩལ་བསྐྱུར་བའམ། མི་རྣམས་ཕན་ཚུན་ཤེད་ཚོད་པའམ། སྒྲུར་འཐེན——ཞེས་པ་མི་གཉིས་ཀྱིས་ཐག་པ་ཞིག་མགུལ་དུ་གྱོན་ནས་འཐེན་རེས་བྱེད་པ་དང་། ཐིག་སྒམ——ཞེས་བྱ་བ་མི་གཉིས་ཀྱི་ཐག་མདུད་ཆེ་བ་ཞིག་གི་སྣེ་བསྡམ་ཆོག་ཏུ་བཟུང་བའི་ནང་ནས་མི་གཞན་ཞིག་འཛུལ་བའི་ཚེ་ཐག་མདུད་བསྡམ་པའི་རྩེད་མོ་ཞིག་དང་། ཐིག་འཕགས་ཞེས་བྱ་བ་ཐག་པ་མཐོན་པོར་བརྒྱངས་པའི་སྟེང་ནས་ཕར་ཚུར་འཕགས་པ་དང་། རྡོ་འཕེན་ཞེས་བྱ་བ་རྡོ་ཐོ་ཆེ་ཆུང་ལྔ་བཙུགས་པ་མཐའ་ནས་གོང་དུ་རིམ་བཞིན་ལག་རྡོ་ཆུང་དུ་ལྔས་བསློག་ཐུབ་དགོས་ཤིང་། གལ་ཏེ་གོ་རིམ་ནོར་བར་འཐོགས་ན་སླར་ཡང་མཐའ་ནས་བཟུང་ཐོ་ཆུང་གཅིག་དང་། གཉིས་དང་གསུམ་ནས་ལྔའི་བར་གསར་དུ་བསླང་དགོས་པའི་རྩེད་མོ་རྣམས་རྩེ་སྲོལ་ཡོད་པ་རེད། དེར་མ་ཟད་འབྲོག་མི་རྒན་རིམ་རྣམས་ཀྱིས་མིག་མངས་དང་། རྒྱལ་པོ་སྒོ་དགུ། རྒྱལ་པོ་སྒོ་གཉིས་དང་། འགྲིག——ཅེས་བྱ་བ་སོགས་རྡོ་རྡེལ་ལ་བརྟེན་པའི་རྩེད་མོའང་སྣ་ཚོགས་རྩེ་གི་ཡོད་པ་རེད། དེ་ནུབ་དགོང་མོར་ཙ་སྐོར་གྱི་ཕོ་མོ་ཚང་མ་ཉེ་ཕྱོགས་ཀྱི་ཐང་ཞིག་ཏུ་འདུས་ཤིང་། "ཕང་ཁ"ཞེས་བྱ་བ་ཕྱུགས་ལྕི་མང་པོ་ཟླུམ་པོར་བརྩིགས་པའི་མེ་ཆེན་ཞིག་སྦར་ནས། འབྲོག་པའི་བུ་

དང་བུ་མོ་ཆོས་ཞབས་བྲོ་འཁྲབ་ཀྱི་ཡོད་པ་རེད། དེའི་རྗེས་སུ་དེར་ཡོད་ཀྱི་མི་ཚང་མ་ཕྱོགས་གཉིས་སུ་བགོས་ཏེ་གླུའམ་ཁེད་རྩོད་ཅིང་། སྐབས་འགར་ཉིན་རྗེས་མ་རྣམས་སུའང་རྩོད་འགྲོ་འབྱུང་དགོས་པ་ཡོང་གི་ཡོད་པ་རེད།།

འབྲོག་པའི་འདུ་བ།

སྟག་ཟླའི་ཚེས་ལྔ་ནས་བཟུང་ཚེས་བཅུའི་བར་འབྲོག་སྡེ་སོ་སོའི་འབྲོག་མི་ཕོ་མོ་རྣམས་ས་ཆ་བཙན་ས་ཞིག་ཏུ་ལྷན་དུ་འདུས་ཤིང་། འབྲོག་ཡུལ་དེའི་ཁོངས་སུ་ཡོད་པའི་བླ་གྲྭ་རྣམས་ནས་སྒྲི་རིམ་གང་དགོས་བསྒྲུབ་དགོས་པ་དང་། ལྷག་པར་ཚེས་དགུ་ཉིན་དགྲ་ཟློག་གི་ཆེད་དུ་ཕུར་པ་རྡོ་རྗེ་གཞོན་ནུའམ། རྟ་མགྲིན་ནམ། གུར་དྲག་སོགས་ཀྱི་ལས་བྱང་གི་སྒོ་ནས་གཏོར་རྒྱག་དང་། དགྲ་མནན་སོགས་བསྒྲུབ་དགོས་པ་དང་། ཚེས་བཅུ་ཉིན་ཚེས་བཅུའི་མཆོད་པ་རྒྱས་སྤྲོས་དང་འབྲེལ་མི་ཚང་མས་བཟའ་བཏུང་གང་ལེགས་བཟོ་སྲོལ་ཡོད་པ་རེད།

དུས་དེ་སྐབས་ཀྱི་རིང་ལ་འབྲོག་མི་ཐན་གྲས་རྣམས་ཀྱིས་ཉིན་ཏག་པར་འདུ་བ་ཞེས་བྱ་བའི་ཚོགས་འདུ་བྱེད་ཅིང་། འདུ་བའི་དོན་གནད་གལ་ཆེ་ཤོས་ནི། གལ་ཏེ་འབྲོག་སྡེ་དེ་ལ་སྒྲི་དགྲ་ཞིག་ཡོད་ན་དུས་དེར་དགྲ་རྒྱག་སྟོང་ལེན་ཇི་ལྟར་བྱ་དགོས་པའི་སྐོར་གྲོས་མོལ་ཞིབ་རྒྱས་བྱེད་པ་དང་། དགྲ་ཕར་འདུལ་གྱི་གཟའ་སྐར་དུས་ཚེས་གཏན་འབེབས་དང་། དགྲར་འགྲུལ་བཞུད་ཀྱི་སྟ་གོན་མཐའ་དག་བྱེད་ཅིང་། ཕལ་ཆེར་འདུ་བའི་རྗེས་སུ་དགྲར་ཏིས་རྫོང་དུ་འགྲོ་སྲོལ་ཡོད་པ་རེད། གལ་ཏེ་འབྲོག་སྡེ་དེ་ལ་རྩོད་འགེལ་གྱི་དགྲ་ཞིག་ཡོད་ན་དགྲ་ཡི་ཉེན་ཁ་སྲུང་ཐབས་དང་། སོ་སྲུང་གི་ལས་བགོས་དང་། རྟ་ཧྲག་ཅེས་པ་དགྲ་ཡི་གདོང་ལེན་འཐབ་ཚོག་གི་ཉ་བཀོད་བཅས་བྱེད་ཀྱི་ཡོད་པ་རེད།

འབྲོག་ཡུལ་ཁག་སོ་སོའི་ཡུལ་གྱི་ཆགས་ཚུལ་དང་མི་སྡེའི་གནས་ཚུལ་མི་འདྲ་བ་དུ་མ་ཡོད་པ་ལྟར་སྟག་ཟླའི་འདུ་བ་ཚུགས་སྟངས་དང་། འདུ་བའི་དགོས་དོན་རྣམ་པ་ཐ་དད་པ་མང་དུ་སྣང་ཞིང་། གསེར་ཐའི་ཡུལ་སྡེས་ནི་“སྟག་ཟླའི་སྤྱི་སྲུང་”ཞེས་བྱ་སྟེ། སྐབས་དེར་ལོ་རིམ་གནད་ཆེའི་རིགས་རྣམས་བསྒྲུབ་དགོས་ཀྱི་ཡོད་འདུག་པ་དང་། རྫ

ཆུ་ཁའི་བྱང་རྒྱུད་ཀྱི་འབྲོག་སྡེ་ཚོས་སྐབས་དེར་ཉིས་རྩོད་ཀྱི་སྒྲིག་བཀོད་དང་། ཡུལ་ནང་གི་འཁོན་གཞི་རྣམས་འདུམ་ཐབས་སྐོར་གཙོ་བོར་བྱེད་པ་དང་། ཛ་ཆུ་ཁའི་ལྷོ་རྒྱུད་ཀྱི་འབྲོག་སྡེ་ཚོས་སྐབས་དེར་ལོ་གཅིག་རིང་གི་ཡུལ་ཁྲིམས་ལ་ཞིབ་འཇུག་གི་སྐོར་གཙོ་བོར་བྱེད་ཀྱི་ཡོད་པ་རེད། སྐབས་འདི་ནི་འབྲོག་མིས་ཉིས་རྩོད་བྱེད་པའི་དུས་ཚོད་དམིགས་བསལ་ཞིག་ཡིན་པར་བརྟེན། འབྲོག་མི་ཚོས་ཉིན་མཚན་ཀུན་ཏུ་ཐོན་བྱེད་ཀྱི་ཡོད་འདུག་ཅིང་། སྐབས་འགར་སྐྱེས་པ་རྣམས་འདུ་བར་ཕྱིན་པའི་ཤུལ་དུ་དགྲ་བོ་འཇུར་ནས་ཏུ་གཞིས་གཏོར་བརླགས་བྱས་པའི་ལོ་རྒྱུས་ཀྱང་མང་དུ་སྣང་ངོ་། །

འབྲོག་པའི་གཉེན་སྒྲིག

འབྲོག་མིའི་གཉེན་སྒྲིག་གི་འདུན་མའི་བྱ་བ་ནི་བུ་དང་བུ་མོ་སོ་སོའི་ཕ་མ་དང་གཉེན་ཚན་རྣམས་ཀྱིས་འཁུར་ལེན་བྱེད་ཀྱི་ཡོད་འདུག་ཅིང་། འབྲོག་ཡུལ་དུ་བུ་དང་བུ་མོ་དག་རང་མོས་ཀྱིས་གཉེན་འདུན་བྱས་པ་ནི་ཆེས་དཀོན་པ་ཡིན་ནོ། །

འབྲོག་ཡུལ་གྱི་མི་ཚང་ཆེ་ཆུང་ཇི་ལྟ་བུ་ཞིག་ཡིན་ཡང་རུང་། ནང་གི་བུ་ཐུན་ཤོས་དེ་ལ་ཆུང་མ་བསྐུ་ཞིང་འབྲོག་གཞིས་ཀྱི་བདག་པོ་བྱེད་དུ་བཅུག་པ་དང་། བུ་གཉིས་པ་དེ་དགོན་པ་གང་རུང་དུ་གྲྭ་པ་བྱེད་དེ་ཆོས་སྒོར་བཅུག་པ་དང་། ད་དུང་བུ་གསུམ་པ་སོགས་ཡོད་ན་ "སྦྲ་སར" ཞེས་བྱ་བ་གཉེན་ཚན་རྣམས་བློ་མཐུན་པའི་ཆུང་མ་ཞིག་བསུས་ཏེ་གཞིས་གསར་འཆའ་རུ་བཅུག་པ་དང་། བུ་མོ་ཇི་ཙམ་ཡོད་པ་དེ་དག་བག་མར་གཏོང་སྲོལ་ཡོད་པ་རེད།

སྤྱིར་འབྲོག་ཡུལ་དུ་སྐྱེས་པའི་གྲངས་ནི་བུད་མེད་ལས་ཉུང་བར་ཡོད་འདུག་ཅིང་། དེ་ཡང་སྐྱེས་པ་མང་དག་ནི་ཕན་ཚུན་གྱི་ཤ་ལེན་ནམ་ཏེ་ས་རྩོད་སོགས་ཀྱི་འཁོན་འཁྲུག་ཏུ་བསད་པ་དང་། སྐྱེས་པ་མང་དག་ནི་གྲྭ་པ་ཡིན་འདུག་པ་ལྟར་དགོན་པ་ཁག་ཏུ་གནས་པ་དང་། མ་ཟད་སྤྱིར་བཏང་འབྲོག་མིའི་ཀུན་སྤྱོད་དམ་ཞིང་ངོ་ཚ་ཤེན་ཏུ་ཆེ་བ་བཅས་ལ་བརྟེན། འབྲོག་ཡུལ་ཁག་ཏུ་བག་མ་འགྲོ་ཡུལ་མ་རྙེད་དེ་ཐན་མོར་གྱུར་པའི་བུད་མེད་ཀྱང་མང་པོར་སྣང་ཞིང་། དེ་འདྲའི་རིགས་རྣམས་ནི་ཕོ་མ་ཞེས་བྱ་བ་སྟེ། མཐོང་སྣང་དུ་ཨ་ནེ་ལྟར་ཆོས་ལ་དག་སྣང་ལྷག་པར་ཆེ་ཞིང་། མགོ་རིལ་ལམ་སྐྲ་ཅན་གང་ཡང་རུང་བ། གཞོན་དུས་སུ་རྟག་པར་མོའི་སྦྲའི་ནང་གི་དཀར་ལས་ཀྱི་འཁུར་ལེན་གཙོ་བོར་བྱེད་པ་དང་། རྒན་པའི་དུས་སུ་ནག་སྐར་གང་རུང་དུ་ཕྱིན་ཏེ་ཆོས་བྱེད་ཅིང་། དེ་དག་ལ་འཚོ་བའི་སྐྱར་ནང་སོ་སོ་ནས་སྐྱེལ་དགོས་སྲོལ་ཡོད་པ་རེད།

བག་མ་སློང་ཚུལ་ནི། ཐོག་མར་སུ་ཞིག་གིས་བག་མ་ལེན་འདོད་ཡོད་པའི་བུ་མོ་

དེ་དང་། བག་མ་ལེན་ཡུལ་གྱི་བུ་བཅས་ལོ་ཁམས་མཐུན་མིན་སོགས་རྩིས་པར་རྩིས་བྱེད་དུ་བཙུག་ཅིང་། ལོ་ཁམས་སོགས་མཐུན་ན་བག་མ་ལེན་མཁན་གྱི་ནང་མིའི་གཙོ་བོ་ཕའམ་ཕུ་བོ་གང་རུང་ཞིག་བུ་མོ་དེའི་ནང་དུ་ཕྱིན་ཏེ། " སྨ་ཐག་བཏགས" ཞེས་བྱ་བ་དར་དང་། སྣམ་བུ། རས་ཡུག་རིང་ཐུང་གང་འཛོམས་ཀྱི་ལག་རྟགས་དང་བཅས་ཏེ། བུ་མོའི་ཕ་མ་གཉིས་ལ་བུ་མོ་སྤྲེར་རོགས་ཞེས་ལབ་དགོས་ཤིང་། ཕ་མ་གཉིས་ཀྱིས་རྒྱུ་རྫས་དེ་དག་བླངས་ཤིང་བུ་མོ་སྤྲེར་བར་ཁས་བླངས་པ་ནི་" ཉེ་ཐག་བཅད" ཅེས་པ་སྟེ། དེའི་རྗེས་སུ་བུ་མོ་དེ་མི་ཚང་གཞན་དག་ལ་སྤྲེར་མི་ཆོག་ཅིང་། གལ་ཏེ་སྤྲེར་ན་" བག་སྟོང" ཞེས་བྱ་བའི་ཁ་མཆུ་ཆེན་པོ་ཡོང་གི་ཡོད་པ་རེད། དེར་མ་ཟད་བུ་མོ་སློང་མཁན་ནས་ཀྱང་འགྱུར་ལྡོག་བྱེད་མི་ཆོག་ཅིང་། གལ་ཏེ་འགྱུར་ལྡོག་བྱས་ན་བག་སྟོང་འདྲ་བར་རྩོད་སྲོལ་ཡོད་པ་རེད།

བག་མ་སློང་རྟེན་ནི། བག་མ་ལེན་མཁན་མི་ཚང་ཆེ་ཆུང་སོ་སོའི་འབོས་པའི་བཟང་ངན་ལྟར་དར་ཟབ་དང་། དངུལ། རྟ་ཕོ། རྐོད་མ། མཛོ་མཛོ་མོ། འབྲི་གཡག ལྭ་ཕྲུག རས་ཡུག་ཁ་དོག་སྣ་ཚང་། ཕ་ལྷགས། གཡི་ལྷགས་དང་། གཟིག་ལྤགས་སོགས་དངོས་པོའི་རྣམ་གྲངས་དགུ་ཚན་གསུམ་མམ། གཉིས་སམ། གཅིག་སོགས་དགོས་ཀྱི་ཡོད་འདུག་ཅིང་། དེ་ཡང་བག་མ་སློང་མཁན་གྱིས་སློང་རྟེན་ཇི་ཙམ་རྒྱས་སྤྲོས་བྱས་པ་དེ་ཙམ་དུ་བག་མ་གཏོང་མཁན་ནས་བུ་མོའི་བག་ཆས་དང་བག་སྐལ་རྣམས་རྒྱས་སྤྲོས་བྱེད་དགོས་སྲོལ་ཡོད་པ་རེད།

བག་ཆས་ནི། ནམ་རྒྱུན་དུ་འབྲོག་མོ་རྣམས་ཀྱིས་མགོ་སྐྲ་ལ་" སླས་ཆེན" ཞེས་པ་དང་" སླས་ཞིབ" ཅེས་བྱ་བ་གཉིས་བཟོ་སྲོལ་ཡོད་འདུག་ཅིང་། དེ་ཡང་བུ་མོ་བག་སྟོན་མ་ཆོས་སླས་ཆེན་ཞེས་པ་སུམ་སླས་རྫིབ་ཙམ་བྱས་ཤིང་། སྐྲ་རྒྱན་ཡང་སྤྲོས་ཤེལ་དང་བྱི་རུ་ཁ་ཤས་ཙམ་ལས་གང་ཡང་མེད་པ་རེད། བུ་མོ་སུ་ཞིག་བག་མར་འགྲོ་བའི་ཚེ་སླས་ཞིབ་བཟོ་ཤེས་པའི་སྐྲ་མཁན་མ་ཁ་ཤས་པོས་ཏེ། དེ་དག་གིས་" བག་མ་སྐྲ་སླས" ཞེས་བྱ་བའི་སླས་ཞིབ་ཏ་ཙང་ཕྲ་ཞིང་མང་བ་ཞིག་བཟོ་སྲོལ་ཡོད་པ་རེད། འབྲོག་མི་ཚོས་བག་མ་སྐྲ་སླས་ཞེས་པའི་སླས་ཞིབ་ནི་བག་ཆས་གལ་ཆེན་ཞིག་ཏུ་བརྩི་ཞིང་། མི་སྡེའི་གླུ་ལས།

སྒྲ་མ་སླས་བག་ལ་ཡོང་ཟེར་ན། །
རོགས་ང་གཉིས་ལ་སེ་ལོ་སེ་བྱེད། །
སླན་སླས་ཞིབ་སྟོས་གདན་ཆ་འགྲིགས་དེ། །
དྲིན་ཕ་མ་བཟང་པོའི་བཞག་པ་རེད། །

ཅེས་ཟེར་སྲོལ་ཡོད་འདུག སྟོས་གདན་ཞེས་པ་ནི་བག་མའི་སྒྲ་རྒྱན་གྱི་གཙོ་བོ་ཞིག་ཡིན་འདུག་ཅིང་། དེ་ཡང་མགོ་བོར་སྟོས་ཞལ་ཆེན་པོ་ལྔ་ཚོམ་བྱི་རུའི་ཆབ་ཏོག་རང་འགྲིགས་ཡོད་པ་དེ་ནས་བཟུང་རྒྱབ་སྒྲའི་ངོས་སུ་གོས་ཆེན་གྱི་གདན་ཤར་མཛེས་བཟོས་བྱས་པའི་སྟེང་དུ་སྟོས་ཞལ་དྲུག་དྲུག་གམ་བརྒྱད་བརྒྱད་གང་རུང་བྱི་རུའི་ཆབ་ཏོག་དང་ལྡན་པ་གྲལ་ཉིས་གཤིབས་སུ་བཀོད་པ་དང་། དེ་དག་གི་བར་རྣམས་སུ་དངུལ་གྱི་སྦུབ་གོར་ལ་གསེར་གྱི་ཕྲ་ཁང་དང་། གཡུ་དང་བྱི་རུའི་ཕྲ་ཆེ་ཆུང་མང་དུ་བཀོད་པ་དང་། གཞན་ཡང་རིན་པོ་ཆེའི་རིགས་སྣ་ཚོགས་པའི་ཕྲེང་བ་དུ་མས་དྲ་བ་དྲ་ཕྱེད་དུ་བཟོས་པ་ཞིག་ཡོད་པ་རེད། བག་ཆས་ཀྱི་ཡོ་བྱད་གལ་ཆེ་བ་གཅིག་ནི་“ཆར་མ”ཞེས་པའི་སྒྲ་རགས་དག་ཡིན་ཏེ། དེ་ནི་རིན་ཐང་ཅན་གྱི་གོས་ཆེན་གྱི་གཞི་མདོག་དམར་སོར་བརྒྱད་ཙམ་པ་དང་། རིང་ཐུང་སྐྱེད་སྐོར་ཆུད་ཙམ་པའི་སྟེ་མོར་གསེར་དངུལ་གྱི་ཆར་མགོ་ཡོད་པ། སྟེང་ངོས་སུ་གསེར་དངུལ་བཀྲུས་མའི་སྦྲ་ལེ་ཤན་དང་། དབུས་དང་གཡས་གཡོན་གྱི་མཐིལ་རྣམས་སུ་གསེར་དངུལ་གྱི་འཁོར་ཆེན་དང་། འཁོར་ཆེན་སོ་སོའི་མཐའ་བསྐོར་དུ་གཡུ་དང་བྱི་རུའི་ཕྲ་ཚོམ་དུ་མ་ཡོད་པ་དང་། ཡང་ན་འཁོར་ཆེན་དག་གི་ཚབ་ཏུ་གསེར་དངུལ་གྱི་ཕྲ་ཁང་ཆེན་པོ་གསུམ་གྱི་དབུས་སུ་བྱི་རུའི་ཕྲ་ཚོམ་དང་། མཐའ་བསྐོར་རྣམས་སུ་དངུལ་གྱི་པད་ཆུང་ལ་གཡུ་ཕྲ་ཆུང་ངུ་མང་དུ་ཡོད་པ་སོགས་རིགས་མི་འདྲ་བ་འགའ་ཤས་སྣང་ངོ༎ གང་ལྟར་ཡང་ཆར་མ་དེ་དག་གི་འཁོར་རམ་ཕྲ་ཁང་ཆེན་པོ་རྣམས་ཀྱི་མ་སྟེར་ཨ་ལུང་རེ་རེ་ཡོད་འདུག་ཅིང་། དེ་ཡང་གཡས་ཕྱོགས་ཀྱི་ཨ་ལུང་ལ་“བཞོན་འཛིན”ཞེས་པ་དངུལ་གྱི་ལྕགས་ཀྱུ་མགོ་གཉིས་པའི་དཀྱིལ་དུ་གསེར་གྱི་ཕྲ་ཁང་དང་གཡུའི་ཕྲ་ཚོམ་བཏབ་པ་ཞིག་སྟེ། དེ་ནི་བུད་མེད་རྣམས་ཀྱིས་བཞོན་མ་བཞོ་བའི་ཚེ་འོ་ཟོ་འཛིན་བྱེད་ཀྱི་ཡོ་བྱད་རྒྱན་ཆར་གྱུར་པ་ཞིག་ཡིན་འདུག་པ་དང་། གཡོན་ངོས་སུ་གསེར་དངུལ་གྱིས་མཛེས་ཆོས་བྱས་པའི་གྲི་ཆུང་དང་། གཡས

གཡོན་གྱི་ཨ་ལུང་གཉིས་ནས་རྒྱབ་ངོས་ཀྱི་ཨ་ལུང་ལ་དངུལ་ཐག་ཉིས་རིམ་མམ་སུམ་རིམ་དང་། དེའི་བར་རྣམས་སུ་དངུལ་གྱི་ཨེར་ཁ་མང་དུ་ཡོད་པ་བཅས་སོ། །གཞན་ཡང་མགུལ་རྒྱན་དུ་གཟི་དང་། བྱི་རུ་དང་། གཡུ་ལ་སོགས་པའི་ཕྲེང་ཞགས་རིང་ཐུང་དུ་མ་དང་། རྣ་བར་གསེར་དངུལ་གྱིས་བཟོས་པའི་རྣ་རྒྱན་ལ་རིན་པོ་ཆེ་གང་ཟུང་གི་སྤྲ་ཚོམ་ཡོད་པ་དང་། བ་སོའི་ལག་གདུབ་དང་། གསེར་དངུལ་གྱི་སོར་གདུབ་ལ་རིན་པོ་ཆེའི་སྤྲ་ཚོམ་ཡོད་པ་རྣམས་དང་། གཅན་གཟན་གྱི་པགས་པ་སྣ་ཚོགས་པས་བཟོས་པའི་གོས་ཆས་ལ་རིན་ཐང་ལྡན་པའི་གོས་ཆེན་སྣ་ཚོགས་པའི་ཕྱི་གཡོགས་ཡོད་པ་བཅས་ཏེ། བག་མ་སྟེར་མཁན་ནས་བག་ཆས་དེ་དག་གྲ་སྒྲིག་ལེགས་པོར་བྱེད་དགོས་ཀྱི་ཡོད་འདུག་ཅིང་། ནང་གི་བུ་མོ་རྒན་ཤོས་དེ་བག་མར་འགྲོ་བའི་ཚེ་རང་གི་མའི་བག་ཆས་ལ་ལོངས་སྤྱོད་ཚོག་པ་དང་། མི་ཚང་འཁོས་ཆུང་དག་གིས་རང་རང་གི་གཉེན་ཚན་ལས་བག་ཆས་ཀྱི་སྒྲིར་གཡར་པོའང་བྱེད་སྲོལ་ཡོད་པ་རེད།

བག་མ་འཐོན་ཚུལ་ནི། བག་མ་སློང་མཁན་གྱི་ཕྱོགས་ནས་“གཉེན་པོ”ཞེས་བྱ་བ་ཕྱོགས་དེའི་གཉེན་ཚན་ནམ་མནའ་ཡའི་གཙོ་བོ་ཞིག་དང་དེའི་གྲོགས་འགའ་ཤས་བཅས་བུ་མོའི་ནང་དུ་འབྱོར་ཞིང་། བག་མ་སྟེར་མཁན་ནས་གཉེན་པོ་དེ་དག་ལ་ཉིན་གསུམ་གྱི་རིང་བཟའ་བཏུང་སྣ་ཚོགས་པའི་སྟོན་མོ་བྱེད་དགོས་ཀྱི་ཡོད་པ་རེད། དེ་ནས་བག་སྐར་དགེ་བའི་ཉིན་ལ་བག་མ་རང་གི་ཁྱིམ་ནས་འཐོན་ཏེ། བུ་མོ་དེ་སྒོའི་སྒོ་ནས་ཕྱིར་འཐོན་རན་པའི་སྐབས་སུ་བུ་མོ་དེའི་མས་སྐད་ཆུང་ངུའི་སྒོ་ནས་བུ་མོའི་མིང་ནས་ལན་གསུམ་བོས་ཏེ་ན་རེ།

“མི་གཡང་མི་ལ་མ་ཁྱེར་ཨ་མ་རང་ལ་ཞོག །

སྐྱིད་ཉི་མ་གཉིས་གཅོད་ཀྱིས་ཁྱེར།”

ཅེས་བརྗོད་པ་དང་། དེ་ནས་བུ་མོས་རྟ་ཞོན་པའི་རྟ་ཁ་དེ་ཞང་པོ་ཞིག་གིས་ཁྲིད་ཅིང་གཉེན་ཚན་དང་མནའ་ཡ་སོགས་སྐྱེལ་མཁན་དུ་མ་དང་བཅས་ཏེ་འགྲོ་སྲོལ་ཡོད་པ་རེད།

བག་མའི་ཞྭ་ལེན་ཚུལ་ནི། བུ་མོ་དེ་བག་མ་ལེན་མཁན་གྱི་མི་ཚང་དེ་དང་ཉེ་བའི་སར་སླེབས་པའི་ཚེ། བག་མ་ལེན་མཁན་གྱི་མི་ཚང་དེའི་ཕྱོགས་ནས་བག་མའི་ཞྭ་མོ་

ལེན་མཁན་རྟ་པ་གཉིས་དེར་འགྱོར་ཞིང་། དེའི་ཚེ་བག་མའི་མིང་པོ་དེས་རྟ་ཐོག་ནས་ལྷག་ཚན་གྱིས་བུ་མོའི་ཞྭ་ལ་སྒྲུལ་ཅམ་བྱས་པའི་རྗེས་སུ་ཞྭ་ལེན་མཁན་གཉིས་ཀྱིས་ཞྭ་མོ་ཐད་ཀར་གནམ་དུ་བཏེགས་ཤིང་། དེ་ནས་བག་མའི་གཡས་ཕྱོགས་སམ་གཡོན་ཕྱོགས་གང་རུང་དུ་ལེན་དགོས་ཤིང་། གལ་ཏེ་ཞྭ་དེ་བུ་མོའི་མདུན་ཕྱོགས་སུ་ལྷུང་ས་ན་བག་མ་ལེན་མཁན་གྱི་ཕྱོགས་རྣམས་མི་དགའ་བ་དང་། རྒྱབ་ཕྱོགས་སུ་ལྷུང་ས་ན་བག་མ་སྟེར་མཁན་གྱི་ཕྱོགས་རྣམས་མི་དགའ་ཞིང་། སྐབས་འགར་བག་མའི་ཞྭ་ལེན་ཚུལ་གྱི་སྟེང་ནས་རྩོད་གཞི་བྱུང་བའི་ལོ་རྒྱུས་ཀྱང་མི་ཉུང་བ་ཡོད་པ་རེད། ཞྭ་མོ་ལེན་ཕྱོགས་ལ་གལ་ཆེར་བརྩི་འདུག་ནའང་དེའི་རྒྱུ་མཚན་གང་ཡིན་གསལ་པོར་ཤོད་མཁན་མི་སྣང་ཞིང་། ཁོ་བོའི་བསམ་པར་རོང་ཡུལ་གྱི་མི་དག་གིས་གཉེན་སྒྲིག་བྱེད་པའི་ཚེ། བག་མ་དང་ལྷན་དུ་བག་སྣ་ཞེས་བྱ་བའི་གནོད་པ་ཞིག་ཡོང་བ་དེ་བཟློག་པའི་ཐབས་སུ་བག་མ་ཁྱིམ་དང་ཉེ་བར་སླེབས་པའི་ལམ་ཁར་སའི་ཕག་གཟུགས་ཤིག་བཞག་པ་དེ་གཏོར་བརླག་བྱེད་སྲོལ་ཡོད་འདུག་པ་ལྟར་བག་སྣའི་གནོད་པ་ཁ་བསྒྱུར་བའི་ཐབས་ཤིག་ཡིན་པར་སེམས་སོ། །

བག་མའི་རྟ་ཁ་ལེན་ཚུལ་ནི། བུ་མོ་དེ་བག་མ་ལེན་མཁན་གྱི་མི་ཚང་དེའི་ལྷས་འདབས་སུ་སླེབས་པའི་ཚེ། བག་མ་ལེན་མཁན་གྱི་མི་ཚང་དེའི་བུ་མོ་སོགས་བུད་མེད་མིང་བཀྲ་ལེགས་པ་གང་རུང་ཞིག་གིས་ཁ་དར་ཞིག་ཁྱེར་ནས་དེར་འགྱོར་ཞིང་། མོས་ཁ་དར་དེ་བག་མའི་རྟ་ཁ་འཁྲིད་མཁན་དེ་ལ་ཕུལ་ཏེ་ན་རེ།

"ཨ་ཞང་བསམ་པ་འགྲུབ་རྒྱུ་པོ། །

རྟ་ཁ་གནང་དང་དར་ཁ་སྲིན། །

ཁྱེད་གོམ་གསུམ་གོམ་པ་གྱེན་ལ་སྤོས། །"

ཞེས་བརྗོད་པ་ན་མི་དེས་བུ་མོ་དེར་རྟ་ཁ་སྤྲད་ཅིང་། བུ་མོ་དེས་སྤྲའི་སྒོར་བག་མའི་རྟ་བབས་སུ་བལ་སྟན་དཀར་པོའི་ཐོག་ཏུ་གྲོ་ཡིས་གཡུང་དྲུང་བཀོད་དེ་བཞག་ཡོད་པ་དེར་རྟ་ཁ་ཁྲིད་ནས་བག་མ་རྟ་ལས་འབབ་ཀྱི་ཡོད་པ་རེད།

བག་མ་སྤྲ་ནང་དུ་ཞུགས་ཚུལ་ནི། བག་མ་དེ་ཐོག་མར་ཕོ་སྤྲའི་ནང་དུ་འགྲོ་ཞིང་། དེར་བླ་མཆོད་ཁ་ཤས་ཀྱིས་བག་མར་བུམ་ཁྲུས་བྱེད་ཅིང་། དེ་རྗེས་ཚེ་སྒྲུབ་

དང་། གཡང་འགུགས་ཟབ་རྒྱས་གནང་གྲུབ་པ་ན་བླ་མཆོད་ཀྱི་གཙོ་བོ་དེས་བུ་མོ་དེ་ལ་མིང་གསར་པ་ཞིག་འདོགས་སྲོལ་ཡོད་པ་རེད། སྐབས་དེར་བུ་མོ་མིང་བཀྲ་ལེགས་པ་ཞིག་གིས་དངུལ་གྱི་ཐུར་མ་ཞིག་གིས“བཀྲ་ཤིས་ཟས་ཞོ་”ཞེས་བྱ་བའི་ཞོ་ཡག་པོ་ཞིག་བག་མའི་ལག་གཡོན་གྱི་འཁྱོར་བར་ཐེངས་གསུམ་བླུགས་དགོས་ཤིང་། བག་མ་དེས་ཞོ་དང་པོ་དེ་དཀོན་མཆོག་གི་ཆེད་དུ་སྦྲ་ཕྱུག་ཏུ་མཆོད་པ་དང་། ཞོ་གཉིས་པ་དེ་བག་མ་རང་གིས་བཏུང་ཞིང་། ཞོ་གསུམ་པ་དེ་བག་མ་རང་གི་གོས་ཀྱི་ཕུ་དུང་གཡོན་པའི་ནང་དུ་བླུགས་དགོས་པ་དེ་ནི་དཀར་ལས་ལ་དགེ་བའི་རྟེན་འབྲེལ་ཞིག་ཡིན་པ་རེད། བྱ་བ་དེ་ནི་“མནའ་ཞོ་བླུད་”ཅེས་བྱ་བ་བག་ཚོག་གི་ནང་ནས་གལ་ཆེ་ཤོས་སུ་བྱེད་ཅིང་། འོན་ཀྱང་ཕྱོགས་མནའ་ཞོ་བཏུང་དགོས་སྲོལ་མི་འདུག དེ་ནས་ནང་གི་མ་དེས་བཞོན་ཟོ་ཆུ་འོས་བཀང་བ་ཞིག་ཁྱེར་ནས་བག་མ་དེར་སྤྲད་པ་དང་། ཕྱོ་ག་གང་ཡིན་དེས་བ་ལུའི་ཐོན་པོ་བལ་དཀར་གྱིས་དཀྲིས་པ་ཞིག་ཁྱེར་ནས་བག་མ་དེར་སྤྲད་ཅིང་། བག་མས་དེ་དག་ཁྱེར་ཏེ་བླ་མཆོད་དང་ལྷན་དུ་མོ་སྦྲར་འགྲོ་ཞིང་། བླ་མཆོད་ཆོས་བཞོན་ཟོ་ནང་གི་ཆུ་དེ་བ་ལུའི་ཐོན་པོས་མོ་སྦྲའི་ཕྱོགས་ཀུན་ཏུ་གཏོར་ཞིང་ཁྲུས་བྱེད་པ་དང་། དེ་ནས་བག་མའི་ལག་ཏུ་ཕྱུར་ར་སྟེར་གང་དང་། ཕྱོ་གའི་ལག་ཏུ་མདའ་དར་བཅས་ཐོགས་ཏེ་ལྷན་དུ་གནས་ཤིང་། བླ་མཆོད་ཆོས་གཡང་འགུགས་དང་བཀྲ་ཤིས་མང་པོ་བརྗོད་སྲོལ་ཡོད་འདུག་པ་དང་། དེ་ནས་བཟུང་ཉིན་གསུམ་བག་ཁྱིམ་དུ་གནས་པའི་རིང་ལ་བཟའ་བཏུང་གི་སྟོན་མོ་སྣ་ཚོགས་དང་། གླུ་བྲོ་ལ་སོགས་པའི་རྩེད་འཇོ་དུ་མས་དུས་འདའ་བར་བྱས་ཏེ་བག་མ་སླར་རང་ཁྱིམ་དུ་ལོག་པ་དེ་ནི་“ཞག་གསུམ་བག་མ”ཞེས་བྱ་བ་ཡིན་པ་རེད།

བག་སྐལ་སྟེར་ཚུལ་ནི། བག་མ་གང་ཞིག་ཞག་གསུམ་བག་མར་ཕྱིན་ཏེ་སླར་ནང་དུ་འཁོར་ནས་ཟླ་བ་གསུམ་འདས་པའི་ཚེ། བག་མ་དེ་སླར་བག་མ་ལེན་མཁན་གྱི་ནང་དུ་འགྲོ་དགོས་ཤིང་། སྐབས་དེར་“འཕྲད་ཟོག”ཞེས་བྱ་བ་བུ་མོ་དེར་སྐལ་ཐོབ་ཀྱི་རྟ་གཡག་འབྲི་ལུག་དང་། རྒྱ་ནོར་གཞན་དག་བཅས་སྟེར་དགོས་པ་མ་ཟད་བུ་མོའི་མིང་པོ་དང་གཉེན་ཚན་ཚོས་བག་མ་ལེན་མཁན་ཚང་ལ་ལག་རྟགས་སུ་སྟེར་རྒྱུའི་ཤ་ཕྱུད་མང་པོ་གྲ་སྒྲིག་བྱེད་ཅིང་། བུ་མོའི་ཕ་དང་མནའ་ཡ་བཅས་ཀྱིས་སྐྱེལ་མ་བྱས་ཏེ་

འགྲོ་དགོས་པ་དང་། བག་སྐྱེལ་བ་རྣམས་བག་མ་ལེན་མཁན་གྱི་ནང་དུ་ཉིན་བདུན་ཙམ་སྡོད་པ་དེའི་རིང་བཟའ་བཏུང་གི་སྟོན་མོ་གང་ལེགས་བྱེད་དགོས་པ་དང་། བག་སྐྱེལ་བ་རྣམས་སླར་ལོག་ཅིང་བག་མའི་ཞོན་རྟ་སླར་འཁྲིད་པའི་ཚེ། ཕྱུད་དཀར་ནག་ཅེས་པ་ཕྱུར་ཕྱུད་དང་གྲོ་ཕྱུད་བཅས་དོས་པོ་གཉིས་རྟ་རྒྱབ་ཏུ་འགེལ་དགོས་ཀྱི་ཡོད་པ་རེད།

ཕྱིས་སུ་དུས་སྐབས་བདེ་བ་ཞིག་ལ་བག་མ་སྟེར་མཁན་ཚང་ནས་མག་པ་དེ་གདན་འདྲེན་བྱེད་དགོས་ཤིང་། སྐབས་དེར་བཟའ་བཏུང་གི་སྟོན་མོ་ཟབ་རྒྱས་དགོས་པ་དང་། དམིགས་བསལ་དུ་མག་པ་སླར་ལོག་པའི་ཚེ། “མག་རྟ”ཞེས་བྱ་བའི་རྟ་ཕོ་བཟང་པོ་ཞིག་སྟེར་དགོས་ཀྱི་ཡོད་པ་རེད།

འབྲོག་པའི་ཡུལ་ཁྲིམས།

འབྲོག་ཡུལ་དེ་དག་ཏུ་མངའ་ཐང་ཅན་གྱི་དཔོན་པོ་དང་། ཡང་ན་དགོན་སྡེ་ཁག་གིས་བཀས་བཀོད་ཀྱིས་བཞག་པའི་ཁྲིམས་གང་ཞིག་ཀྱང་མི་འདུག་པར་མ་ཟད་མི་སྡེའི་ཚོགས་པ་གང་རུང་གིས་གཏན་འབེབས་བྱས་པའི་བཅའ་ཁྲིམས་ཀྱང་མི་སྣང་ཞིང་། འོན་ཀྱང་ཡུལ་ལ་ཁྲིམས་གང་ཡང་མེད་པས་གང་བྱུང་བྱུང་དུ་མི་གསོད་པ་དང་། རྒྱུ་ནོར་འཕྲོག་པ་སོགས་མགོ་མཇུག་གཏན་ནས་མེད་པ་ཞིག་ཀྱང་མ་རེད། དེ་དག་གི་གནས་ལུགས་ནི་གནའ་བོའི་དུས་སུ་དར་སྲོལ་ཡོད་པའི་ལྷ་ཆོས་དང་མི་ཆོས་ཟུང་དུ་འབྲེལ་བའི་ཡུལ་ཁྲིམས་དག་རང་གཤིས་སུ་གོམས་འདྲིས་ཡུན་རིང་དུ་ཕྱིན་པའི་རྒྱུན་སྲོལ་མ་ཉམས་པ་ཞིག་ཡིན་འདུག འབྲོག་མིའི་ཡུལ་ཁྲིམས་ལ་ཞིབ་འཇུག་བྱེད་མཁན་གཙོ་བོ་ནི་འབྲོག་རུ་སོ་སོར་ཡོད་པའི་“རྒན་པོ”ཞེས་བྱ་བ་འབྲོག་མི་རྒན་རིམ་བློ་ཕོག་དྲང་བ་དག་གིས་བྱེད་ཅིང་། དུས་ནི་སྤྱང་ཟླའི་བཞི་རྒྱལ་དང་། དེར་མ་གྲུབ་པ་རྣམས་སྟག་ཟླའི་འདུ་བའི་སྐབས་སུ་ཞིབ་འཇུག་བྱེད་ཀྱི་ཡོད་འདུག

འབྲོག་པའི་ཇོན་ཁྲིམས་ནི། འབྲོག་ཡུལ་གང་དུ་ཡིན་ཡང་རུང་། ཡུལ་སོ་སོའི་བླ་རི་དང་གཞི་བདག་གམ། ཡང་ན་དགོན་པ་ཁག་གི་བཀག་རི་རྣམས་ནས་རི་དྭགས་ཆེ་ཕྲ་མཐའ་དག་གསད་མི་ཆོག་ཅིང་། གལ་ཏེ་གསོད་མཁན་ཞིག་བྱུང་ན། དེ་མ་ཐག་ཏུ་ཡུལ་དེའི་མི་སྡེ་ཚོས་རྗེས་འདེད་བྱེད་ཅིང་། སེམས་ཅན་གང་བསད་པ་དེའི་རིན་དང་། གསོད་མཁན་གྱི་རྟ་བོག་རྣམས་འཕྲོག་སྟེ་ཡུལ་དེའི་སྤྱང་ཟླའི་བཞི་རྒྱལ་གྱི་རྟེན་ཐེབས་སུ་འཇོག་གི་ཡོད་པ་རེད། གལ་ཏེ་གསོད་མཁན་དེ་མི་སྡེའི་དཔུང་ཚོགས་ཤིག་ཡིན་ན་དེར་ཡོད་དགོན་པ་གང་རུང་གིས་བར་འདུམ་བྱེད་ཅིང་། ཇོན་པ་ཆོས་གང་བསད་པའི་རིན་དང་། རྟ་བོག་ཆ་གཅིག་གིས་བཤགས་པ་འབུལ་དགོས་པ་དང་། གལ་ཏེ་ཇོན་པ་ཆོས་ཁས་མ་བླངས་ན་ཡུལ་དེ་དང་མི་ཚོགས་དེའི་བར་རྩོད་ཀྱི་གཞི་ཆེན་པོར་

འགྱུར་གྱི་ཡོད་པ་རེད། འོན་ཀྱང་འབྲོག་མི་ཚོས་གཞི་བདག་དང་བཀག་རི་རྣམས་ལས་རི་དྭགས་གསད་ན་རང་རང་གི་ཁ་ཞེ་གྱུད་པ་དང་། ཚེ་ཐུང་བ་དང་། གང་བྱུས་ལམ་དུ་མི་འགྲོ་བ་དང་། སྣ་ནོར་ལ་ཤི་གོད་འབྱུང་བའི་ཡིད་ཆེས་གཏིང་ཟབ་མོར་ཡོད་པར་བརྟེན་ཁྲིམས་འགལ་བྱེད་མཁན་ཤིན་ཏུ་ཉུང་ཤིང་། གལ་ཏེ་བྱུས་ནའང་འཕྲལ་དུ་བཤགས་པ་དང་ལེན་བྱེད་ཀྱི་ཡོད་པ་རེད།

འབྲོག་པའི་རི་རྒྱ་ནི། འབྲོག་ཡུལ་གྱི་བླ་རི་དང་གཞི་བདག་རྣམས་ནས་སུས་ཀྱང་རི་དྭགས་གསད་མི་ཆོག་པར་མ་ཟད་རྫ་ཡུང་དང་། དབྱར་རྩྭ་དགུན་འབུ་དང་། དཀར་མོག་རྣམས་ཀྱང་བརྐོ་འདོན་བྱེད་མི་ཆོག་ཅིང་། དེ་དག་ནི་འབྲོག་མིས་ཤོད་སྲོལ་དུ“དབྱར་རྩྭ་དགུན་འབུ་དང་དཀར་མོག་ནི་གཞི་བདག་གི་སྙིང་ནོར་རེད”ཅེས་དང་། “རྫ་ཡུང་ནི་གཞི་བདག་གི་སྙིང་རེད། མི་སུས་བརྐོ་འདོན་བྱུས་ན་དེའི་མི་ཕྱུགས་ལ་ནད་ཡམས་དྲག་པོ་འབྱུང་ཞིང་། དེའི་རྐྱེན་གྱིས་ཡུལ་ཁམས་ལ་ནད་ཡམས་འབྱུང་གི་རེད།” ཅེས་ཟེར་ཞིང་ཡིད་ཆེས་ཀྱང་བྱེད་ཀྱི་ཡོད་པ་རེད། འདིའི་སྐོར་ནས་ཧག་པར་འབྲོག་ཡུལ་གྱི་མི་སྡེ་ཕན་ཚུན་རྣམས་རྩོད་གཞིར་འགྱུར་བ་ཤིན་ཏུ་མང་ཞིང་། ཡུལ་ཁ་ཤས་ཀྱི་གཞོན་ནུ་ཕོ་མོ་རྣམས་ཡུལ་གཞན་དག་ཏུ་ཕྱིན་ཏེ། གསང་སྟབས་ཀྱིས་རྫ་ཡུང་སོགས་བརྐོ་འདོན་བྱེད་ཅིང་། ཡུལ་དེའི་མི་སྡེས་ཤེས་རྟོགས་བྱུང་བའི་ཚེ། ཁོང་ཚོས་རྐོ་མཁན་རྣམས་འཛིན་བཟུང་ཐོག་འཁྲུག་བརྡུང་གང་ཐུབ་བྱེད་ཀྱི་ཡོད་པ་རེད། དེའི་འབྱུང་རྐྱེན་གཙོ་བོ་ནི། སྤྱིར་འབྲོག་མི་གཞོན་ནུ་དག་རྫ་ཡུང་སོགས་ཀྱི་ལོ་རྒྱུས་ལ་ཡིད་ཆེས་ཆུང་བ་དང་། མ་ཟད་དངོས་རྫས་དེ་རིགས་ལ་བརྟེན་ཏེ་རྒྱ་ཚོང་པ་དག་ལས་ཇ་དང་། དར་རས་རྒྱུན་ཆ་སོགས་ཉོ་སྒྲུབ་བྱེད་ཐུབ་ཀྱི་ཡོད་པ་རེད།

འབྲོག་པའི་རི་བཤེར་ནི། འབྲོག་པའི་ཡུལ་ཁྲིམས་ཀྱི་རྐང་འཛིན་པ་དང་། ཡུལ་གྱི་བདེ་འཇགས་སྲུང་སྐྱོང་གི་ལས་འཁུར་གལ་ཆེ་ཤོས་ནི་རི་བཤེར་བྱེད་དགོས་པ་དེ་ཉིད་ཡིན་འདུག་ཅིང་། དེ་ཡང་འབྲོག་སྡེ་ཙུ་ཁག་སོ་སོ་ནས་དབྱར་སྟོན་དུས་གཉིས་སུ་ཉིན་དུས་ངེས་མེད་ལ་རི་བཤེར་དུ་ཡང་ཡང་འགྲོ་སྲོལ་ཡོད་འདུག་ཅིང་། རི་བཤེར་འགྲོ་མཁན་ནི་ཡུལ་སོ་སོའི་ཕོ་གཞོན་ཞོན་ཧ་བཟང་གྲས་རྣམས་ཡིན་པ་རེད། འབྲོག་པའི་ཕོ་གཞོན་རྣམས་ཧག་པར་རི་བཤེར་དུ་འགྲོ་བ་ལ་ཧ་ཅང་དགའ་པོ་ཡོད་པ་རེད།

གང་ལགས་ཤེ་ན། དེ་དག་ནི་ཧྲག་པར་ཕྱི་ཡུལ་གྱི་དགྲ་དང་འཐབ་རྩོད་བྱེད་པ་ལ་ཧ་ཅང་དགའ་པོ་ཡིན་པ་ལྟར། སྐབས་དེར་ཕྱི་ཡུལ་ནས་འཁྱོར་བའི་ཇོན་པ་དང་། རི་རྒྱ་གཤིག་མཁན་དང་། ཧིས་རྩོད་བྱེད་མཁན་སོགས་དང་འཕྲད་སྲིད་ཀྱི་ཡོད་པ་རེད། རི་བཤེར་གྱི་ལས་དོན་གཙོ་བོ་ནི་ཇོན་པ་དང་། རི་རྒྱ་གཤིག་མཁན། ཇག་རྐུན་དང་། ཧིས་རྩོད་མཁན་ནམ་དེ་དག་གི་སོ་ཙུལ་སོགས་ཡོད་མེད་རྟོག་ཞིབ་བྱེད་དགོས་པ་དག་ཡིན་འདུག་པ་དང་། རི་བཤེར་དུ་འགྲོ་དུས་ཀྱང་སྔོན་མ་སྔོན་མའི་སྐབས་སུ་ཕྱི་མ་ཕྱི་མའི་དུས་ཚོད་ཁས་ཆད་བྱེད་པ་ཙམ་ལས་ངེས་ཆ་ཅན་གང་ཡང་མི་སྣང་ངོ་། །

འབྲོག་པའི་ཇག་ཁྲིམས་ནི། འབྲོག་མི་སུ་ཞིག་གིས་དེ་སྔོན་འཁོན་གཞི་བྱུང་མེད་པའི་མི་སྣེ་གང་རུང་དང་། མི་སྣེ་ནང་ཁུལ་བཅས་པར་ཇག་པ་རྒྱག་མི་ཆོག་ཅིང་། གལ་ཏེ་ཁྲིམས་འགལ་བྱེད་མཁན་ཞིག་བྱུང་ན་གླང་ཟླའི་བཞི་རྒྱལ་ལམ་སྟག་ཟླའི་འདུ་བའི་སྐབས་སུ་གང་འཕྲོག་བཅོམ་བྱས་པའི་དངོས་པོ་རྣམས་རྗེས་ལེན་གྱིས་དགྲ་ལ་རྩོད་འདུམ་བྱེད་ཀྱི་ཡོད་པ་རེད། འབྲོག་མིས་འཇབ་རྐུན་བྱེད་སྲོལ་མི་འདུག་པར་མ་ཟད་སུ་ཞིག་གིས་བྱས་པ་ཡིན་ན་དེ་ནི་སྐྱེས་པ་ཕོའི་གྲལ་ནས་ཐོན་པའི་ཁྲེལ་དང་ངོ་ཚ་ཧ་ཅང་ཆེ་བར་བྱེད་པ་དང་། གལ་ཏེ་མི་སུ་ཞིག་ཡུལ་དེའི་དགྲ་ཡིན་པའི་ཡུལ་ཞིག་ཏུ་ཕྱིན་ཏེ་ཧ་ནོར་སོགས་འཕྲོག་བཅོམ་བྱེད་ཐུབ་པ་ཡིན་ན། མི་དེ་ནི་ཡུལ་མི་ཚང་མས་རྗེས་ཐང་ཆེ་ཞིང་དཔའ་བོའི་གྲངས་སུ་འཛོག་གི་ཡོད་པ་རེད། སྤྱིར་འབྲོག་མིའི་རང་གཤིས་གོམས་འདྲིས་སུ་དབྱར་ཁར་སྐྱེས་པ་དར་མ་རྣམས་དགྲ་ཇག་ལ་ཐེངས་རེ་འགྲོ་མ་ཐུབ་པ་ཡིན་ན“ཀོ་ཁའི་རྐན་མོ”ཞེས་འཕྱ་སྨོད་བྱེད་སྲོལ་ཡོད་འདུག་ཅིང་། དེ་འདྲའི་ཇག་ཆོམ་དུ་འགྲོ་ཡུལ་ནི་ཡུལ་དེའི་སྤྱི་སྒེར་གྱི་ཧིས་རྩོད་གང་དུ་ཡོད་པ་དེར་འགྲོ་བའམ། དེ་ལྟ་བུ་མེད་ན་ས་ཐག་ཧ་ཅང་རིང་ཞིང་ཆ་རྒྱུས་མེད་པའི་ཡུལ་དག་ཏུ་འགྲོ་དགོས་ཀྱི་ཡོད་པ་རེད།

འཁྲུག་པའི་ཁ་མཆུ།

འཁྲུག་མི་ཚོས་ཁ་མཆུ་ལ་“གྱོད”ཅེས་དང་། ཁ་མཆུ་ཅན་ཕན་ཚུན་ལ་“གྱོད་པ”ཞེས་དང་། ཁ་མཆུའི་འདུམ་བྱེད་མཁན་རྣམས་ལ་“གཟུ་པ”ཞེས་དང་། འདུམ་གྱི་ཚོད་དོན་ལ་“གཟུ”ཞེས་ཟེར་སྲོལ་འདུག གྱོད་པ་ཕན་ཚུན་ནས་འཁོན་གཞི་བཤད་པའི་ཚེ། “ཟེག”ཅེས་བྱ་བ་བཤད་བྱའི་ཚིག་དངོས་མ་སྨྲས་པར་གངས་རི་དང་། སེང་གེ་དང་། རྒྱ་མཚོ་ལ་སོགས་པའི་དཔེ་བཞག་ཅིང་། དཔེའི་སྟེང་ནས་གྱོད་ཀྱི་དོན་འབྲས་བཤད་པ་དང་། ཡང་“སྐག”ཅེས་བྱ་བ་གྱོད་ཀྱི་རྩ་བ་མི་སྟོང་སོགས་གང་ལ་ཐུག་པ་དེའི་ཆེད་དུ་རྒྱུ་དངོས་འདི་དགོས་ཀྱི་མཇུབ་སྟོན་བྱེད་ཅིང་། “ང་ལ་སྐག་འདི་ཙམ་བྱུང་ན་གྱོད་བཤད། མ་བྱུང་ན་མི་བཤད་”ཅེས་བྱ་བ་ཞིག་ཀྱང་ཡོད་པ་རེད།

གྱོད་ཀྱི་ལས་ཁུངས་ནི་ཡུལ་གྱི་རྒན་པོ་ཕན་ཚུན་གཉིས་དང་། “ཟེག་པ་”ཞེས་བྱ་བ་གྱོད་པ་ཕན་ཚུན་ལ་འདྲི་བསྡུར་བྱེད་མཁན་གྱི་མི་རང་བཞིན་དྲང་ཞིང་རིག་པ་བཀྲ་བ་གཉིས་བཅས་དགོས་ཀྱི་ཡོད་པ་རེད།

གཟུ་པ་གཉིས་ནི་ཕྱོགས་རིས་མེད་པ་དང་། མ་ཟད་གཟུ་པ་རང་ཕྱོགས་ཀྱི་གྱོད་ཡ་ལ་ཉུང་ཕམ་ཁ་སྒྲོད་མཁན་རེ་དགོས་འདུག་ཅིང་། གལ་ཏེ་གཟུ་པ་གང་རུང་གིས་ཕྱོགས་ཞེན་བྱས་ཏེ་གཞན་ཕྱོགས་ལ་ཕམ་ཁ་སྤྲད་འདུག་ན། གྱོད་ཡ་དེས་གཟུ་པའི་གཟུ་ལ་མི་ཉན་ཞིང་གཟུ་པ་ལའང་གྱོད་བྱེད་ཆོག་པ་དང་། དེ་འདྲ་བྱུང་ན་གཟུ་པ་གསུམ་པ་ཞིག་བཙལ་ཏེ་བདེན་རྫུན་ཤན་འབྱེད་ཐོག་གཟུ་པ་སྔོན་རྗེས་ཐུན་མོང་ནས་གཟུ་གཏོང་དགོས་ཀྱི་ཡོད་པ་རེད།

གྱོད་བཤད་ཚུལ་དངོས་ནི། ཟེག་པ་གཉིས་ཀྱིས་“ཟེག་རྫེབ”ཅེས་བྱ་བ་ཉིན་གྲངས་མང་པོའི་བར་དུ་གྱོད་པ་ཕན་ཚུན་གྱི་གྱོད་རྩ་འདྲི་བསྡུར་བྱེད་ཅིང་དེ་དག་གི་དོན་འབྲས་རྣམས་རེ་རེ་བཞིན་གཟུ་པར་ཞུ་བ་དང་། གཟུ་པ་ཚོས་ལེགས་ཉེས་དཀར་

ནག་ཤན་འབྱེད་ཀྱི་སྟེང་ནས་གཟུ་གཏོང་དགོས་པ་རེད།

སྤྱིར་འཁྲུག་མིའི་ཁ་མཆུ་འདུམ་མཁན་ནི་སྐྱེ་བོ་ཉམ་ཆུང་ཡིན་ཡང་བློ་ཕོག་དྲང་ན་གཟུ་ཆེན་པོ་དག་ཀྱང་གཏོང་ཐུབ་པ་སྟེ། མི་སྡེའི་ཁ་དཔེ་ལའང་། “གཟུ་ར་སླག་ཅན་གྱིས་བཏང་ན། སྟག་སླག་ཅན་གྱིས་ཡར་ཇོག་མེད” ཅེས་བརྗོད་པ་ལྟར་བརྩི་འཇོག་བྱེད་དགོས་པ་དང་། གལ་ཏེ་གཟུ་པ་ཕན་ཚུན་ནས་དྲང་བདེན་གྱི་གཟུ་བཏང་ཟིན་པའི་རྗེས་སུ་ཀྲོད་ཡ་གང་རུང་ནས་གཟུ་དེ་དང་ལེན་མ་བྱས་ན “ཀྲོད་གཟུ་པའི་ཀྲོད” ཅེས་པ་གཟུ་པ་རྣམས་དང་ཀྲོད་ཡ་དེ་བཅས་ཀྲོད་གཞི་ཆེན་པོར་ཆགས་ཀྱི་ཡོད་པ་རེད།

གལ་ཏེ་འཁྲུག་སྣེ་ཕན་ཚུན་གྱི་རྩོད་གཞི་ཆེ་རིགས་ཡིན་ན་ཕྱོགས་ཕན་ཚུན་གྱི་རྒན་པོ་རྣམས་དང་། ལྷག་པར་ཡུལ་སོ་སོའི་བླ་སྤྱི་དང་དགོན་སྤྱི་དག་གིས་གཟུ་གཏང་དགོས་པ་དང་། རུ་ཁག་ནང་ཁུལ་གྱི་ཀྲོད་ཆུང་ངུའི་རིགས་ཡིན་ན་དེར་ཡོད་ཀྱི་གཟུ་པ་རྒན་པོ་གཅིག་དང་། རྫིག་པ་གཅིག་བཅས་ཀྱིས་ཀྱང་འཐུས་ཀྱི་ཡོད་པ་རེད།།

འབྲོག་པའི་མི་སྟོང་།

འབྲོག་ཡུལ་གྱི་མི་སྣེ་ཁག་གཉིས་ཀྱིས་ཚོ་བའི་འཁོན་གཞི་ལ་བརྟེན་ཏེ་ཕན་ཚུན་དུ་མི་གཉིས་བསད་པ་ཡིན་ན། གཟུ་པས་སྟེ་བཅད་ཕྱི་སྡོམ་གྱི་གཟུ་གཏང་དགོས་པ་ཙམ་ལས་མི་སྟོང་བསྒྲུབ་དགོས་སྲོལ་མེད་པ་རེད། འོན་ཀྱང་ཚོ་བ་ནང་ཁུལ་ནས་གང་བསད་པའི་མི་དེའི་ཁྱིམ་མི་ལ་སེམས་གསོའི་ཆེད་དུ་རྟ་ཕྱུགས་ཀྱི་སྐྱེས་དང་། གཤིན་པོའི་དགེ་རྩར་ཞག་བཞི་བཅུ་ཞེ་དགུའི་རིང་བླ་མཆོད་ཁ་ཤས་སྤྱན་དྲངས་ཏེ་བྱང་ཆོག་བསྒྲུབ་དགོས་པ་དང་། དེ་དག་ལ་བསྙེན་བཀུར་སོགས་འགན་ཧྲིལ་ལེན་བྱེད་དགོས་ཀྱི་ཡོད་པ་རེད།

གལ་ཏེ་མི་གཅིག་གིས་མི་ཞིག་བསད་པ་ཡིན་ན། ཐོག་མར་"མི་ཤའི་མགོ་བཀུག"ཅེས་བྱ་བ་གསོད་པ་པོས་གསོད་བྱེད་ཀྱི་ལག་ཆ་"རལ་གྲི་སོ་དམར"ཞེས་པའི་རལ་གྲིའམ་"སྟུག་ཐོག་རྣ་དམར"ཞེས་པའི་མེ་མདའ་གང་ཡིན་དེ་གསད་བྱའི་ནང་མིའི་ལག་ཏུ་འབུལ་དགོས་པ་དང་། དེ་ནས་གསོད་མཁན་གྱི་གཉེན་ཚན་དང་མནའ་ཡའི་ཕྱོགས་ཀྱི་ཕ་རིགས་སྤྱི་ནས་"སླག་གི་རྟ་པོ"ཞེས་བྱ་བའི་རྟ་སྐད་གྲགས་ཅན་ཞིག་དང་། མོ་རིགས་སྤྱི་ནས་རྒྱན་ཆའི་གཙོ་བོ་སྤྱིས་ཤེལ་ཕྲུས་བཟང་ཞིག་བཅས་གསད་བྱའི་ནང་མི་ལ་འབུལ་བའི་ཐོག་སླག་གང་དགོས་པ་འབུལ་རྒྱུའི་ཁས་ལེན་བྱེད་དགོས་ཀྱི་ཡོད་པ་རེད། དེ་ལྟར་སླག་གི་སྐོར་ཕན་ཚུན་བློ་མཐུན་པའི་རྗེས་སུ་"གདན་བཏིང"ཞེས་བྱ་བའི་གཡག་ཆེན་གཅིག་དང་རྟ་པོ་གཅིག་བཅས་གསོད་མཁན་རང་ཉིད་ཀྱིས་གསད་བྱའི་ཕྱོགས་ཀྱི་ཁྱོད་པ་དེ་ལ་སྟེར་དགོས་པ་རེད།

ཁྱོད་དངོས་བཤད་པའི་ཚེ། གཟུ་པ་ཚོས་ཐོག་མའི་འཁོན་གཞི་སུའི་ཕྱོགས་ནས་བྱུང་འདུག་པ་འདྲི་རྩད་བྱེད་ཅིང་། དེ་ནི་ཉེས་པ་ཆེ་བར་བརྩི་སྟེ། དེའི་སྟེང་ནས་མི་སྟོང་གི་སྟོན་དཔེ་ཇི་ལྟར་ཡོད་པ་གཞིར་བཟུང་ནས་ཉེས་པ་ཆེ་ཆུང་དང་བསྟུན་པའི་

ག་ཟླ་གཏོང་སྲོལ་ཡོད་པ་རེད། མི་སྐྱོང་གི་སྔོན་དཔེ་ཞེས་པའི་དོན་ནི་གསར་བྱའི་མི་ཚང་དེ་སྔར་ཡང་མི་ཤ་བྱུང་སྐྱོང་བར་གཞིར་བཅས་ཤིང་དུས་སྐབས་དེར་མི་སྐྱོང་ཇི་ཙམ་ཐོབ་པ་དེ་མ་འོངས་པའི་མི་སྐྱོང་གི་དཔེ་ཚད་དུ་འགྱུར་གྱི་ཡོད་པ་རེད། གནས་ཚུལ་འདི་ལ་སྟོས་ན་འབྲོག་ཡུལ་དུ་མི་ཤའི་འཁོན་རྩོད་ནི་རྒྱུན་མར་འབྱུང་གི་ཡོད་པར་མངོན་ནོ། །

སྤྱིར་འབྲོག་མིའི་མི་སྐྱོང་གི་ཚད་ནི་ཆེ་འབྲིང་ཆུང་གསུམ་དུ་སྣང་སྟེ། དེ་ཡང་མི་སྐྱོང་ཆེ་གྲས་ལ་དངུལ་རྫ་ཚད་བརྒྱ་དང་།

འབྲིང་གྲས་ལ་རྫ་ཚད་བདུན་ཅུ། ཆུང་གྲས་ནི་རྫ་ཚད་ལྔ་བཅུ་ཡིན་པ་རེད། དེ་ཡང་རྫ་ཚད་ཅེས་པ་ནི་སྔར་དུས་ཀྱི་རྫ་ཚད་ཧ་མིག་མ་ཅེས་དངུལ་སྲང་ལྔ་བཅུ་གོར་གོར་བཟོས་པ་དེ་རིགས་ཡིན་འདུག་ཀྱང་། མི་སྐྱོང་གི་ནང་དུ་རྫ་ཚད་ཅེས་མིང་དུ་བཏགས་པ་ཙམ་ལས་དངུལ་གྱིས་མི་འཐུས་ཤིང་། དེའི་རྩིས་གཞི་ནི་“དམར་ཟོང་”ཞེས་བྱ་བ་སྟེ་མི་སྐྱོང་ཆེ་གྲས་ཀྱི་རྫ་ཚད་རེ་ལ་འབྲི་གཡག་དྲུག་རེ་དང་། འབྲིང་གྲས་ལ་འབྲི་གཡག་བཞི་རེ། ཆུང་གྲས་ལ་འབྲི་གཡག་གཉིས་རེ་བཅས་དགོས་ཀྱི་ཡོད་པ་རེད།

མི་སྐྱོང་གི་རྩིས་གཞི་སྒྲོད་ལེན་གྲུབ་པ་ན། གསོད་འཁན་དེས་གསད་བྱའི་མ་དང་ཆུང་མ་བཅས་ལ་“ཉེ་བའི་མཐུན་ཤ”ཞེས་བྱ་བའི་འབྲི་མ་རེ་རེ་དང་། ཕ་ལ་“ཕུ་ནུའི་ཟླར་ཤ”ཞེས་བྱ་བའི་རྟ་ཕོ་གཅིག་བཅས་སྤྲེར་དགོས་ཀྱི་ཡོད་པ་རེད།

འབྲོག་པའི་རྒྱན་སྟོང་།

གོང་དུ་བཤད་པ་ལྟར་འབྲོག་ཡུལ་དུ་འཛབ་རྒྱུན་གྱི་དར་སྲོལ་མེད་པར་བརྟེན་སྟོང་གི་གླིང་གཞི་བྱེད་འོས་མ་མཆིས་ཤིང་། འོན་ཀྱང་སྐབས་འགར་འབྲོག་མི་འགའ་ཤས་ཀྱིས་ཡུལ་ཕན་ཚུན་ནས་འཕྲོག་བཅོམ་བྱས་པའི་སྐོར་ནས་རྒྱུད་གཞི་མང་དུ་འབྱུང་གི་ཡོད་པ་རེད། དེ་དག་ནི་འབྲོག་མི་རང་ཉིད་ཀྱི་ཁ་དཔེར། "ལྷ་ཡི་ནོར་ལ་དགུ་འཛལ། འདུ་བའི་ནོར་ལ་ལྔ་འཛལ། ཕུ་ནུའི་ནོར་ལ་གསུམ་འཛལ" ཞེས་པ་ལྟར་དགོན་པ་དང་བླ་བྲང་སོགས་ཀྱི་ནོར་ལ་དགུ་ལོག་དང་། སྤྱི་ཁག་དང་ཏུ་སྐོར་སྤྱིའི་ནོར་ལ་ལྔ་ལོག་དང་། ཡུལ་ནང་ཁོངས་ཀྱི་ནོར་ལ་གསུམ་ལོག་གི་སྟོང་འཛལ་དགོས་ཀྱི་ཡོད་པ་རེད།།

འཁྲུག་པའི་རྟ་སྒྲོང་།

འཁྲུག་ཡུལ་དུ་རྒྱུན་པར་གཡག་གིས་རྟ་དྲིལ་བརྟུངས་ནས་བསད་པའི་རྩོད་གཞི་མང་དུ་འབྱུང་ཞིང་། དེ་ཡང་གཡག་གཅིག་གིས་རྟ་དྲིལ་གང་ཉུང་ཞིག་བརྟུངས་ནས་བསད་པ་ན“རྟུང་གི་རྣ་དམར”ཞེས་བྱ་བ་རྟུང་མཁན་གྱི་གཡག་བཟང་ཞན་གང་ཡོད་པ་དེ་རྣ་བདག་ལ་འཕྲུལ་དུ་སྤྲད་དགོས་པ་དང་། གལ་ཏེ་གསད་བྱ་དེ་དྲིའུ་ཞིག་ཡིན་ན་གསོད་མཁན་གྱི་རྣ་དམར་དེ་དང་གཡག་སོ་དྲུག་གཅིག་བཅས་སྤྲད་དགོས་པ་རེད། གལ་ཏེ་རྟ་དྲིལ་གང་ཉུང་ཞིག་བསད་དེ་གསོད་མཁན་གང་ཡིན་ཕན་ཚུན་གཉིས་ཕྱོགས་ནས་དངོས་མཐོང་མ་བྱུང་ཞིང་། ཞིབ་འཇུག་བྱེད་པའི་ཚེ་གཡག་གང་ཉུང་གི་རྣ་ལ་ཁྲག་གམ་ཤག་རྩི་ཡོད་པ་ཞིག་རྙེད་ན་འཁྲུག་མིའི་ཁ་དཔེར་“འཁྲོང་རྟ་བརྟུང་རྣ་ཚ་མར་གྱིས་ཤན”ཞེས་པ་ལྟར་རྟ་གསོད་མཁན་དུ་ངོས་འཛིན་ཞིང་། འོན་ཀྱང་དངོས་སུ་མ་མཐོང་བར་བརྟེན་རྟ་དྲིལ་གང་ཡིན་ཡང་ཉུང་སྐོང་ལ་གཡག་ཤད་གཅིག་གིས་འཐུས་ཀྱི་ཡོད་པ་རེད།

འབྲོག་པའི་བྲི་སྐོང་།

འབྲོག་ཡུལ་གྱི་བུ་མོ་ཞིག་ལ་གཉེན་འདུན་མ་བྱས་པའི་གོང་དུ་བྲི་ཕྲུག་གཅིག་བྱུང་བ་ཡིན་ན་ནང་གི་ཕ་མ་ཚོས་འཕྲལ་དུ་ཕ་སྤུ་ཡིན་འདྲི་རྩད་བྱེད་ཅིང་། ཕྱོགས་ཕན་ཚུན་གཉིས་ཀའི་ཕ་མ་རྣམས་གཉེན་འདུན་བྱ་བར་བློ་མཐུན་ན་འཕྲལ་དུ་བག་ཚོག་སྒྲིལ་སྒྲུར་བྱེད་པ་དང་། དེ་ལྟར་མ་མཐུན་ན་བྲི་ཕོ་དེས་བུ་མོ་དེ་ལ་"ཕོ་རྟ་འོ་ལྷགས"ཞེས་པའི་བྲི་སྐོང་འཇལ་དགོས་ཀྱི་ཡོད་པ་རེད། དེའི་དོན་ནི་ཕ་ཡི་ཚབ་ཏུ་ཕ་ཡི་ཞོན་རྟ་བཟང་ཤོས་དང་། འོ་མའི་རྫོན་དུ་འབྲི་སོ་དྲུག་གཅིག་དང་། གོས་རྐྱེན་དུ་ལུག་འཚོ་ཏུ་བདུན་བཅས་སྤྲེར་དགོས་ཀྱི་ཡོད་པ་རེད། གལ་ཏེ་བྲི་ཕོ་འཕོས་ཞན་ཞོན་རྟ་མེད་མཁན་ཞིག་ཡིན་ན་ཞོན་རྟའི་ཚབ་ཏུ་གཡག་སོ་དྲུག་གཅིག་གིས་འཇུས་ཀྱི་ཡོད་འདུག་པ་འདི་ནི་འབྲོག་ཡུལ་དུ་གནའ་སྲོལ་ཡོངས་གྲགས་ཤིག་ཡིན་པར་བརྟེན་གཟུ་པ་སོགས་ལ་མ་ལྟོས་པར་འཕྲལ་དུ་སྤྲོད་ལེན་བྱེད་པ་ཙམ་ལས་རྩོད་གླེང་བྱེད་དགོས་ཀྱི་མེད་པ་རེད།

འབྲོག་པའི་བག་སྟོང་།

འབྲོག་ཡུལ་གྱི་བུ་མོ་མང་དག་ཞག་གསུམ་བག་མར་ཕྱིན་ཏེ་སླར་ཁྱིམ་དུ་ལོག་རྗེས་ཡང་སྐྱར་བག་མ་ལེན་མཁན་གྱི་ནང་དུ་འགྲོ་རྒྱུགས་མི་བྱེད་ཅིང་། དེ་ལ་བརྟེན་ནས"མོ་ཤ"ཞེས་བྱ་བའི་རྩོད་གཞི་དྲག་པོ་ཡོང་གི་ཡོད་པ་རེད། དེའི་འབྱུང་རྐྱེན་ནི་ཕོ་བོའི་བསམ་པར་ནམ་རྒྱུན་དུ་འབྲོག་མིའི་གཉེན་སྒྲིག་གི་འདུན་མ་མཐའ་དག་སོ་སོའི་ནང་གི་ཕ་མ་ཚོས་བྱེད་ཀྱི་ཡོད་འདུག་པར་བརྟེན་བུ་མོ་མང་ཤོས་ཀྱིས་བག་སར་སླེབས་ཟིན་པའི་བར་དུ་རང་གི་ཁྱོ་ག་མཐོང་མྱོང་བར་དཀའ་ཞིང་། དེ་ལྟ་ན་བུ་མོ་རང་རང་གི་འདོད་པ་དང་མཐུན་པའི་ཁྱོ་ག་ནི་ཧ་ཅང་ཉུང་ངུ་ལས་ཡོང་མི་སྲིད་པ་གཞིར་བཅས་མོ་ཤའི་རྩོད་གཞི་དེ་རིགས་འབྱུང་གི་ཡོད་པར་མངོན་ནོ།།

མོ་ཤའི་སྟོང་ནི། ཁྱོ་ག་དེར་ཞེན་ཆ་བཟང་པོ་ཞིག་གིས་གཙོས་སྟོན་དུ་བུ་མོའི་སྤྱོད་རྟེན་གང་སྲིད་པ་དེ་དག་དགུ་ལོག་གི་སྟོང་འཛལ་དགོས་སྲོལ་འདུག་ཅིང་། འོན་ཀྱང་དེ་འདྲའི་རྩོད་གཞི་བྱུང་ནས་རྗེས་སུ་བུ་མོ་དེ་མི་ཚང་གཞན་དུ་བག་མར་བཏང་ན། སྟོན་གྱི་མོ་ཤའི་བདག་པོ་ཚོས་མི་བདེ་བའི་རྩོད་གཞི་མང་དུ་བྱེད་ཅིང་། དེ་ཉིད་འཕེལ་རྒྱས་སུ་ཕྱིན་ཏེ་མི་ཤའི་རྩོད་གཞིར་འགྱུར་བའི་ཉེན་ཁ་ཤིན་ཏུ་ཆེ་བར་སྣང་ངོ་། །

འབྲོག་པའི་སྐྱིལ་འགྲུལ།

འབྲོག་མི་ཚོས་གཡག་གི་འགྲོས་ལ་བརྟེན་ནས་འབྲོག་ཡུལ་ཕན་ཚུན་དང་། རོང་ཡུལ་ཁག་ཏུ་ཚོང་འགྲུལ་དང་། དབྱར་དགུན་གྱི་མཆོར་ས་སྤོ་འཛོག་སོགས་གང་དགོས་པའི་སྐྱེལ་འགྲུལ་གྱི་བྱ་བ་མཐའ་དག་བྱེད་ཐུབ་ཀྱི་ཡོད་པ་རེད། སྤྱིར་བཏང་དུ་གཡག་གིས་རྒྱབ་དོས་ཆུང་ཞིང་ཡང་བ་ལས་འཁུར་མི་ནུས་པ་དང་། གཡག་ནི་ཉིན་རེར་ས་ཐག་ཐུང་ངུ་ལས་འགྲུལ་བཞུད་བྱེད་མི་ཐུབ་པ་དང་། དབྱར་དུས་སུ་གཡག་རྐྱང་རྣམས་ཀྱིས་རྒྱབ་དོས་མང་པོ་གཏོང་བརླག་བྱེད་པ་སོགས་གཡག་ལ་བརྟེན་པའི་སྐྱེལ་འགྲུལ་ནི་དཀའ་ངལ་དང་ལྡན་པ་ཞིག་ཏུ་སྣང་ནའང་། འབྲོག་ཡུལ་གྱི་གནས་ཚུལ་ལ་ལྟོས་ན་གཡག་གི་རིགས་ནི་གངས་དང་ཆབ་རོམ་མཐའ་དག་བརྒལ་ཐུབ་པའི་སེམས་ཅན་ཞིག་ཡིན་སྟབས་འབྲོག་མི་ལ་ཕན་ནུས་ལྷག་པར་ཆེ་ཞིང་། འབྲོག་མི་ཚོར་འགེལ་གཡག་མང་དུ་ཡོད་པ་དང་། མ་ཟད་འབྲོག་མི་རེ་རེས་འགེལ་གཡག་སུམ་ཅུ་ལྷག་གི་ལག་དོ་རང་རྐྱ་ཐུབ་པ་བྱེད་ནུས་པའི་ཐོག་རྒྱབ་ཁལ་འགེལ་འཐོག་གི་བྱ་བ་མཐའ་དག་བྱེད་པ་མྱུར་ཞིང་ལས་སླའི་ངང་ནས་བསྒྲུབ་ཐུབ་པ་སོགས་མདོར་ན་འབྲོག་མི་ཕོ་མོ་མཐའ་དག་ལ་གཡག་ཁལ་འགེལ་བའི་གོམས་རྒྱལ་ཆེ་བར་ཡོད་འདུག་པ་བཅས་ལ་བརྟེན། དེ་དག་གིས་གང་དགོས་པའི་སྐྱེལ་འདྲེན་གྱི་བྱེད་སྒོ་འགོག་མེད་དུ་བསྒྲུབ་ཐུབ་པའོ།།

ཚིག་མཛོད་དང་འགྲེལ་བཤད།

དེབ་འདིར་འབྲོག་ཡུལ་གྱི་སྐད་སོར་བཞག་བྱས་པའི་ཐ་སྙད་མང་དུ་ཡོད་པ་དེ་དག་སྐབས་སོ་སོར་འགྲེལ་བཤད་གང་ཐུབ་བྱས་ཡོད་ཅིང་། དེབ་འདིར་འགྲེལ་བཤད་མེད་པ་དང་། ཚིག་མཛོད་རྣམས་སུ་མི་གསལ་བའི་ཐ་སྙད་ཀྱི་རིགས་རྣམས་གཤམ་གསལ།

ཀོ་སྒྲོ།	ཀོ་བའི་ཁུག་མ་ཆེན་པོ།
ལྡད་ཁུང་།	གནམ་ཁུང་།
ལྡུ་དིལ།	ལྡུ་ཡི་དེའུ། རིའི་མིང་།
དཀར་ནག་གི་རྫེས།	རྫེས་དཀར་དང་རྫེས་ནག
དཀར་མོག	སྡོ་ཡི་རྩ་བ་སྨན་ཞིག
དཀར་ལས།	ཞོ་དང་མར་གྱི་ལས་ཀ
དཀར་ཞིང་།	བལ་སྟན་དཀར་པོ།
བཀག་རི།	ཛོན་བཀག་པའི་རི།

བཀའ་བརྒྱད། གསང་སྔགས་སྔ་འགྱུར་རྫོགས་ཆེན་པའི་ལུགས་སུ་སྒྲུབ་སྡེའི་གཙོ་བོ་བདེ་གཤེགས་བཀའ་བརྒྱད་དུ་གྲགས་པ་རྣམས་ཏེ་དེ་དག་ནི། ༡ སློབ་དཔོན་འཇམ་དཔལ་བཤེས་གཉེན་ལ་བཀའ་བབས་པ་འཇམ་དཔལ་སྐུ་ཡི་དཀྱིལ་འཁོར་ཏེ་འཇམ་དཔལ་གཤིན་རྗེའི་ལྷ་ཚོགས་དང་། ༢ སློབ་དཔོན་ཀླུ་སྒྲུབ་ལ་བཀའ་བབས་པ་པདྨ་གསུང་གི་དཀྱིལ་འཁོར་ཏེ་དཔལ་རྟ་མགྲིན་གྱི་ལྷ་ཚོགས་དང་། ༣ སློབ་དཔོན་ཧཱུྃ་ཀ་ར་ལ་བཀའ་བབས་པ་ཡང་དག་ཐུགས་ཀྱི་དཀྱིལ་འཁོར་ཏེ་དཔལ་ཆེན་ཏེ་

རུ་ཀའི་ལྷ་ཚོགས་དང་། ༤ སློབ་དཔོན་བི་མ་ལ་མི་ཏྲ་ལ་བཀའ་བབས་པ་བདུད་རྩི་ཡོན་ཏན་གྱི་དཀྱིལ་འཁོར་ཏེ་ཆེ་མཆོག་ཧེ་རུ་ཀའི་ལྷ་ཚོགས་དང་། ༥ སློབ་དཔོན་པདྨ་འབྱུང་གནས་ལ་བཀའ་བབས་པ་ཕུར་པ་ཕྲིན་ལས་ཀྱི་དཀྱིལ་འཁོར་ཏེ་དཔལ་རྡོ་རྗེ་གཞོན་ནུའི་ལྷ་ཚོགས་དང་། ༦ སློབ་དཔོན་དྷ་ན་སཾ་སྐྲི་ལ་བཀའ་བབས་པ་སྲིད་པ་མ་མོའི་དཀྱིལ་འཁོར་ཏེ་མངོན་རྫོགས་ཧེ་རུ་ཀའི་ལྷ་ཚོགས་དང་། ༧ སློབ་དཔོན་གུ་ཧྱ་ཙནྡྲ་ལ་བཀའ་བབས་པ་འཇིག་རྟེན་མཆོད་བསྟོད་ཀྱི་དཀྱིལ་འཁོར་ཏེ་དྲེགས་པ་ཀུན་འདུལ་གྱི་ལྷ་ཚོགས་དང་། ༨ སློབ་དཔོན་ཤཱནྟི་གརྦྷ་ལ་བཀའ་བབས་པ་དམོད་པ་དྲག་སྔགས་ཀྱི་དཀྱིལ་འཁོར་ཏེ་དཔལ་སྟོབས་ལྡན་ནག་པོའི་ལྷ་ཚོགས་བཅས་སྒྲུབ་སྡེ་ཆེན་པོ་བརྒྱད་ཐུན་མོང་དུ་སྒྲུབ་པའི་དཀྱིལ་འཁོར་ལ་ཡོངས་གྲགས་སུ་བཀའ་བརྒྱད་སྒྲུབ་ཆེན་དུ་གྲགས་པ་ཡིན་ནོ།།

བཀའ་པོ།　　　　བཀའ་ནི། བཀའ་དེ་ནི།

སྐོར་འགོ　　　　རྩིས་བྱེད་སྟངས་ཀྱི་སྡེ་ཚན།

སྐྱབས་འགྲོ།　　　　དཀོན་མཆོག་གསུམ་ལ་སྐྱབས་སུ་འགྲོ་བ་སྟེ། ལེགས་སྦྱར་དུ། "ན་མོ་བུདྡྷ་ཡ། ན་མོ་དྷརྨ་ཡ། ན་མོ་སངྒྷ་ཡ"ཞེས་འབྱུང་ཞིང་། འོན་ཀྱང་བོད་དུ་གསང་སྔགས་ཀྱི་ལུགས་གཙོ་བོར་བྱས་པ་སྟེ། སྔགས་སུ་བྱིན་རླབས་ཀྱི་རྩ་བ་དབང་བསྐུར་དང་། དབང་གི་རྩ་བ་བླ་མ་ཡིན་པ་ལྟར་བོད་ཀྱི་སྐྱབས་འགྲོ་ལའང་བླ་མ་གཙོ་བོར་འབྱུང་བ"བླ་མ་ལ་སྐྱབས་སུ་མཆིའོ།། སངས་རྒྱས་ལ་སྐྱབས་སུ་མཆིའོ།། ཆོས་ལ་སྐྱབས་སུ་མཆིའོ།། དགེ་འདུན་ལ་སྐྱབས་སུ་མཆིའོ།།"ཞེས་པ་ལྟ་བུ་དང་། ཡང་ན་ཉམས་ལེན་གྱི་གནད་དང་སྦྱར་བའི་སྐྱབས་འགྲོ་འདི་ལྟར།

དཀོན་མཆོག་གསུམ་དངོས་བདེ་གཤེགས་རྩ་བ་གསུམ། །
རྩ་རླུང་ཐིག་ལེའི་རང་བཞིན་བྱང་ཆུབ་སེམས། །
ངོ་བོ་རང་བཞིན་ཐུགས་རྗེའི་དཀྱིལ་འཁོར་ལ། །
བྱང་ཆུབ་སྙིང་པོའི་བར་དུ་སྐྱབས་སུ་མཆི། །

ཞེས་པ་ལྟ་བུའོ།།

སྐྱེལ་འགྲུལ། དངོས་ཟོག་འོར་འདྲེན་བྱེད་པ།

བསྐོར་འགྲུལ། ཡུལ་བསྐོར་བའི་འགྲུལ་བཞུད།

བསྐྱེད་རྫོགས། མ་ཧཱ་ཡོ་གའི་རྣལ་འབྱོར་གྱི་གཙོ་བོ་ཕྱི་ནང་སྣོད་བཅུད་ཐམས་ཅད་གཞལ་ཡས་ཁང་ལྷ་རུ་བསྐྱེད་རིམ་པའི་བསྐྱེད་རིམ་དང་། ཨ་ནུ་ཡོ་གའི་རྣལ་འབྱོར་གྱི་གཙོ་བོ་རྩ་རླུང་གི་ཉམས་ལེན་ལ་བརྟེན་ཏེ་མཚོན་བྱེད་དཔེའི་ཡེ་ཤེས་མངོན་དུ་བྱེད་ཅིང་། མཚོན་བྱ་དོན་གྱི་ཡེ་ཤེས་ལ་འཇུག་པའི་རྫོགས་རིམ་བཅས་སོ། །

ཁ་རྒྱ། ལུག་བལ་གྱི་དྲངས་མ།

ཁ་ན་རི་ཡ། བྱེའུ།

ཁ་ཕྲིས། ཕྲིས་མ།

ཁ་དམར། རྫས་ཀྱི་འབྲས་བཤད།

ཁ་ཞེ། བསོད་ནམས། འབྱོར་པ།

ཁ་ལས། བྱ་བ་ལམ་དུ་འགྲོ་བ།

ཁས་ཆད། གཏམ་པ།

ཁྲ་སླག་སྤྱང་གསུམ། ཤ་ཟན་རྩལ་དང་ལྡན་པའི་སེམས་ཅན་བྱ་ཁྲ་དང་། བྱ་སླག་དང་། སྤྱང་ཀི་བཅས་ཏེ། སེམས་ཅན་འདི་གསུམ་ནི་གླིང་གེ་སར་གྱི་དགྲ་ལྷ་ཕྱེར་མ་བཅུ་གསུམ་གྱི་ནང་ནས་གཙོ་བོ་གསུམ་ཡིན་པ་ལྟར། ནམ་རྒྱུན་དུ་སྐྱེས་པ་ཕོའི་རིགས་རྣམས་དམག་དང་། ཚོང་སོགས་བྱེས་སུ་ཆས་པའི་ཚེ་སེམས་ཅན་འདི་གསུམ་དང་འཕྲད་ན་དགྲ་ལྷ་གྲོགས་སུ་འབྱོན་པའི་རྟགས་ཏེ་བསམ་པའི་དོན་འགྲུབ་པའི་རྟེན་འབྲེལ་བཟང་པོར་བརྩི་བའོ། །

ཁྲིགས་ཆོད། རྫོགས་ཆེན་ཨ་ཏི་ཡོ་གའི་ཉམས་ལེན་གྱི་གཙོ་བོ་སྟེ། རིག་པ་རང་ཐོག་ཏུ་ངོ་སྤྲོད་བྱེད་ཅིང་། དེའི་རྒྱུན་སྐྱོང་བ་ལ་བརྟེན་ཏེ་ཆོས་ཅན་གྱི་སྣང་བ་ཐམས་ཅད་ཆོས་ཉིད་ཀྱི་ཀློང་དུ་ཟད་དེ་གཞོན་ནུ་བུམ་པའི་སྐུར་གྲོལ་བའི་མན་ངག་གོ། །

གུ་ཡངས།	རང་འདོད་དང་མཐུན་པ།
གུང་།	སྤྲའི་གནམ་ཁྲུང་།
གུང་ཐག	སྤྲའི་གནམ་ཁྲུང་སྲུམ་བྱེད་ཀྱི་ཐག་པ།
གུང་ལྷ།	གནམ་གྱི་ལྷ།
གོ་ཁ།	ཐབ་ཀྱི་སྒོ།
གོ་གོབ།	འབུར་གྱི་ཕྲོག་ཆ།
གྲུ་ཅན།	སྒྲུ་གྲུ་ཅན།
གྲུ་གོད།	གོད་ཁ།
གྲགས་གཡེར།	སྙན་གྲགས།
གྲུ་གུ།	ཡུ་གུར་གྱི་ཡུལ། ཡི་ཡུལ།
གྲོ་མཛོད།	ཨ་བྲས་བསགས་པའི་གྲོ་ཕུང་།
གྲོ་ཞོ།	གྲོ་མ་དང་ཞོ་བསྲེས་པ།
དགའ་འཁྱིལ།	ནོར་བུ་དགའ་འཁྱིལ།
དགུང་སྔོན་པོ།	ནམ་མཁའ་སྔོན་པོ།
དགུན་མཆོར།	དགུན་ས།
དགོན་ཆེན།	དགོན་པའི་མིང་།
དགྲ་རྒྱལ་སྟོང་ལེན།	དགྲ་ལས་རྒྱལ་ཁ་ལེན་པ།
དགྲ་འགོ་རྐོད་པོ།	དམག་འཐབ་ལ་དགའ་བོ།
དགྲ་ཕར་འདུལ།	དམག་ཕར་འགེལ།
མགར་ལས།	མགར་གྱི་ལས་ཀ།
མགོན་བླ།	ཆོས་སྐྱོང་གསོལ་བ་པོ།
འགན་ཧྲིལ་ལེན།	འགན་ཆ་ཚང་ལེན་པ།
འགེལ་འཛོག	ཡར་འགེལ་བ་དང་མར་འཛོག་པ།

འགྲིག		རྩོ་རྩེད་ཀྱི་རྩེད་མོ་ཞིག་སྟེ། མི་རེར་རྩོ་རྡེལ་དགུ་རེ་ཡོད་པ་དག་རིམ་བཞིན་དུ་འཛུགས་ཤིང་རྡེལ་གསུམ་རེ་གྲལ་འགྲིགས་པའི་དུས་གཅིག་ཤོས་ཀྱི་རྩོ་རྡེལ་རེ་ཤོར་བའི་ཚུལ་མིག་མངས་ཤིག་སྟེ། རྡེལ་དཀར་གྱིས་སྔོན་མར་བརྩེས་ནས། རྡེལ་དཀར་སུམ་འགྲིག་བྱུང་ན་རྡེལ་ནག་གཅིག་ཤོར་གྱི་ཡོད་པ་རེད།

སྐད་གསོངས།		རིའི་སྐད་དང་གསོངས།

སྐར་མལ།		སྐར་བབས་པའི་ཤུལ།

སྐྲུར་འཐེན།		ཐག་པ་ལ་བརྟེན་པའི་ཤུགས་ཚད་ཀྱི་རྩེད་མོ་ཞིག་སྟེ། དེ་ནི་ཐག་པ་རིང་པོ་ཞིག་ཁྲུག་པར་བཟོས་པའི་ཁྲུག་གཉིས་པོ་མི་གཉིས་ཀྱི་སྐེར་སྐྱོན་ཞིང་། ཐག་པ་དེ་མི་གཉིས་ཀྱི་རྐང་པའི་བར་ནས་རྒྱབ་སོགས་སུ་བཏང་སྟེ་ཡན་ལག་བཞི་སར་བཙུགས་ནས་ཕར་ཚུར་འཐེན་པའོ། །

སྒོར་ནག་པོ།		ཀླུ་ཞིག་གི་མིང་།

རྒྱ་ཚོང་པ།		རྒྱ་ནག་གི་རྒྱུ་ཅ་འཚོང་མཁན།

རྒྱ་དཔུ།		མི་ཆེན་པོ།

རྒྱལ་པོ་སྒོ་དགུ		རྡེའུ་ལ་བརྟེན་པའི་རྩེད་མོ་ཞིག་སྟེ། གཤམ་གྱི་རི་མོའི་སྟེང་དུ་རྒྱལ་པོ་མཚོན་བྱེད་ཀྱི་རྡེའུ་ཆེ་བ་གཉིས་དང་། མི་སྡེ་མཚོན་བྱེད་ཀྱི་རྡེའུ་ཆུང་བ་ཉི་ཤུ་རྩ་བཞི་བཅས་རྩེད་ཅིང་། དེ་ཡང་རྒྱལ་པོ་གཉིས་རྐང་མཚོངས་ཀྱིས་སྡེ་བཟའ་བ་དང་། སྡེས་རྒྱལ་པོ་གཉིས་ཕྱོགས་ཀྱི་མཁར་གཉིས་སུ་འགྲོ་ཡུལ་མེད་པར་དགག་པའོ། །

རྒྱལ་པོ་སྒོ་གཉིས། རྡེའུ་ལ་བརྟེན་པའི་རྩེད་མོ་ཞིག་སྟེ། རྒྱལ་པོ་མཚོན་བྱེད་ཀྱི་རྡེའུ་ཆེ་བ་གཅིག་དང་། མི་སྡེ་མཚོན་བྱེད་ཀྱི་རྡེའུ་ཆུང་དུ་བཅུ་གཅིག་བཅས་རྩེད་ཅིང་། རྒྱལ་པོ་རེས་མཚོངས་ཀྱིས་སྡེ་བཟའ་བ་དང་། སྡེས་རྒྱལ་པོ་མཁར་དུ་འཇུག་དགོས་པའོ། །འདིའི་དཔེ་རིས་ཊ་མ་ཏུའི་དབྱིབས་ལྟར་སྣང་བས་རྒྱལ་པོ་ཊ་མ་ཏུ་ཞེས་ཀྱང་ཟེར་རོ། །

སྦྲག		ཡི་གེ་སྐྱེལ་འགྲུལ།

སྦྲག་ཁང་།　　ཡི་གེ་སྐྱེལ་འགྲུལ་གྱི་ལས་ཁུངས།

སྒྲུང་ཐང་།　　གེ་སར་གྱི་སྒྲུང་གི་ཐང་ཀ།

སྒྲུབ་ཆེན།　　སྒྲུབ་པ་ཆེན་པོ།

སྒྲུབ་མཆོད།　　ལོ་དུས་ཀྱི་སྒྲུབ་པ།

སྒྲོལ་མ།　　སྒྲོལ་མའི་བསྟོད་པ།

དངུལ་ཐག　　དངུལ་སྐུད་ཀྱི་ཐག་པ།

དངུལ་ཕྲུག་ཕྲུག་མོ།　　རིའི་མིང་།

དངོས་སྐོག　　མངོན་སུམ་དང་སྐོག་གྱུར།

ལྷ་ལེ།　　ཡུལ་གྱི་མིང་།

ལྷ་ལེ་སྟག་རྩེ།　　གཞི་བདག་གམ་རིའི་མིང་།

སྤྲ་བཅད་ཕྱི་སྡོམ།　　སྤྲར་འཕྲོ་བཅད་ཅིང་ཕྱི་འཕྲོ་སྡོམ་པ།

སྔོ་སྨན།　　རི་ལ་སྐྱེས་པའི་སྔོ་སྨན་དུ་སྤྱར་འོས་པ།

ཆབ་ཏོག　　བུད་མེད་ཀྱི་རྒྱན་ཆ་སྤོས་ཤེལ་གྱི་ཏོག་སྟེ། སྤོས་ཤེལ་ཆེ་ཆུང་ཇི་ཙམ་ཡོད་པ་དེ་དང་འཚམས་པ་སྤོས་ཤེལ་ལས་ཅུང་ཟད་ཆུང་བའི་བྱི་རུ་རེ་ཏོག་ཏུ་འཛོག་སྲོལ་ཡོད་པ་རེད།

ཆར་མ།　　འབྲོག་པའི་བུད་མེད་ཚོའི་རྒྱན་ཆས་ཀྱི་གཙོ་བོ་སྐ་རགས་རྒྱས་སྤྲོས་བྱས་པ་ཞིག་སྟེ། དེ་ནི་རིན་ཐང་ཆེ་བའི་གོས་ཆེན་གྱི་གཞི་གདན་བཟང་པོའི་ཐོག་གསེར་དངུལ་གྱིས་མེ་ཏོག་དང་། བྱ་དང་། འབྲུག་སོགས་ཀྱི་གཟུགས་བརྙན་སྣ་ཚོགས་ཚག་སྤྲོས་བྱས་པའི་སྦྲ་ལེ་ཤན་དང་། འཕོར་ཆེན་ནམ་ཕྲ་ཁང་བཀོད་པའི་ནང་དུ་གཡུ་དང་བྱི་རུའི་ཕྲ་བཏབ་པ། གཡས་སུ་བཞོན་འཛིན་དང་གཡོན་དུ་གྲི་ཆུང་། དེ་དག་ཕན་ཚུན་དངུལ་ཐག་གིས་སྦྲེལ་བའོ།།

ཆར་མགོ　　སྐྲ་རགས་སམ་སྐྲིད་འཆིང་གཞན་དག་བཅས་ཀྱི་སྟེ་ཕན་ཚུན་སྦྲེལ་བྱེད་ཀྱི་དངོས་པོ་ཞིག་རེད།

ཆུ་འོ།　　ཆུ་དང་འོ་མ་བསྲེས་པ།

ཆོན་ཐག　　སྦྲ་གུར་རྒྱོང་བྱེད་ཀྱི་ཐག་པ།

མཐུ་ཐོ།　　བྱ་དང་བྱིའུ་རྣམས་ཀྱི་རྣ་མཆུ།

ཉ་སྲིད།　　ས་མཐོར་སྐྱེས་པའི་ཤིང་ཞིག

ཉིན་ཁུག　　ཉི་འོད་མང་དུ་འཐོག་པའི་གནས།

ཉིན་སྲིབ།　　ཉིན་རི་དང་སྲིབ་རི་ཞེས་པའི་དོན་ཏེ། ཉིན་རི་ནི་རྟག་པར་ཉི་མའི་འོད་འཐོག་ཡུལ་དྲོ་བའི་གནས་དང་། སྲིབ་རི་ནི་རྟག་པར་ཉི་འོད་མི་འཐོག་པའི་གནས་ཁ་བྱང་དུ་བལྟས་ཤིང་གྲང་ངད་དང་ལྡན་པའོ། །

གཉེན་སྒྲིག　　གཉེན་བྱེད་པ།

གཉེན་པོ།　　བག་མ་བསུ་སྐྱེལ་བྱེད་མཁན།

གཏོ་གླུད།　　གཏོ་དང་ངར་གླུད།

གཏོ་བཅོས།　　གཏོ་ལ་བརྟེན་ནས་བཅོས་བྱེད་པ།

རྟ་ནོར།　　རྟ་དྲེལ་དང་གཡག

རྟ་ཐོག　　རྟ་དང་མི་མདའ།

རྟ་འཐོག　　རྟ་ལ་འགེལ་བྱའི་ཁུག་མ།

རྟ་དྲེལ།　　རྟ་དང་དྲེའུ།

རྟ་རྟུག　　རྟ་དམག་འཐོན་ཚོག་ཏུ་ཡོད་པ།

རྟེན་ཐེབས།　　རྟེན་གཞི། མ་རྩ།

སྟག་གི་མདེལ་རྫི།　　མདའ་ཁ་འཚོ་མཁན།

སྟག་དགོན།　　ཡུལ་གྱི་མིང་།

སྟག་སླག་ཅན།　　སྟག་ལྤགས་ཀྱི་གོས་ཅན།

སྟག་ལྷ།　　　ཐོ་ལྷ（སྟག་ལྷ་མི་འབར）།

སྟོང་།　　　འཇལ།

སྟོང་སྐུད།　　　གོས་སྐུད།

ཐག་ཀ །　　　འབྲོག་མི་ཚོས་ལུག་འོ་ཛོ་བའི་ཚེ་བཞོན་ལུག་རྣམས་ཀྱི་མགོ་བོ་རྣམས་ཕན་ཚུན་དུ་བསྡོལ་ཏེ་ཐག་འགྲོལ་ཚོག་ཏུ་བཟོས་པའི་བར་དུ་བཅིངས་པའོ། །

ཐབ་ཀྱི་ཡ་ཐོད། འབྲོག་པའི་ཐབ་ཀྱི་ཡར་སྣ་སྟེ། དེ་ཡང་འབྲོག་མིའི་བུད་མེད་ནི་ཕྱུགས་ཀྱི་ལྕི་བ་ཡིན་འདུག་པ་ལྟར་དེ་དག་གི་ཐབ་ཀྱི་བཟོ་དབྱིབས་ཀྱང་རྣམ་པ་ཐ་དད་དུ་སྣང་ཞིང་། འབྲོག་པའི་ལྕི་ཐབ་ནི་སྦྲའི་ཀ་བ་དག་གི་བར་དུ་ཡོད་ཅིང་། དེ་ཡང་སྦྲའི་གུང་དང་རིང་ཚད་མཉམ་པ། ཐབ་ཀྱི་མར་སྣར་ཕོ་སྦྲ་དང་མོ་སྦྲ་གཉིས་ཕྱོགས་སུ་གོ་ར་ཆེ་བ་རེ་རེ་ཡོད་པ། ཐབ་ཀྱི་མར་སྣ་ནས་ཐབ་ཀྱི་ཡར་སྣ་བར་ཇེ་མཐོ་ཇེ་མཐོར་བཟོས་པའི་རྩེར་ནོར་བུའི་དབྱིབས་བཟོས་པ་དེའི་སྟེང་དུ "མཚན་ཐུབ" ཅེས་བྱ་བའི་མཆོད་མེ་དག་འབུལ་གྱི་ཡོད་པ་རེད། སྤྱིར་བཏང་འབྲོག་པ་ཚོས་སྦྲ་སྒོ་ལྷོ་རུ་གཏད་ཅིང་། དེའི་རྒྱུ་མཚན་ནི "ལྷོ་ནོར་རྒྱས་ཀྱི་གྲོགས་སྒོ" ཞེས་བརྗོད་སྲོལ་ཡོད་འདུག་པ་དང་། ཐབ་ཀྱི་སྒོ་ཤར་དང་ནུབ་ཏུ་གཏད་པ་སྟེ། ཤར་དུ་གཏད་པའི་དོན་ནི "ཤར་གྱི་གྲོགས་ལམ" ཞེས་པ་ཕྱི་ཡུལ་གྱི་གྲོགས་ནང་དུ་འབྱུང་བ་དང་། ནུབ་ཏུ་གཏད་པའི་དོན་ནི་མོ་སྦྲ་དེ་མི་གཡང་དང་ནོར་གཡང་ཚང་མའི་གནས་གཞི་ཡིན་པ་དང་། མི་ཚང་སོ་སོས་གཡང་སྒྲུབ་བྱས་པའི་གཡང་སྒམ་དེར་ཡོད་པར་བརྟེན་ཕྱིའི་གྲོགས་མཐའ་དག་ནང་གི་གཡང་དུ་ཆགས་པའི་དོན་ཡིན་པ་རེད། སྐབས་འདིའི "གྲོགས" ཞེས་པ་ནི་དངོས་གྲུབ་དང་འདྲ་བར་ཤེས་དགོས། དེར་བརྟེན་འབྲོག་མི་ཚོས་ཐབ་རྒྱུ་དང་བུད་མེད་རྣམས་ཐབ་ཀྱི་ནུབ་ཕྱོགས་སུ་འཛོག་ཅིང་། དེ་དག་ལོངས་སུ་སྤྱོད་པའི་ཚེ་ནུབ་ཕྱོགས་ནས་ཤར་ཕྱོགས་སུ་འདྲེན་པའི་ཚུལ་དུ་སྣང་བ་དེ་ནང་གི་གཡང་དང་གྲོགས་མི་འཛད་པའི་རྟེན་འབྲེལ་ཞིག་ཡིན་པ་རེད།

ཐིག་སྣམ། ཐག་པ་ལ་བརྟེན་པའི་རྩེད་མོ་ཞིག་སྟེ། དེ་ཡང་མི་གཉིས་ཀྱིས་ཐག་པ་རིང་པོ་ཞིག་མདུད་པར་བཟོ་ཞིང་། མདུད་པ་དེ་ཁ་འབྱེད་པའི་སྐབས་ཆའི་ཟུར་གཉིས་ནི་མི་གཉིས་ཀྱི་རྐང་པ་གཡས་པ་དང་གཡོན་པས་མནན་པ་དང་། སྟོང་ཆའི་མདུད་མཚམས་དང་ཐག་སྣེ་བཅས་མི་དེ་གཉིས་ཀྱི་ལག་གཡས་གཡོན་དུ་ཟིན་པས་ཐག་དབྱིབས་གྲུ་བཞིར་འགྱུར་བ་དེའི་ནང་ནས་རྩལ་དང་ལྡན་པའི་མི་གཞན་ཞིག་འཛུལ་དགོས་ཤིང་། གལ་ཏེ་འཛུལ་མཁན་དེ་ལ་རྩལ་ལེགས་པོར་མེད་ན་ཐག་ཁུག་ཏུ་འཆིང་བར་འགྱུར་རོ། །

ཐིག་འཕགས། ཐག་པའི་རྩེད་མོ་ཞིག་སྟེ། དེ་ལའང་རྩེ་ལུགས་མི་འདྲ་བ་གཉིས་འདུག གཅིག་ནི་མི་གཉིས་ཀྱིས་ཐག་པ་རིང་པོ་ཞིག་བརྒྱངས་པའི་སྟེང་ནས་མི་གཞན་ཞིག་མཆོང་བ་དང་། གཅིག་ནི་མི་གཉིས་ཀྱིས་ཐག་པ་ཞིག་བསྐོར་གཡུག་བྱས་པའི་ནང་དུ་མི་གཞན་ཞིག་གྲངས་མང་འཕགས་པ་བཅས་སོ། །

ཐུད་དཀར་ནག ཕྱུར་ཐུད་དང་གྲོ་ཐུད།

ཐོག་ཁེབས། སྟེང་ཁེབས།

ཐོར་པོ། ཐྲ་རིའི་མིང་།

མཐའ་གོང་ཤན། གོས་ཀྱི་མཐའ་དང་། གོས་ཀྱི་ཕུ་དུང་གི་རྩེ་དང་། གོང་བ་བཅས་པར་རས་སམ་གཅན་གཟན་གྱི་པགས་པའི་ཤན་ཆ་སྦྱར་པའོ། །

འཐབ་ར། འཐབ་རགས།

དར་ཁ། ཁ་དར། དར་རྒྱས།

དར་རྐོད། ཡིག་འབྲུ་དང་གཟུགས་བརྙན་སོགས་གང་ཡང་མེད་པའི་རླུང་རྟའམ་དར་ལྕོག་སྟེ། དེ་ཡང་རས་ཁ་དོག་སྔ་ལྔ་ཕྲེང་སྒྲིག་ཏུ་བཟོས་པའི་དར་རྒྱང་དང་། ཡང་ན་དར་རྐོད་ཁ་དོག་གང་རུང་གི་སྟེར་འཕན་ལྟ་ཁ་དོག་ལྔ་ལྡན་དུ་བཏགས་པའོ།། ཁ་དོག་ལྔའི་སྒྲིག་རིམ་དོང་མཚོན་དོན་ནི།

སྔོན་པོ། གནམ།

དཀར་པོ།　　སྤྲིན།

དམར་པོ།　　མེ།

སེར་པོ།　　ས།

ལྗང་ཁུ།　　ཆུ།

དར་འཕྱིང་།　　སོ་ཁ་དར་བའི་འཕྱིང་བ།

དར་མ་འབྲུམ།　　མཁས་པ་ཆེན་པོ།

དར་ཟོམ།　　འོ་མ་དཀྲུག་སྣོད་ཅིག

དུང་དཔོན།　　དུང་འབུད་མཁན་གྱི་གཙོ་བོ།

དོས་ཐག　　དོས་པོ་འགེལ་བྱེད་ཀྱི་ཐག་པ།

དོས་ཁེབས།　　དོས་པོའི་སྟེང་ཁེབས།

དྲུག་རུ་ཆེན་མོ།　　དཔལ་འཇམ་དཔལ་གཤིན་རྗེའི་ལས་བྱང་གི་སྒོ་ནས་སྨད་ལས་དགྲ་བགེགས་བསྒྲལ་བའི་གཏོར་ཟློག་གམ་སྒྲུབ་པ་ཞིག་གོ།

གདང་།　　ཏ་ཕྱུགས་འདོགས་བྱེད་ཀྱི་ཐག་པ།

གདང་ཚད།　　ཏ་ཕྱུགས་ཀྱི་གདང་ཐག་རྙིང་པ།

གདོམ།　　གོ་གནས་ཀྱི་རྟགས་རྟའི་སྐྲ་དང་དམ་ཁར་འདོགས་རྒྱུ་སྟོང་སྐྱུད་དམ་ཛ་མ་དམར་པོས་བཟོས་པའོ། །

མདུང་ཁྲ།　　མདུང་རིང་གི་རྐེད་པར་ལྷུགས་ཀྱི་དཀྲིས་རིང་ཡོད་པ་ཞིག་གོ།

འདམ་ཟུག　　འདམ་རྫབ་གཏིང་རིང་བ།

འདུ་བ་ཆེན་མོ།　　དཔལ་གྱི་རྡོ་རྗེའི་དཀྱིལ་འཁོར་གྱི་སྒྲུབ་པ་ཆེན་པོ་ཞིག་སྟེ། དེ་ནི་བོད་ཀྱི་ལོ་སར་སྐབས་སུ་ཁམས་སྡེ་དགེ་དགོན་ཆེན་དུ་དགོན་ཁག་མང་དག་ལྷན་དུ་འདུས་ནས་ཚོགས་ཀྱི་ཡོད་པ་རེད།

འདུས་སྟོན།　　མི་ཚོགས་འདུས་པའི་སྟོན་མོ།

འདེམ་སྒྲུག　　འདེམ་པ།

རྡོ་རྗེ་ཆོས་རྒྱལ།　　གེ་སར་གྱི་མཚན་གྱི་བྱེ་བྲག

རྡོ་འབེན།　　ལག་རྡོ་འཕེན་པའི་རྩེད་མོ་ཞིག

རྡོར་དྲིལ་ཆ།　　རྡོ་རྗེ་དང་དྲིལ་བུ་ཆ་གཅིག

ན་ཐང་།　　ནེའུ་གསིང་གི་ཐང་།

ན་འདམ།　　རྩྭས་ཁེངས་པའི་འདམ་རྫབ།

ན་ཟླུག　　ན་འདམ་གཏིང་རིང་བ།

ན་རྩྭ།　　ནེའུ་གསིང་གི་རྩྭ་སྔོང་པོ་ཞིག

ན་དམར་དུང་ཆུང་། གེ་སར་གྱི་སྒྲུང་རྣམས་ལས། གེ་སར་ལྷ་ཡུལ་དུ་སྐྱ་འཁྲུངས་པའི་གཉེན་ཚན་དུ་ཡབ་གནན་ཆེན་ཨ་པོ་གེ་འཛོ། ཡུམ་ཀླུ་མོ་མཛེས་ལྡན། མ་ནེ་ནེ་གནམ་སྨན་དཀར་མོ། ཕུ་བོ་དུང་ཆུང་དཀར་པོ། ནུ་བོ་ཀླུ་སྦྲུག་འོད་ལྡན། ལྕམ་སྲིང་ཐེ་ལེ་འོད་སྒྲོལ་ཞེས་འབྱུང་བའི་ཕུ་བོ་དུང་ཆུང་དེ་མིན་ནམ་སྙམ། སྤྱིར་བཏང་ན་དམར་ཞེས་པ་ནི་འབྲོག་ཡུལ་གྱི་ནེའུ་གསིང་རྣམས་སུ“ཨ་དར་གེ་དར”ཞེས་བྱ་བའི་མེ་ཏོག་དམར་པོ་གོས་སྐྱུད་ཀྱི་ཆུན་པོ་ལྟ་བུ་དྲི་བཟང་དང་ལྡན་པ་མང་དུ་ཡོད་པ་དེ་འདྲའི་ནེའུ་གསིང་ལ“ན་དམར”ཞེས་བྱ་བ་དང་། དུང་ཆུང་ནི་སྐབས་འགར་ཞྭ་བ་ལའང་འཇུག་ཅིང་། ཞྭ་བའི་རྭ་ལ་དུང་རྭ་ཞེས་ཀྱང་བརྗོད་སྲོལ་ཡོད་འདུག་པས་དཔྱད་གཞིར་སྣང་ངོ་། །

མནའ་རྒྱབ།　　མནའ་ཡི་དོན་ལག་ཏུ་ལེན་པ།

རྣ་རྒྱན།　　རྣ་བའི་རྒྱན་ཆ། རྣ་ལུང་།

རྣ་ཚར།　　རས་སམ་བལ་ཚོན་གྱིས་དུད་འགྲོའི་རྣ་རྒྱན་དུ་བཟོས་པའོ། །

དཔའ་ཐུལ།　　དཔའ་བོ་ཆེན་པོ།

དཔལ་བེའུ།　　བཀྲ་ཤིས་རྟགས་བརྒྱད་ཀྱི་ཡ་གྱལ་ཞིག

སྤང་ཐང་།　　ངོས་འཇམ་པའི་རྩྭ་ཐང་།

སྤང་རི།　　ངོས་འཇམ་པའི་སྤང་གི་རི།

སྤང་གསྔོངས།　　སྤང་ཐང་དང་སྤང་རིའི་སྐུལ།

སྤུ་རྟིད།　　གཡག་གི་སྤུ།

སྤྲིན་དཀར།　　ཤིང་སྤྲིན་མ་མེ་ཏོག་དཀར་པོ་ཅན།

སྤྲིན་ནག　　སྤྲིན་ཤིང་མེ་ཏོག་དམར་པོ་ཅན།

སྤྲོ་ཆེན་གྱི་ར་བ།　　སྤྲོ་ཐོ་བརྩིགས་པའི་ར་བ།

སྤྲོ་ཐོ།　　སྤང་རྩྭ་ས་དང་བཅས་པ་དུམ་བུར་བཅད་པ།

སྤྲོ་རྩིགས་ཀྱི་གབ་ཁྱུང་།　སྤྲོ་ཐོས་ཡིབ་གནས་བཟོས་པ།

སྤྲོས་གདན།　　འབྲོག་མོ་ཚོའི་སྐྲ་རྒྱན་གྱི་གཙོ་བོ་སྟེ། དེ་ཡང་གོས་ཆེན་གྱི་གདན་གཞི་བཀྲ་བའི་སྟེང་དུ་སྤྲོལ་ཤེལ་ཆབ་ཏོག་དང་ལྷན་པ་དྲུག་དྲུག་གམ་བརྒྱད་བརྒྱད་ཉིས་རིམ་དུ་བཀོད་པའི་བར་མཚམས་སུ་གསེར་དངུལ་གྱི་འཕོར་ཆེ་ཆུང་ཅི་རིགས་དང་། མཐར་རིན་པོ་ཆེ་ཅི་རིགས་ཀྱི་དྲ་བ་དང་དངུལ་གྱི་གཡེར་ཁ་ཆུང་དུ་མང་དག་གིས་བརྒྱན་པའོ། །འདི་ལྟ་བུ་སྤྲུམ་སྤྲིག་ཅན་ཡང་སྣང་། །

སྤྲ་ནག　　སྤྲ་ནག་པོ།

ཕོ་ཁ།　　སྣོད་དྲུག་གི་ནང་ཚན་ཞིག་སྟེ།

སྣོད་དྲུག་ནི། ཕོ་ཁ། ལོང་། མཁྲིས་པ། རྒྱུ་མ། གླང་བུ། བསམ་སེའུ་བཅས་སོ། །

ཕོ་རྡུས།　　ཕྱུགས་ཞིན་བྱེད་པ།

ཕྱུ་མོ།　　མོ་འདེབས་པ།

ཕྱག་དབང་།　　ཕྱག་གིས་བྱིན་རླབས་བྱེད་པ། མི་ཕལ་པ་རྣམས་བླ་མ་རྩ་བ་ཆེན་པོའི་དྲུང་དུ་བཅར་བའི་ཚེ་མི་དེ་དག་གིས་ཕྱག་རྒྱ་དང་བཅས་ཏེ་བླ་མའི་དྲུང་དུ་མགོ་བོས་བཏུད་པ་ན། བླ་མ་དེས་བཀྲ་ཤིས་པའི་བདེན་ཚིག་བརྗོད་ཅིང་ཕྱག་གཡས་པ་མི་དེ་དག་གི་མགོ་ཐོག་ཏུ་འཇོག་པའོ། །

ཕྱུགས་ཏྲ།　　ནོར་འབྲོག　ཞེ་འབྲོག

འཕྱིང་བ།　　ལུག་བལ་གྱིས་བཟོས་པ་ཞིག

འཕྲད་ཟློག　　བག་སྐྱལ་གྱི་དངོས་པོ།

འཕྲུལ་འཁོར།　　ལུས་རྩལ་གྱི་གཙོ་བོ།

བ་ལུའི་སོན་པོ།　　ཤིང་བ་ལུའི་ཆུན་པོ་ཞིག་གི་རྩེ་ང་པ་རྣམས་ལྷན་དུ་བལ་དཀར་གྱིས་དཀྲིས་པའོ། །

བ་སོའི་ལག་གདུབ　　ཅེས་པ་ནི་གླང་ཆེན་གྱི་མཆེ་བ་ལས་གྲུབ་པའི་ལག་གདུབ་ཨ་ལུང་ལྟར་བཟོས་པའོ། །

བག་སྐྱལ།　　བག་མའི་ནོར་སྐྱལ།

བག་ཚོག　　བག་མ་གཏོང་ལེན་གྱི་ཚོག

བག་ཆས།　　བག་མའི་རྒྱན་གོས།

བག་སྨ།　　བག་མ་བག་སར་འཐོན་པའི་སྨ་འདྲེན་གནོད་བྱེད་ཅིག་གི་མིང་སྟེ། བག་མ་བག་སར་མ་འབྱོར་བའི་གོང་དུ་གནོད་བྱེད་དེ་བཟློག་དགོས་པར་བརྟེན། དེའི་ཆེད་དུ་བག་མ་ལེན་མཁན་གྱི་ཕྱོགས་ནས་ཁྱིམ་དང་ཏ་ཙང་མི་རིང་བའི་སར་ས་ཁམ་གྱིས་ཕག་གཟུགས་ཆེན་པོ་ཞིག་བཟོ་དགོས་པ་དང་། བག་མ་སྐྱེལ་མཁན་གྱི་གཉེན་པོ་ཞིག་གིས་ཕག་གཟུགས་དེ་ལ་རལ་གྲིའི་ལྟག་པས་བརྡེག་ནས་གཏོར་དགོས་པའོ། །

བག་རྫིས།　　བག་མ་གཏོང་ལེན་གྱི་རྩིས་ཏེ།

དེ་ནི་གཤིན་རྩིས་དང་། སྐེག་རྩིས་དག་དང་འདྲ་བ་ནག་རྩིས་ཀྱི་ནང་ཚན་ཞིག་རེད།

བུ་ཏྲ།　　ཏྲ་དམག

བུམ་ཁྲུས།　　བུམ་པའི་ཆུས་ཁྲུས་བྱེད་པ།

བོག　　མེ་མདའ།

བོག་རྡ།　　མེ་མདའི་རྡ་སྟེ། དེ་ནི་མེ་མདའ་རྒྱག་པའི་ཚེ་འབེན་ཐོག

ཏུ་སོ་འཛིན་སླ་བའི་འཛོག་གདན་ཞིག་ཡིན་པ་མ་ཟད་མེ་མདའི་མཛེས་ཆས་བཟང་པོ་ཞིག་ཀྱང་ཡིན་པ་རེད། པོག་ར་ནི་གཙོད་ཀྱི་ར་ཅོས་བཟོ་ཞིང་དེ་ལ་དངུལ་གྱིས་མཛེས་འཚོས་བྱས་པའོ། །

བྱང་ཆོག　　　ཡི་དམ་གྱི་ལྷ་གང་རུང་གི་དཀྱིལ་འཁོར་ལ་བརྟེན་ཏེ་གཞིན་པོའི་མིང་བྱང་ལ་དབང་བསྐུར་དང་ཆོས་བཤད་བྱེད་ཅིང་། དེ་ནས་མིང་བྱང་མེར་སྲེག་ཅིང་འཕོ་བ་འདེབས་པ་དང་། མིང་བྱང་གི་ཐལ་བས་སཚྭ་བཞེངས་པ་སོགས་གཤིན་པོའི་སྡིག་སྦྱོང་གི་ཆོ་གའོ། །

བྱི་ཕྲུག　　　འཆལ་ཕྲུག

བྱེ་རུ།　　　ཡུལ་ཞིག་གི་མིང་སྟེ། ཡུལ་དེའི་གནས་ཚུལ་སྐྱོང་དཔེ་ལས་འབྱུང་ཚུལ་དང་བསྟུན་ན་སོག་ཡུལ་དང་ཉེ་བའི་ཁ་ཆེའི་ཡུལ་“ཤིས་ཤ”（宁夏）ཞེས་པ་དེའམ་དེ་དང་ཉེ་ཕྱོགས་ཤིག་ཡིན་པར་མངོན་ནོ། །

བྱེད་གྲུབ།　　　དཀར་རྩིས་ཀྱི་རྩིས་འགོ་མི་འདྲ་བ་གཉིས་ཏེ། གཙོ་ཆེར་རྒྱ་རྩིས་ཀྱི་རྗེས་སུ་འབྲང་བ་བྱེད་པའི་རྩིས་དང་། གཙོ་ཆེར་དུས་འཁོར་རྗེས་སུ་འབྲང་བ་གྲུབ་པའི་རྩིས་སོ། །

བྱེད་རྩིས།　　　རྒྱ་རྩིས་ཀྱི་ལུགས།

བྲིས་བཀོད།　　　རི་མོའི་བཀོད་པ།

བྲིས་ཐང་།　　　ཐང་ཀ

བླ་མའི་རྣལ་འབྱོར། སྔགས་གོང་མའི་རྣལ་འབྱོར་གྱི་སྙིང་པོ་སྟེ། ཕྱི་ལྟར་དུ་བླ་མ་རྩ་གསུམ་ཀུན་འདུས་སུ་གསལ་བ་ལས་བྱིན་རླབས་དབང་བཞི་ལེན་པ་དང་། ནང་ལྟར་དུ་བླ་མ་ཡེ་ཤེས་སེམས་དཔའ་རུ་གསལ་བ་ལས་ལུང་ཁམས་དག་པའི་དཀྱིལ་འཁོར་དུ་བསྒྲུབ་པ་དང་། གསང་བ་ལྟར་དུ་རང་རིག་དོན་གྱི་བླ་མ་རང་ངོར་ཤེས་པས་གྲོལ་བར་འགྱུར་བའོ། །

རྩ་གསུམ་ཞེས་པ་ནི་དབང་གི་རྩ་བ་བླ་མ། བྱིན་རླབས་ཀྱི་རྩ་བ་ཡི་དམ། དངོས་

གྲུབ་ཀྱི་རྩ་བ་མཁའ་འགྲོའོ། །

དབང་བཞི་ནི། བུམ་པའི་དབང་། གསང་བའི་དབང་། ཤེས་རབ་ཡེ་ཤེས་ཀྱི་དབང་། དོན་དམ་པ་མཆོག་གི་དབང་ངོ་། །

དབུ་མཛད། ཚོགས་ཀྱི་དབུ་མཛད།

དབུ་ཆུང་། དབུ་མཛད་ཆུང་བ།

དབྱར་རྩྭ་དགུན་འབུ། འབུའི་གཟུགས་ཅན་གྱི་རྩྭ་ཞིག་སྟེ། དེ་ཡང་དབྱར་དུས་སུ་རྩྭ་དང་དགུན་དུས་སུ་འབུར་འགྱུར་བས་མིང་དེ་སྐད་དུ་གྲགས་ཤིང་། དེ་ནི་སྟོབས་བསྐྱེད་ཀྱི་སྨན་བཟང་པོ་ཞིག་ཀྱང་ཡིན་པ་རེད། རྒྱ་ནག་གི་སྐད་དུ"虫草"ཞེས་བྱའོ། །

འབབས་སྒོ། ཡོང་འབབས།

འབུ་དོང་། གནའ་དུས་ཀྱི་བཙོན་ར་མི་ལ་སོ་རྒྱག་མཁན་གྱི་འབུ་རིགས་སྣ་ཚོགས་ལྷན་དུ་བསགས་པའི་སདོང་ཞིག་གོ། །

འབུལ་སྡུད། འབུལ་བ་སྡུད་པ།

འབོར་ཆེན། གྲངས་འབོར་ཆེན་པོའོ། །

འབྲི་ཤེ། འབྲོག་མི་སླ་བ་ཆོས་ནོར་བདག་ལས་འབྲི་ཁ་ཤས་བླངས་ཏེ་དེའི་ཁྲལ་དུ་མར་དང་ཕྱུར་བ་སོགས་ནོར་བདག་ལ་ལོ་རེ་བཞིན་འབུལ་དགོས་པའོ། །

འབྲུ་བུན། འབྲུ་བདག་ལས་འབྲུ་བུ་ལོན་དུ་བླངས་ཤིང་ལོ་རྗེས་མར་རྗེ་ཙམ་བླངས་པ་དེ་དང་། དེའི་སྐྱེད་དུ་ལྔ་ཆ་གཅིག་འབུལ་དགོས་པའོ། །

འབྲོག་སྡེ། འབྲོག་ཡུལ་གྱི་མི་སྡེ།

འབྲོང་རི་སྨུག་པོ། ལྷ་རི་ཞིག་གི་མིང་།

སྦྱ་ལེ་ཤན། དངོས་པོ་གང་ཞུང་ལ་ཤིང་སོའི་རི་མོ་གདོང་ཁྲུག་ཁ་སྦྱོད་དུ་བྱས་པའོ། །

སྤྲུབ་གོར།　　གསེང་དངུལ་གྱིས་དཀྱིལ་འབུར་མཐོན་པོའི་ངོས་སུ་རི་མོ་སྣ་ཚོགས་བཀོད་པའོ། །

སྤྲ་ཊ།　　སྤྲ་མང་པོ་ལྷན་དུ་སྒྲུབ་པ།

སྤྲེ།　　འབྲོག་ཡུལ་གྱི་སེམས་ཅན་ཕ་ལྷ་བུ་ཞིག

མ་ཎི།　　འཕགས་པ་ཐུགས་རྗེ་ཆེན་པོའི་གཟུངས་སྔགས།

མ་ཎིའི་རྒྱ་ཞག　　མ་ཎིའི་མཚམས་རྒྱུའི་ཞག་དུས།

མཎྜལ།　　གསེར་དངུལ་ལས་བཟོས་པའི་མཎྜལ་གཙང་མར་ཕྱིས་པའི་སྟེང་དུ་འབྲུ་རིགས་དང་རིན་ཆེན་སྣ་ཚོགས་ཚོམ་བུར་སྤུངས་ནས་མཆོད་ཡུལ་ལ་འབུལ་བའོ། །

མི་མངགས།　　བང་ཆེན།

མི་ནུབ།　　ཡུལ་ཞིག་གི་མིང་སྟེ། སྤྱིར་ལས་འབྱུང་ཚུལ་ལ་སྟོས་ན་ཡུན་ནན་ཞིང་ཆེན་ནང་ཁོངས་ཐའི་རིགས་ཀྱི་ཡུལ་ཡིན་པར་སེམས་སོ། །

མི་གཡང་།　　མིའི་ཚེ་བསོད་ཀྱི་གཡང་།

མི་ལའི་ལྷ་ཐང་།　　ཞེས་པ་ནི་རྗེ་བཙུན་མི་ལ་རས་པའི་རྣམ་ཐར་གྱི་ཐང་ཀ་ལྷ་སྟེ། མཐུ་ཆེན། དཀའ་སྤྱད། སྒྲུབ་པ། འགྲོ་དོན། རྫུ་འཕྲུལ་བཅས་སོ། །

མིང་བཀྲ་ལེགས་པ།　མིང་བཟང་ཞིང་ཕ་མ་གསོན་པོར་ཡོད་པའི་གང་ཟག་དབང་པོ་ཚང་བ་ཞིག་གོ །

མིག་མངས།　　རྗེད་མོ་ཞིག

མུག་ཤི།　　མུ་གེས་ཤི་བ།

མོ་སྨན།　　བུད་མེད་ཀྱི་རིགས།

མོན་བུ་དཀར་པོ། སྣང་རྩེ་ཐོག་ཅེས་པ་ས་མཐོར་སྐྱེས་པའི་མེ་ཏོག་གི་རྩ་བ་སྟེ། དེ་ལའང་དཀར་པོ་དང་དམར་པོ་བཅས་རིགས་མི་འདྲ་བ་གཉིས་ཡོད་འདུག་པ་ལས། དཀར་པོ་ནི་རོ་མངར་བས་མིའི་བཟའ་རྒྱུར་བྱེད་པ་དང་། དམར་པོ་ནི་རོ་ཤིན་ཏུ་ཁ་བ་

ཞིག་སྟེ། ལི་ག་དུར་ཞེས་པ་མཁྲིས་ཚད་ཀྱི་སྨན་དུ་བེད་སྤྱོད་བྱེད་པའོ། །

དམར་ལས།　　ཤ་ཁྲག་གི་ལས་ཀ།

ཟིག་བཞི།　　ཧ་ཏྲེལ་གྱི་ཟིག་པ།

ཙ་རླུང་།　　ལུས་ཀྱི་ཙ་དང་དབུགས་སམ་ནུས་པ།

ཙིད་རི།　　ཙིད་པའི་རི་བ་ནག་པོ།

ཙེ་ཁྲ།　　ཤིང་བྱང་ཆུང་ངུའི་སྟེང་དུ་མར་གྱིས་ཉི་ཟླ་ནོར་བུའི་དཀར་རྒྱན་བཏགས་པའོ། །

བཙོས་ཐུག　　ཤ་དུམ་བུ་བཟོས་ཏེ་བཙོས་པ།

ཚར་ཡོ།　　ཀོས་སྐྱུད་དང་བལ་སྐྱུད་གང་རུང་ཆུན་པོར་བཟོས་པའོ། །

ཚེར་དོང་།　　ཚེར་ཤིང་མང་པོས་ཕྲུར་ཕྲུར་བཀང་བའི་དོང་སྟེ། སྔོན་དུས་ཀྱི་བཙོན་ར་དེ་འདྲའི་རིགས་ཤིག་ཀྱང་ཡོད་པར་མངོན།

ཚོ་བ།　　ཚོ་ཁག

ཚོམ་བུའི་དཀྱིལ་འཁོར། གསང་སྔགས་ཀྱི་དཀྱིལ་འཁོར་མཆོན་བྱེད་ཅིག་སྟེ། སྤྱིར་བཏང་དཀྱིལ་འཁོར་ལ་རས་བྲིས་དང་། རྡུལ་ཚོན་དང་། ཚོམ་བུ་བཅས་གསུམ་ཡོད་པ་ལས་འདི་ནི་འབྲུ་ཡིས་དཀྱིལ་འཁོར་གྱི་གཙོ་བོའི་ལྷ་གྲངས་དང་མཉམ་པའི་ཚོམ་བུ་བཀོད་པ་སྟེ་ཚོམ་བུའི་དཀྱིལ་འཁོར་རོ། །

འཚོ་རྟེན།　　འཚོ་བའི་གཞི་རྟེན།

འཛོ་ཆུང་།　　ཡུམ་གྱི་མིང་།

ཛ་རྒྱལ་འཕན་ཕྲུག　　རི་ཞིག་གི་མིང་།

ཛ་ཆབ་སིལ་མོ།　　ཛ་ཡི་ཆུ།

ཛ་ཕུང་།　　ཛ་རྡོའི་ཕུང་པོ།

ཛ་རི།　　རྡོ་མང་དུ་འདུས་པའི་རི།

ཞལ་གྲོ།　　གྲོ་བཙོས་དང་། ཕྱུར་བ་དང་། ཁ་ཟས་སྣ་ཚོགས་ཕུང་

པོར་སྤྲུངས་པ་ཞིག་གོ།

ཞིག་མོ།　　བུ་མོ།

ཞིག་ཞིག　　ཕྲུ་གུ།

ཞིག་ལུ།　　བྱིའུ།

ཞ་བྲོ།　　ཞ་ཡི་སྟོད།

གཞུང་རྒྱུད།　　ཡུལ་གྱི་གཞུང་།

གཞུང་ཆེན་བཅུ་གསུམ།

འདུལ་བ།　　༡ མདོ་རྩ་བ།

༢ མངོན་རྟོགས་རྒྱན།

༣ མདོ་སྡེ་རྒྱན།

བྱམས་ཆོས་　　༤ རྒྱུད་བླ་མ།

སྡེ་ལྔ།　　༥ དབུས་མཐའ་རྣམ་འབྱེད།

༦ ཆོས་ཉིད་རྣམ་འབྱེད།

༧ རྩ་བ་ཤེས་རབ།

༨ སྟོང་ཉིད་བདུན་ཅུ་པ།

དབུ་མ་རིག　　༩ རིག་པ་དྲུག་ཅུ་པ།

ཚོགས།　　༡༠ རྩོད་བཟློག

༡༡ ཞིབ་མོར་རྣམ་འཐག

༡༢ སྤྱོད་འཇུག

༡༣ མངོན་པ་མཛོད།

བཞོན་བྲོ།　　འོ་མ་འཛོ་སྟོད།

བཞོན་འཛིན།　　འབྲོག་མོ་ཚོའི་བཞོན་བྲོ་འཛིན་བྱེད་རྒྱུན་ཆར་གྱུར་པ།

ཟ་མའི་བུ་རྫི།　　བུད་མེད་ཀྱི་བྱིས་པ་འཚོ་མཁན།

ཟླུག　　འབྱིང་བར་འགྱུར་བའི་འདམ་རྫབ།

གཟི།　　རིན་པོ་ཆེའི་རིགས་ཤ་ཅང་རྙིང་པ་ཞིག་སྟེ། དེ་ལ་ཆུ་མིག་གཉིས་ནས་བཅུ་གཉིས་ཀྱི་བར་དང་། ཆུ་བང་ཁ་སྒྲོད་ཅེས་པ་ཆུ་མིག་ཟླུམ་པོ་དང་གྲུ་བཞི་ཁ་སྒྲོད་ཅན་དང་། ཧ་སོ་མ་ཞེས་རཱེད་རིས་ཉིས་སྒྲིག་ཅན་དང་། སྟག་སོག་ཅེས་པ་ཟླུམ་པོ་མིག་རིས་ཅན་སོགས་རྣམ་པ་མང་དུ་སྣང་བ་ཀུན་ཀྱང་ས་འོག་ནས་འདོན་གྱི་ཡོད་པ་རེད།

གཟས།　　ཕྱུགས་ཀྱི་རྩྭ་ཁ།

གཟིག་ལྷ།　　མོ་ལྷའི་དོན་དུ་སྣང་སྟེ། སྤྱིར་སྟངས་སྟག་ཅེས་པ་ནི་སྐྱེས་པ་པོའི་དོན་དུ་འཇུག་པ་དང་། སྐྱེས་པའི་ཆས་ལ་སྟག་ཆས་ཞེས་སུ་གྲགས་པ་ལྟར་སྐབས་འདིར་གཟིག་ཅེས་པ་ནི་ཟ་མ་མོའི་དོན་དུ་འཇུག་པའོ། །

འོ་རྒྱལ།　　འབྲི་གོའི་རྒྱལ་པ་ཆེན་པོ་ཞིག་སྟེ། འབྲོག་ཡུལ་ཕལ་མོ་ཆེར་ཤིང་གི་ཟོམ་ཆེན་འཐོབ་དཀའ་བས་འོ་རྒྱལ་དག་བེད་སྤྱོད་བྱེད་ཀྱི་ཡོད་པ་རེད།

འོ་ཟོམ།　　འོ་མའི་སྣོད།

འོག་འགྱུར།　　ཧ་ཐོག་ཏུ་འགྱུར་རྒྱུག་པ།

ཡ་དིང་།　　ཡུལ་གྱི་མིང་།

ཡར་གྱུ།　　ཁ་ཡར་གཙུ་བ།

ཡར་རྫོག　　གྱེན་ཐོག

ཡིག་བརྒྱ།　　དཔལ་རྡོ་རྗེ་སེམས་པའི་སྙིང་པོ་ཡི་གེ་བརྒྱ་པའོ། །

ཡོས་ཁྲ་དཀར་ནག　　འབྲུ་ཡོས་སུ་བཛོས་པ་དཀར་ནག་ལྷན་དུ་བསྲེས་པ་སྟེ། དེ་ནི་བསངས་རྫས་སུ་ནོར་ལུག་སོགས་སྒོ་ཕྱུགས་མཆོན་བྱེད་ཅིག་ཡིན་པ་རེད།

གཡང་དཀར།　　ལུག

ར་རྫ་ཕྲུན་བདུན།　　གཞི་བདག་གི་མིང་།

ར་སླག་ཅན།　　ར་ལྤགས་ཀྱི་གོས་ཅན།

རལ་ལུ་ཅན།　　རལ་པ་ཅན།

རི་ཆེ།　　ཡུལ་མིང་ཞིག་སྟེ། ཁམས་རི་བོ་ཆེ་ལ་རི་ཆེ་ཞེས་བརྗོད་སྲོལ་ཡོད་འདུག་ཀྱང་། སྐྱང་ལས་བཤད་ཚུལ་ལ་སྟོས་ན་ལི་ཡུལ་གྱི་ནང་ཚན་ཞིག་ཡིན་པར་མངོན་ནོ། །

རི་བཀྲ་ཛྷ་བཀྲ།　　རི་མིང་།

རི་གཞེར།　　རི་ལ་སོ་ཞུལ་བྱེད་པ།

ཏུ་སྒོར།　　སྦྲ་ཏུ་ལྷན་དུ་ཆགས་པ།

ཏུ་དར།　　གནའ་དུས་སུ་དམག་གི་ཏུ་སོ་སོའི་དར་ཆ་ཡིན་པ་སྐྱང་དཔེ་རྣམས་ལས་གསལ་ཡང་། དེང་དུས་སུ་ཏུ་དར་ཞེས་པ་ནི་རས་ཁ་དོག་གང་ཏུང་གྱུ་གསུམ་པ་ཞིག་བཟོ་སྲོལ་ཡོད་པ་ལས་དགོས་དོན་གསལ་པོར་མི་སྣང་ངོ་། །

རི་ཁྲ།　　རྫིད་རི་ཁྲ་བོ།

རི་ནག　　རི་བ་ནག་པོ།

རི་འཕྱུར།　　རི་བའི་ཁེབས།

རི་བ།　　རི་ལྡེ།

རི་འདོག　　རི་བའི་ཁུག་མ།

རི་སྟོན།　　སྦྲ་རི་གསོ་བའི་དུས་སྟོན།

རི་གསོས།　　སྦྲ་རི་གསར་དུ་བསྣན་པ།

རོལ་དཔོན།　　རོལ་མོ་འཁྲོལ་མཁན་གྱི་གཙོ་བོ།

ཀླུང་ལྷ།　　ཀླུང་རྟའི་ལྷ་ལྷ་སྟེ། ཀླུང་ལྷ་ཤེལ་གྱི་མི་བོ་འཁོར་སྟག་སེང་ཁྱུང་འབྲུག་དང་བཅས་པའོ། །

ལ་སེ་ལོ་སེ།　　སྐབས་གང་བདེ།

ལག་ཁྲིད།　　ལག་ལེན་དངོས་སློབ་པ།

ལག་དོ།　　དོས་པོ་འགེལ་མཁན་གྱི་ལག་སྒྲིལ་ཏེ། འབྲོག་མི་ཚོས་

འགེལ་གཡག་དྲུག་ཅུ་ལ་ལག་དོ་ཆ་རེ་སྒྲིག་སྒྲོལ་ཡོད་པ་རེད།

ལུག་བཤས།　　གསད་བྱའི་ལུག

ཞིཽ་བདུན་མ།　　སློབ་དཔོན་པདྨའི་བཀའ་ཆེམས་ཀྱི་གསོལ་འདེབས་ཞིཽ་བདུན་ཏེ་བྱང་བདག་བཀྲ་ཤིས་སྟོབས་རྒྱས་ཀྱིས་གཏེར་ནས་བཏོན་པའོ། །

ཟོ་སྐྱིད།　　ཟོ་དུས་ཀྱི་སྐྱིད་ཁྲལ།

ཟོ་ཤེ།　　ཟོ་དུས་ཀྱི་ཤེ་ཁྲལ།

ཟོ་ཟླ་ཞག་དུས།　　ཟོ་དང་ཟླ་བ་ཞག་དང་དུས་ཚོད།

ཤ་བ།　　ཤ་བོ། དགྲ་བོ།

ཤ་ལེན།　　དགྲ་ཤ་ལེན་པ།

ཤ་རྫ་མ་ཊི།　　ཁམས་རྫ་ཆུ་ཁའི་ཤ་རྫ་རི་ཁྲོད་ཀྱི་རྣལ་འབྱོར་པ་ཞིག་གིས་ཡིག་དྲུག་གླུ་དབྱངས་ཀྱིས་གསུངས་པ་ཕྱོགས་ཀུན་ཏུ་དར་ཏེ་ཤ་རྫ་མ་ཊིར་གྲགས་པའོ། །

ཤེ་བདག　　འབྲི་ཤེའི་སྤྱིན་བདག

གཤིན་རྩིས།　　གཤིན་པོ་ཤི་བའི་ཉིན་གྱི་གཟའ་སྐར་འཕྲོད་སྦྱོར་བཟང་ངན་ལ་བརྟེན་ཏེ་ཤུལ་ལུས་རྣམས་ལ་ལེགས་ཉེས་ཀྱི་བླང་དོར་གང་དགོས་བརྟག་པ་དང་། གཤིན་གྱི་རོ་འདོན་པའི་དུས་ཚོས་བརྩི་བ་སོགས་རྩིས་ནག་གི་བྱེ་བྲག་ཅིག་རེད།

སིཧྡི།　　སློབ་དཔོན་སྔགས་ཀྱི་མཚན་སྔགས།

སིལ་ཐོ་སིལ་མ།　　རི་མིང་།

སུག་དཀར།　　བ་ལུ་མེ་ཏོག་དཀར་པོ་ཅན།

སུག་ནག　　བ་ལུ་མེ་ཏོག་ནག་པོ་ཅན།

སོ་ཁ།　　བྱ་ར་བྱེད་པ།

སོ་སྲུང་།　　བྱ་རའི་ལས།

སྲིང་གདན།　　ཁ་གདན།

བསངས་ཁྲུག　　བསངས་རྫས་བླུགས་སྣོད་དར་གོས་ལས་བཟོས་པའི་ཁྲུག་མ་ཞིག་གོ།

བསེ།　　ཡུལ་གྱི་མིང་།

བསེ་སླག　　བསེ་ཡི་གོས།

བསེ་སླག་སྟག་རྩེ།　　གཞི་བདག་གི་མིང་།

བསམ་པ་ལྷུན་གྲུབ།　　སློབ་དཔོན་པདྨའི་ཞལ་གསུངས་ཀྱི་གསོལ་འདེབས་གཏེར་ཁ་གོང་འོག་དུ་མ་ལས་སྟོན་རྗེས་སུ་བྱོན་པ་ཞིག་གོ །

ཧ་ལང་གདོང་ར།　　གཞི་བདག་གི་མིང་།

ཧད་དེ།　　ཕ་གི

ཧྲག་ཧྲག　　ཆོད་པོ།

ལྷ་ཀླུ།　　ཀླུང་ལྷ།

ལྷ་རྩེ་ཕྱུག་མོ།　　གཞི་བདག་གི་མིང་།

ལྷའུ།　　ལྷ་ཕྲུག

ལྷ་དེལ།　　ལྷ་ཡི་དེའུ།　རིའི་མིང་།

ལྷ་གཞི།　　མཆོད་སྟེགས།

ལྷས་འདབས།　　ཕྱུགས་ལྷས་ཀྱི་མཐའ།

ཨ་ཚོ།　　ཡུལ་མིང་།

ཨ་གྲགས།　　ཡུལ་གྱི་མིང་།

ཨ་ཕྱུག　　ཡུལ་གྱི་མིང་།

ཨ་བུ།　　བུ་ལགས།

ཨར་ཁྲུང་།　　ཨ་བྲའི་སྡོད་ཁྲུང་།

图书在版编目（CIP）数据

川康牧区行：汉、藏/［意］南卡诺布著；陈践译．—北京：中国藏学出版社，2021.12

ISBN 978－7－5211－0249－9

Ⅰ.①川… Ⅱ.①南… ②陈… Ⅲ.①牧区－藏族－民族社会学－研究－四川－汉、藏 ②牧区－藏族－民族社会学－研究－青海－汉、藏 Ⅳ.①K281.4

中国版本图书馆 CIP 数据核字（2020）第 171420 号

川康牧区行

［意］南卡诺布 著　陈践 译

出版发行　中国藏学出版社
印　　刷　北京隆昌伟业印刷有限公司
印　　次　2021 年 12 月第 1 版第 1 次印刷
开　　本　850×1168 毫米　1/32
印　　张　8
印　　数　3000 册
字　　数　206 千
书　　号　ISBN 978－7－5211－0249－9
定　　价　42.00 元

图书若有印装质量问题，请与本社发行部联系

E-mail:dfhw64892902@126.com　　电话:010－64892902